나를 잃지 않는 관계의 기술

True to You

: A Therapist's Guide to Stop Pleasing Others and Start Being Yourself by Kathleen Smith, PhD

나를 잃지 않는 관계의 기술

타인의 불안에 휘둘리지 않는
현명한 태도에 대하여

캐슬린 스미스 지음
이초희 옮김

청림출판

한 그루의 나무가 모여 푸른 숲을 이루듯이
청림의 책들은 삶을 풍요롭게 합니다.

머리말

인간은 '척하기'의 달인이다. 얼핏 보면 대부분 실제보다 더 강하고 침착하고 성숙해 보인다. 갈채 앞에서 자신감을 흉내 내기란 어렵지 않다. 다른 사람을 통제하기 좋아하는 사람은 잘 도와주는 사람으로 보일 수 있다. 머릿속에 전문가의 조언이 가득 든 사람은 상당히 똑똑해 보인다.

하지만 자세히 보면 틈이 드러난다. 인간이라면 누구나 성숙함에 구멍이 숭숭 뚫려 있다. 상사의 칭찬, 파트너의 도움, 또는 데이트 상대가 문자에 답하지 않을 때 친구가 건네는 위로의 말로 의심과 나약함을 땜질한다. 부족한 것을 다른 사람으로부터 가져와 채운다.

그렇게 하는 이유는 인간이 지극히 사회적인 동물이기 때문이다. 우리는 관계를 맺도록 태어났다. 우리 뇌는 분위기를 파악하고 무리를 따라가도록, 다른 사람의 고통을 자신의 고통처럼 체험하도록 설계됐다. 인간은 다른 사람이 자신을 어떻게 생각하는지 추측하는 능력이 어떤 동물보다 뛰어나다. 타인을 향한 이 같은 집중 그리고 협력하고 다른 이를 행복하게 하려는 힘은 위대한 진화의 선물이자 가족, 친구, 조직, 공동체를 한데 묶는 끈이다. 하지만 때로는 이 강력한 힘이 저주처럼 느껴질 수 있다.

우리는 다른 사람을 읽는 데 너무 능숙해서, 때때로 자기 자신에 대해서는 모르고 지내곤 한다. 그렇지만 남과 다른 믿음을 받아들이거나 새로운 방향으로 나아가면 한 개인으로 생각하고 행동할 수 있다. 그렇게 쳇바퀴에서 뛰어내릴 수 있고 남을 실망시키는 법도 배울 수 있다. 가족에게 "이게 나예요. 난 이걸 믿어요"라고 말할 수도 있다. 중요한 관계를 포기하거나 굴복하지 않으면서도 자기 자신이 될 수 있다.

하지만 스트레스가 심할 때는 자신을 지키기가 매우 어렵다. 우리의 개별성은 타인과 함께하는 가운데 쉽게 길을 잃는다. 우리는 마치 거대한 시장에서 물건을 거래하듯 평온함, 능력, 신속한 해법 등을 주변 사람들과 주고받는다. 그래서 진로를 고민할 때 친구에게 조언을 얻는 것이 자연스럽게 느껴지는 것이다. 배우자가 식기세척기 앞에서 너구리처럼 허둥대면 직접 하겠다고 나서는 이유이기도 하다. 불안은 내 책임과 다른 사람의 책임 사이, 내 생각과 다른 사람의 생각 사이의 경계를 흐린다.

다른 사람의 '자아'를 더 빌려 올수록 그 사람의 기능은 다른 사람을 평온하고 행복하게 하는 쪽으로 흐른다. 그러다 보면 삶이 롤러코스터를 탄다. 누군가 머리를 쓰다듬어주거나 책임을 맡기면 기분이 하늘 높이 솟구친다. 그러다 아무도 협조하지 않거나 자신을 알아주지 않으면 절망과 자책에 빠져든다.

다른 사람이 원하는 대로 삶을 영위하거나 또는 다른 사람을 내 입맛에 맞게 움직이는 데 에너지를 쓰다 보면 다음 네 가지 현상이 일어난다.

1. 자기 자신에게 중요한 일을 추구할 에너지가 남지 않는다.
2. 관계에서 발생하는 괴로움에 더욱 거부 반응이 든다.
3. 자신보다 타인에게 더 큰 책임감을 느낀다.
4. 다른 사람이 인정하지 않는 믿음은 즉시 버린다.

번아웃이 오기에 딱 좋은 조건이다. 우리는 이런 번아웃을 끝없는 콘텐츠를 소비함으로써 치료하려고 한다. 다른 사람의 확신을 이용해 나의 불안감을 쉽고 빠르게 해소하는 해결책을 찾으려고 한다. 하지만 계속 주변에서 가져오기만 해서는 자신을 구할 수 없다. 새로운 무언가, 자신에게 더 진실하게 느껴지는 어떤 것을 만들어야 한다.

보웬 이론이란 무엇인가?

인간은 본질적이고 종종 경쟁적인 두 가지 힘, 즉 다른 사람과 연결되려는 욕구와 한 개인으로서 자기 길을 가려는 욕구로 이루어진 현실을 살아간다. 이 멋진 춤을 추며 우리는 한 사람으로 존재한다. 늘 혼자 행동하거나 늘 집단과 함께해서는 자신에게 진실할 수 없다. 우리에게는 서로가 있어야 하고 동시에 자기가 있어야 한다.

문제는 요즘 이 둘 모두가 많지 않다는 것이다. 우리는 과거 어느 때보다 더 단절되었다. 가족, 친구, 공동체와 보내는 시간이 점점 줄어든다. 그리고 불안한 세상을 살고 있다. 인터넷 세상에서는 무엇이 진짜인지 알 수 없고, 줄줄이 이어지는 세계적 위기 속에 또 무슨 일이 닥칠지 두렵다. 이런 큰 문제를 해결하기 위해 진짜로 무엇을 해야 하는지 알 수 없는 세상이다. 그러니 인생에 대해 조언하는 구루가 새로 나타나면 곧바로 손을 내밀고 '자기'가 거의 들어있지 않은 자기계발 콘텐츠로 두려움을 해결하려 하는 것도 이상한 일은 아니다. 우리는 그저 적당하다 싶은 정답과 신념과 가치를 빌려온다. 너무 지쳐서 자기 마음을 알기 힘들기 때문이다. 어쩌면 우리에겐 정답이 아닌 더 나은 질문, 인간의 행동을 바라보는 색다른 방식이 필요할 수 있다.

나는 심리 상담가로서 보웬 가족 체계 이론Bowen family systems theory, 짧게 줄여서 보웬 이론을 활용한다. 미국의 정신과 의사이자

연구원이던 머레이 보웬Murray Bowen은 왜 어떤 가족은 다른 가족보다 어려움에 더 잘 대처하는지 이해하고자 했다. 왜 어떤 가족은 특정 방식을 서로에게 강요하는 반면에, 어떤 가족은 구성원이 좀 더 개별적으로 기능하도록 허용할까? 보웬은 1950년대 미국 국립정신건강연구소National Institute of Mental Health에서 가족 전체를 연구 병동에 수용하여 관계를 관찰하는 역사적인 연구를 이끌었다.[1] 그리고 이 관찰 결과를 바탕으로 어떤 사람이 다른 사람보다 더 정서적으로 성숙해지는(그는 이 변수를 '자기 분화differentiation of self'라고 불렀다) 이유를 설명하는 인간 행동 이론을 개발했다.

보웬 이전의 많은 정신분석학자는 인간을 특별하고 거의 신비로운 존재로 다루곤 했다. 하지만 보웬은 인간을 진화의 산물로 보았다. 인간의 행동은 자연계를 움직이는 원리들에 크게 영향을 받으며, 가족은 살아남고 번성하기 위해 최선을 다하는 자연계의 일부라는 것이다. 따라서 침팬지 무리나 개미 군집, 혹은 숲 같은 다른 자연계를 연구하여 인간을 알 수 있다고 생각했다.

보웬은 사람이 자신의 관계 체계를 자연 체계로 바라보기 시작하면, 즉 행동 패턴을 역기능적인 것이 아닌 적응적인 것으로 바라보기 시작하면 무슨 일이 일어날 수 있는지 관찰했다. 실험 참가자들은 가족이 어떻게 기능하는지에 대해 일종의 감정적 객관성을 갖기 시작했다. 이들은 더 이상 사람들을 비난하지 않고 관계 패턴에 대해 더 궁금해했다. 그리고 이런 패턴을 이해하게 되면서 그 안에서 자신의 역할을 바꾸기 시작했다. 다시 말해, 그들은 체계 안에서 좀 더 자기답게 존재할 수 있었고, 가족에게 대물림되는 패턴을 영원히 반복하는 운명에서 벗어날 수 있었다.

보웬은 성인기에 성숙도를 높이고자 하는 사람들과 함께 연구를 했다. 자신에 대한 책임감을 높이고 집단의 자동적이고 반응적인 패턴에 휩쓸리지 않으려는 사람들이었다. 그는 이러한 사고를 삶과 일에 적용하도록 돕는 훈련 프로그램을 개발했고 나는 보웬이 사망하고 몇 년이 지나 이 프로그램 중 하나에서 연구하고 가르칠 기회를 얻었다.

체계에 중심을 두는 심리치료(보웬 이론)와 개인에 초점을 맞추는 심리치료 사이에는 몇 가지 중요한 차이점이 있다. 우선, 보웬은 성장이 주로 치료 관계(임상의와 내담자)를 통해서가 아니라, 제일 어려운 관계에서 자신을 표현하는 법을 배우면서 이루어진다는 이론을 제시했다. 그는 관계 체계가 만들어낸 문제는 바로 그 관계 체계 안에서 해결될 수 있다고 생각했다. 성장은 불안한 체계에서 자기 생각을 밝히고 고수함으로써 중요한 관계에서 자기 자신을 분화하는 과정이다. 우리는 참 자아를 구축함으로써, 체계가 평온함을 유지하기 위해 작동시키는 패턴(거리 두기, 끊임없는 싸움, 과잉기능overfunctioning, 과대기능이나 과소기능underfunctioning 또는 아이에게 불안하게 집착하기 등)보다는 자신의 신념과 원칙에 따라 삶을 이끌어가는 법을 배운다.

내가 보는 보웬 이론의 장점은 '무엇'을 선택하는가보다 '어떻게' 선택하는지에 더 초점을 맞춘다는 점이다. 이 이론은 사람들에게 무엇을 생각해야 하는지 말하지 않고 인간 행동에 대해 어떻게 사고해야 하는지 가르친다. '뭘 해야 하지?'는 유용한 질문이다. 하지만 '나는 어떻게 결정을 내리나?'는 더욱 유용하다. 당신은 무엇이 자신에게 가장 좋은지 어떻게 판단하는가? 좋은 하루나 잘된 일이라는 평가는 어떻게 내리는가? 인터넷이나 친구들에게서 가장 그럴듯한 정의를 빌려 오는가? 아니면 자기만의 최선의 생각을 따르나? 구글은 분명 제 역할을 할 수 있다. 하지만 우리 머리의 전두엽 피질 역시 마찬가지다.

보웬은 또한 자신에 대한 책임감이 커진 사람은 "다른 사람들의 일에 무책임할 정도로 과도하게 관여하는" 경향이 줄어든다는 것을 관찰했다.[2] 이 같은 지나친 관여, 즉 나를 향한 타인의 반응이나 타인이 사는 방식을 통제하려는 욕구는 에너지를 상당히 잡아먹는다. 하지만 성장에는 다른 사람의 협력이 필요하지 않다. 가족을 고친다고 해서 가족과 함께 사는 법을 알 수는 없다. 어머니나 상사의 인정을 얻는다고 해서 더 성숙해지는 것도 아니다. 사람들을 기쁘게 하고 갈등을 피하고 남을 통제하느라 쏟던 에너지를 조금씩 되찾아 한층 더 사려 깊은 삶과 충만한 관계를 꾸리는 데 쓸 수 있다. 한 걸음 물러나 파트너가 생각보다 얼마나 유능한지 발견할 수 있다. 친구가 원하는 말이 아니라 자신이 믿는 바를 친구에게 말할 수 있다. 우리는 스스로에게 더 진실해짐으로써 다른 사람들도 그렇게 될 기회를 만든다.

이렇게 좋다면 분명 함정이 있지 않겠는가? 관계 체계는 쉽게 변하지 않는다는 것이 함정이다. 이 체계는 상황을 평온하고 예측 가능하게 유지하고자 하며, 당신이 집단에 순응하도록 압력을 가하거나 그러지 않으면 당신을 집단에서 밀어내려고 한다. 다시 말해, 당신이 이전과 달리 행동하면 사람들이 반발한다. 그들은 당신이 하는 일에 더 많은 의견을 내놓을 것이다. 디저트를 더 먹어도 되는지, 대학원을 또 다녀도 되는지, 스웨터를 직접 뜨는 남자를 사귀어도 되는지 일일이 말해줄 것이다. 당신이 자신들에게 평온함을 주고 그들의 믿음을 받아들이기를, 아니면 그저 조용히 앉아 있기를 기대할 것이다. 그렇게 하지 않으면 당신을 모욕하거나 말을 걸지 않거나 소셜 미디어에서 화제로 삼을 수도 있다.

위축된 자아로 항복할 수도 있고 한 걸음 다가가 춤추는 법을 배울 수도 있다. 우리는 원칙에 따라 사는 감정적 용기를 키울 수 있으며, 동시에 다른 사람들과의 관계 속에서도 살아갈 수 있다. 자신을 책임지고 다른 사람도 그렇게 하도록 둘 수 있다. 평생 노력해야 할 일일까? 당연하다. 하지만 우리 뇌는 시간이 지나면서 괴로움, 의견 충돌, 반감을 이겨낼 수 있을 뿐 아니라 이런 고통이 우리를 빚는 담금질임을 배운다.

이 책을 활용하는 방법

이 책은 다른 사람의 기분을 읽는 데는 선수지만 자신은 알지 못해 힘든 사람, 마음의 안정을 위해 다른 사람을 즐겁게 하는 사람, 인간관계가 피상적인 잡담을 벗어나지 못한다는 것을 깨달은 사람을 위한 책이다. 다른 사람들의 실제 혹은 상상 속 반응이 당신의 믿음과 가치를 지배하고, 심지어 외출하기 전에 어떤 신발을 신을지까지 결정하는 데 지쳤다면 이 책을 읽기 바란다.

각 장에는 관계 속에서 좀 더 자기를 찾기 위해 노력하는 한 사람의 이야기가 담겨 있다. 모두 내담자들의 사례를 편집한 것이다(비밀 보장을 위해 자세한 정보는 변경했다). 나는 친구 및 가족과 깊은 관계를 맺는 데 어려움을 겪는 젊은 여성 실비와 자신을 믿고 싶어 끝없이 동기 부여 콘텐츠를 소비하는 루이스에 대한 이야기를 들려줄 것이다. 또 다른 사람에게 깊은 인상을 남기려는 욕망을 털어내기 시작한 줄리언, 남편을 위해 과잉기능하는 습관을 중단하려는 나이마의 이야기도 전할 것이다. 독자들은 이 열세 가지 이야기에서 자신의 자동적인 반응을 관찰한 후 거기에 전처럼 휩쓸리지 않게 된 사람들, 부담이 줄어든 관계를 즐기기 시작한 사람들을 만나게 될 것이다.

책은 1부와 2부로 이루어져 있다. 1부는 관계 체계에서 불안을 관리하는 데 쓰이는 예측 가능하고 보편적인 패턴을 설명한다. 또 평온함을 유지하는 편리한 방식과 그 과정에서 우리가(그리고 타인이) 어떻게 희생되는지 이야기한다. 2부에서는 자동 설정을 끄고 개인으로서 자신을 이끌 때 어떤 모습이 될 수 있는지 살펴본다. 좀 더 확고한 자아로 더 풍부한 인간관계를 맺는 인물들을 만날 수 있다. 각 장의 끝에는 생각해보면 좋은 연습 문제를 실었다. 당신 자신의 최선의 사고를 기록해두면 내가 줄 수 있는 어떤 답보다도 더 도움이 될 것이다.

이 책을 읽고 당신이 일상생활에 체계적 관점을 적용하는 법을 배울 수 있기를 바란다. 우리의 명석한 두뇌는 복잡한 사회 체계를 항해하도록 진화했기 때문에, 우리는 이러한 체계가 삶에 미치는 영향을 무시할 수 없다. 그러나 현재 우리 문화는 정신 건강에 대해 개인주의적이고 증상 중심적인 접근법을 취한다. 우리는 우리 몸과 뇌가 스트레스를 어떻게 관리하는지에 매우 집중하며, 그럴 만한 충분한 이유도 있다. 하지만 우리가 속한 집단(가족, 지역 사회, 국가 등)이 어떻게 스트레스에 대처하는지도 함께 고려해야 한다. 진공 상태에서 자신을 관찰하면 이러한 정서적 체계가 가르쳐줄 수 있는 것을 놓치고 만다.

따라서 나는 이 책을 읽으면서 개인적 초점은 잠시 접어두고 집단이라는 색다른 렌즈를 통해 인간 행동을 생각하라고 권한다. 나와 함께 한 발짝 떨어져서 보웬이 정서 체계라고 부른 여러 자연계의 일부로 자신을 바라보자. 이 체계는 가족일 수도 있고 직장 내 같은 팀, 교회 공동체나 학급, 독서 모임이나 야구단일 수도 있으며, 모두 예측 가능하고 보편적인 패턴을 통해 평온한 상황을 유지하려고 최선을 다한다. 정서 체계가 어떻게 기능하는지 이해하지 않고는 진정한 자신을 알 수 없다.

보웬 이론에서는 연구하는 자세로 삶을 대하라고 말한다. 경기장 꼭대기에 서거나 식탁 끝자리에 앉아서, 당신이 스트레스를 높였을 때 사람들이 어떻게 행동하는지 보는 것이다. 관찰을 통해 우리는 자동적인 것을 중단시킬 기회를 발견한다. 우리 자신의 성숙함에서 부족한 틈을 메우고, 단지 모두를 행복하게 만드는 것 이상의 삶을 살 기회를 말이다. 보웬은 이것을 가짜 자아 또는 유사 자아에서 참 자아로 이동하는 과정이라고 묘사했다.

참 자아를 구축하려고 할 때는 삶의 도전을 마주할 때 자신이 실제로 무슨 생각을 하고 무엇을 믿는지 파악해야 한다. 단순히 마음을 읽기보다는 마음을 아는 사람이 되어 어두운 날을 비추는 사용설명서를 만들어야 한다. 그리고 살아가면서 생기는 불안을 내면으로 받아들이는 법을 배워야 한다. 이런 작업이 우리를 덜 관계적인 존재로 만들지는 않는다. 오히려 동료 인간들과 더 풍부한 관계를 맺는 길을 닦아준다.

성장하고 싶다면 바닥부터 쌓아 올려야 한다. 손에 든 붓은 버리고 삽을 잡아라. 테두리를 덧칠하는 일은 그만두고 땅을 파서 기초를 다져야 할 때다. 당신은 지금 누구이며 누가 될 수 있는가? 지금부터 알아보자.

차례

2부 자기 자신을 찾는 법

1부

우리를 가두는

01

우리는 어떻게 자기 자신을 잃는가

"도전은 말타기와 꽤 비슷하지 않아? 그저 편안하다면 뭔가 잘못된 거지."

— 테드 래소Ted Lasso, 〈테드 래소〉

마리의 삶은 맞지 않는 옷으로 가득한 옷장 같았다. 스물여덟 살인 그녀는 최근 워싱턴 D.C.로 이사해 어머니의 모교에서 기금 담당자로 일하기 시작했다. 일이 끝난 밤에는 남자 친구의 로스쿨 친구들과 술집을 돌아다니거나 소프트볼팀에서 공을 피하며 허둥댔다. 일정은 꽉 차 있었지만 인생이 충만하지는 않았다. 한동안 몇 명의 심리 상담가를 찾아다니며 조언을 따르려고 노력했다. 상담가들은 그녀가 아버지의 약물 사용 이력에 대처할 수 있도록 알코올 의존자 가족 모임에 나가보기를 권했다. 모임에서는 불안한 생각에 빠지지 않게 도와줄 활동지를 프린트해서 나눠 주었다. 모두 도움이 됐지만 오래가지는 않았다.

마리는 인상이 좋았다. 가벼운 인사말을 쉽게 주고받았고 보디

랭귀지를 재빨리 흉내 냈다. 이는 다른 사람을 이용하기 위한 계산적 행동이 아니라 그저 주변 사람 모두를 편하게 해주려는 여성적 특징이었다. 타인을 향한 강한 집중력은 기금 모금에는 유용했지만, 연애 생활에는 긴장을 불러왔다. 로스쿨에 다니는 남자 친구 제이크는 빽빽한 약속으로 늘 정신이 없었다. 마리는 종일 일하고 난 후 남자 친구를 보기 위해 지친 몸을 끌고 소프트볼 경기장으로, 사교 모임으로, 강연장으로 돌아다녔다. 남자 친구의 친구들과 어울리는 것이 새로운 도시에서 직접 친구들을 사귀는 것보다 훨씬 편했다.

마리가 제이크의 일정을 따라다니는 데 지치면서 갈등이 시작됐다. 그녀는 제이크에게 사교 활동을 줄이고 자신과 시간을 더 보내달라고 요구했다. 그가 거절하자 마리는 계속해서 제이크의 대학원 모임에 참석했다. 자신 곁에 '아무도 없는 것보다는 낫다'고 생각했다.

사람들은 대부분 자신에게 꼭 맞는 선택만 내릴 수는 없다고 말할 것이다. 우리에게는 소중한 이들에게서 빌려 온 믿음과 가치가 뒤죽박죽 섞여 있다. 우리는 사랑과 관심을 가져다줄 것 같은 선택이 모인 결과다. 이는 우리가 자신을 찾기 위해 다른 사람에게 기대기 때문이다. 전문가들이 답을 주면 우리는 거기에 따른다. 친구들이 보톡스 시술을 받으면 나도 그래야 할 것 같다. 그저 가족과 함께하는 부활절 저녁 식사 자리를 무사히 넘기고 싶어서 예수가 죽은 자 가운데 살아났다는 것을 받아들이고 으깬 감자를 옆으로 돌린다. 결정 자체는 문제가 아니다. 문제는 우리가 그것을 얼마나 빨리 우리 삶에 받아들이냐는 것이다. 잠시 멈춰 생각하는가? 아니면 '이 정도면 좋네' 싶어서 장바구니에 던져 넣는가?

이처럼 다른 사람들의 생각을 빌려 오는 이유는 우리가 사회적 동물이기 때문이다. 우리는 타인이 우리를 어떻게 생각하고 우리에게 어떤 반응을 보일지 상당히 신경 쓴다. 다툼, 반감, 거절은 되도록 피하려고 한다. 사회적 동물에게 일어날 수 있는 가장 끔찍한 일, 즉 무리에서 쫓겨날지 모른다는 아주 오래된 두려움이 뇌 깊숙이 숨어 있기 때문이다.

관계 체계의 일부가 되는 것은 상당한 노력이 드는 작업이다. 어떤 사람의 기분도 상하게 해선 안 된다. 누가 누구 편을 들었고 누가 누구를 미워하고 어떤 행동이 사회적으로 받아들여지는지 알아야 하는데, 하물며 이 모든 정보가 끊임없이 변한다. 관계 데이터를 엄청나게 흡수한 다음에는 그 지식을 적시에 배치할 수 있어야 하는데, 이는 집단에 사람이 많을수록 더 힘들다. 나는 이 글을 읽기만 해도 기운이 빠진다. 그러니 매일 당신의 뇌가 얼마나 많은 에너지를 소비하는지 상상해보라. 그래서 우리 뇌가 이렇게 크고 멋진 것이다.

인간은 이렇게 관계에 중점을 두는 덕에 잘 배우기도 한다. 우리는 새로운 특성이나 기술을 얻기 위해 새로운 유전자가 나타나기를 기다릴 필요가 없다. 옆집에 사는 빌을 보고 따라 하기만 하면 된다. 가족과 이웃뿐 아니라 인플루언서의 영향을 받아 학습하기도 한다. 이를 칭하는 단어가 바로 '문화'다. 문화는 가장 새롭고 빠른 형태의 진화라고 할 수 있다.

이쯤에서 부정적인 이야기가 나오겠거니 생각했다면, 바로 그렇다. 우리는 때로 서로에게 조금 지나치게 영향을 준다. 보웬 이론에서는 진짜든 상상이든 사람들의 반응에 쉽게 영향을 받는 특성을 관계 지향성relationship orientation이라고 부른다. 어떤 사람들은 남들보다 좀 더 관계 지향적이다. 다른 사람들이 원하는 대로 살기 위해, 또는 다른 사람을 자신이 원하는 대로 살게 하려고 많은 에너지를 쓴다. 이런 차이는 가족과 유전자 그리고 기타 환경 요인에서 온다. 예를 들어 세대에 걸친 트라우마를 많이 경험한 가족은 아마도 다른 사람을 거스르지 않으려고 더 신경 쓸 것이다. 이건 그 사람들 탓이 아니다.

당신의 사고방식은 어느 정도로 관계 지향적인가? 다음 목록을 살펴보자.

관계 지향적 사고방식

- 누가 나를 어떻게 생각하는지 궁금해하기
- 자신이 사람들을 짜증 나게 한다고 짐작하기
- 다른 사람의 잠재적 불만이나 고충 감지하기
- 다른 사람들이 기대하는 사람이 되려고 하기
- 다른 사람이 더 예의 바르게 혹은 다르게 행동하도록 유도하기
- 내 선택에 대한 사람들의 반응 걱정하기
- 다른 사람들의 승인, 동의, 관심을 얻으려고 하기

당신은 어떨지 모르겠지만 나는 이런 예시를 읽으면 뜨끔하다. 우리가 다른 사람에게 신경 쓰느라 얼마나 많은 에너지를 쓰는지 생각하면 겸허해지기까지 한다. 관계 지향적이라는 것은 인간관계를 소중히 여기는 것과는 다르다. 그것은 '다른 사람'이라는 통제할 수 없는 변수를 통제하고자 노력하는 것이다. 가족 연구에서 머레이 보웬은 다른 사람을 통제하는 데(또는 다른 사람들의 통제를 따르는 데) 에너지를 쏟는 사람은 자신을 위해 생각하거나 삶의 방향을 추구할 에너지가 거의 남지 않음을 관찰했다. 그들은 보웬이 '자아'라고 부른 것을 포기한다. 자아란 생각하고 그 생각을 바탕으로 행동하는 능력을 나타내는 포괄적인 용어다. 이는 인간이 할 수 있는 또 하나의 위대한 행위로, 자동적인 감정적 반응에 따라 살지 않고 자기 행동에 선택권을 갖는 것이다. 멋지지 않은가?

'고치기'를 멈추고 멀리 보기

인간은 고치기를 좋아한다. 상어가 헤엄쳐야 하듯이 우리는 고치는 성질을 DNA에 지니고 있다. 뇌가 문제 해결을 추구하도록 멋지게 설계된 것은 우리도 어쩔 수가 없다. 하지만 우리는 때로 그렇게 중요하지 않은 목표를 좇는다. 대학 졸업장, 날씬한 신체, 인스타그램 팔로워 숫자에 집착하고 내가 스무 살에 그랬듯 곰 인형으로 가득한 옷장을 원하기도 한다. 이런 경향은 심리 상담 중에도 나타난다. 사람들은 가장 좋은 방법이 무엇인지 확실히 생각하기 전에 답을 가져와서 고치려고 한다. 화가 날 때는 그 자리에서 자기 마음을 알아보는 불편함을 견디기보다 어느 방향으로든 움직이는 게 더 낫기 때문이다.

집단의 평화를 중요하게 생각하면 관계 문제를 푸는 데 집착하기 쉽다. 관계에 대해 충분히 생각해보지 않고 그저 관계를 고치겠다는 강한 의도를 갖고 상담실을 찾는 사람들이 많다. 마리는 제이크와 어떻게 싸우는지 오랜 시간 공들여 설명했다. 그녀는 제이크의 기분을 읽는 데 상당한 에너지를 소진하며 그의 기분을 거스르지 않으려 하고, 또 그에게는 자신의 기분을 거스르지 않는 법을 알려주려고 했다. "제가 제이크에게 짜증 낼 때 제이크가 너무 불안해하지 않으면 좋겠어요." 그녀는 이 말을 반복했다. 제이크에게 무엇을 원하는지 물어보면 그는 아마 이렇게 대답했을 것이다. "바쁠 때는 마리가 나에게 짜증을 내지 않으면 좋겠어요."

여기에 놓인 딜레마가 보일 것이다. 다른 사람의 기분 변화에 운명을 맡기면 꼼짝할 수 없다. 제이크와 마리는 서로의 감정 기복에 너무 신경을 쓴 나머지 상대의 괴로움을 참을 수 없는 지경이 됐다. 두 사람은 가까워지기를 갈망했지만 너무 가까워서 견디기 힘들었다. 서로를 좀 더 차분하고 사려 깊은 파트너로 만들기 위해 많은 에너지를 투자했다(아니, 낭비했다). 나를 더 나은 파트너로 고치려는 사람을 한 번이라도 겪어봤다면 이런 노력이 얼마나 진저리나는지 알 것이다. 두 사람이 서로를 바꾸려고만 하고 아무도 양보하지 않을 때 보웬 이론에서는 이를 '갈등'이라고 한다. 소리를 질러야만 갈등이 아니다. 갈등은 훨씬 미묘할 때가 많다. 또한 이는 관계 체계에서 불안을 잠재우기 위해 쓰이는 패턴 가운데 하나다.

불안에서 비롯된 고치기에 대한 해법이 '더 많이 고치기'는 아님을 대부분 적어도 머리로는 이해한다. 그런데도 많은 사람이 그렇게 한다. 마리는 상담에서 두 사람의 관계를 현미경으로 (때로는 전자현미경으로) 들여다보려고 했다. 하지만 문제는 제이크와 겪는 갈등뿐만이 아니었다. 마리는 삶의 다른 영역에서도 자아가 부족했다. 경력을 더 이어가야 할지 아니면 진로를 바꿔야 할지 확신하지 못해 꼼짝하지 못했고 거의 만나지도 않는 가족의 기대에 짓눌려 있었다. 관계 갈등이라는 한 가지 증상에 집중하느라 성숙해지는 데에 여러 갈래가 있음을 잊어버렸다.

마리에게는 한 발 물러나서, 아니 여러 발 물러나서 큰 그림을 보자는 결정이 도움이 되었다. 세대에 걸친 마리의 가족 이야기를 살펴보고 이들이 인간관계에서 개별성과 연결의 섬세한 균형을 찾는 삶의 진정한 도전을 어떻게 다뤘는지 들여다봤다.

마리는 가족에 대해, 그리고 이들이 여러 세대에 걸쳐 어떤 문제를 겪었는지 풀어놓았다. 나는 이 가족의 관계 지향성이 어느 정도인지 우리 둘 다 감을 잡을 수 있게 다음 질문을 던졌다.

- 가족 구성원은 자기 모습을 얼마나 드러낼 수 있었나?
- 평온을 유지하기 위해 신념이나 정체성을 숨겨야 하는 사람은 누구였나?

- 다른 사람들이 고치려고 하고 문제라고 딱지를 붙인 사람은 누구인가?
- 상황이 심각해졌을 때 떠나거나 잠적한 사람은 누구인가?
- 부모들은 자녀의 선택에 어떤 반응을 보였나?

질문은 답으로는 알 수 없는 최고의 사고를 끌어낸다. 또한 가족에게 배운 패턴이라는 정서적 유산을 바라보기 시작할 때 자기비판에 빠져들지 않도록 도와준다.

마리는 가족의 역사를 살펴보면서 높은 대인 민감성이 어디에서 기원하는지 알 수 있었다. 한 할아버지는 가족 사업을 이끌어야 한다는 강한 부담을 느끼다가 심장마비로 젊은 나이에 돌아가셨고 한 할머니는 이민 후 자녀들이 새로운 문화에 동화되는 것에 분노했다. 배우자 한 명이 모든 결정을 내리고 신념을 주도하며 상대를 압도하는 부부가 여럿 있었다. 약물 사용 문제를 겪는 부모와 그런 부모를 거스르지 않으려고 조심하는 아이들도(자신처럼) 있었다. 서로를 향해 자신이 아는 최선의 방식으로 행동하고 반응하는 사람들의 역사였다.

패턴을 찾는 이유는 조상을 비난하기 위해서가 아니라 단 한 사람을 과녁으로 삼지 않기 위해서다. 한 사람만 '고치면' 끝나는 문제는 없다. 또한 한 관계에만 집중해서 치료해야 하는 상담도 없다. 인간의 모든 상호작용은 자아를 구축할 기회다. 그리고 성숙을 향한 모든 노력은 관계에 도움이 된다. 지금 눈앞에 타오르는 불로 시선을 제한하면 대개는 결국 화상을 입고 만다.

에너지를 빼앗는 세 가지 반응

우리는 인간을 복잡하고 알 수 없는 유니콘으로 생각하고 싶어 한다. 하지만 인간의 행동은 대부분 불안에 따라 나타나는 예측 가능한 반응이다. 보웬 이론에서는 '불안'을 때로 '정서적 반응성'이라고 부르며, 이를 아주 간단하게 정의한다. 불안은 실제 혹은 상상의 위협에 대한 반응이다. 보웬은 가족을 불안에 대처하기 위해 최선을 다하는 하나의 정서적 단위, 즉 정서적 유기체로 보았다. 이는 사람들이 서로에게 중요한 의미를 갖는 모든 집단에 해당한다. 한 개인만 바라봐서는 위협을 관리하기 위해 활성화되는 패턴에 다른 사람들이 어떻게 참여하고 이를 강화하는지를 놓치게 된다. 이 책은 타인의 압력에 대응하는 예측 가능한 방식인 이런 패턴을 정의하고 자세히 다룰 것이다. 본격적으로 설명하기 전에, 우선 간단한 방식으로 시작해보자.

사람들의 반응에 민감할수록 보이는 패턴

- 다른 사람들이 원하는 모습이 되고자 수용한다.
- 타인에게 저항하거나 그들을 공격하며 행동화한다.
- 사람들과 거리를 두거나 관계를 끊으며 회피한다.

내가 나폴리 아이스크림(주로 딸기, 바닐라, 초콜릿으로 구성된 세

가지 맛 아이스크림-옮긴이) 반응이라고 부르는 이 세 가지 반응은 불안이 높을 때 안전하고 친숙하게 쓸 수 있는 방식이다. 딸기, 바닐라, 초콜릿 모두 맛있다. 하지만 그다지 자아가 높은 맛은 아니다. 자동적이고 감정적인 반응이지 추론이나 개인의 고유한 신념 및 원칙에서 나온 대응이 아니다. 선택지를 이 세 가지로 제한하면 다른 맛을 놓친다. 관계를 맺는 데는 항복하기, 맞서 싸우기, 몰래 도망치기 외에 다른 방식도 있다.

수용	행동화	회피
평온함을 유지하기 위해 사람들에게 동의하기	사람들을 화나게 하려고 일부러 시비 걸기	피상적인 대화 주제에만 머물기
다른 사람들을 거스르지 않으려고 신념을 숨기기	실제 능력보다 모자라게 굴기	불안한 관계는 무조건 차단하기
사람들의 요구 들어주기	공격받으면 보복하기	의무적인 가족 방문만 하기
다른 사람의 일을 과도하게 책임지기	생각하지 않고 신념을 거부하기	개인적인 대화는 절대 나누지 않기
다른 사람이 자기 일을 과도하게 책임지도록 허용하기	어린 시절의 자아로 퇴행하기	소중한 신념을 이야기하지 않기

마리는 제이크와의 사이에서 이런 패턴이 작동하는 것을 알 수 있었다. 그녀는 쉽게 양보하고 재미없어 보이는 행사에 참석했다. 그러다 수용이 싫증 나면 싸움을 걸고 차갑게 대하는 행동화에 나섰다. 이런 패턴은 다른 관계에서도 나타났다. 마리는 어머니의 기대에 맞춰 살려고 했다(수용). 부모님에게 전화할 때는 안전하게 겉도는 대화만 나눴다(회피). 가끔 집에 가면 십 대로 퇴행한 듯 문을 쾅 닫거나 저녁 식사 자리에서 말다툼을 벌였다(행동화). 이런 반응은 이상적이지는 않아도 자신을 드러내는 것보다는 안전하게 느껴졌다. 자신의 흥미, 즐거움, 어려움, 신념을 가족과 나누는 것은 너무 위험해 보였다.

자기 자신을 찾는 법

마리와 제이크는 집요할 정도로 서로에게 집중했다. 이들의 갈등은 제이크가 마리에게 대학원 친교 모임에 같이 가자고 또 요구하면서 고조됐다. 마리는 거절하면 뒷감당이 힘들 것 같아 따라가서 제이크가 다른 사람들과 활발하게 어울리는 동안 다이어트 콜라를 홀짝거렸다. 그렇게 적개심을 잔뜩 품은 상태로 제이크를 따라다니다가 인사도 없이 자리를 떴다. 제이크는 새벽 3시에 술에 취해 툴툴거리며 돌아왔고 마리는 여전히 씩씩대며 잠든 척했다.

일부는 이런 관계를 '상호 의존적'이라고 말할 것이다. 나는 이

용어를 그다지 좋아하지 않는다. 사람들은 마치 서로 의존하는 관계와 그렇지 않은 관계가 따로 있다는 듯이 이 말을 진단명처럼 사용한다. 보웬은 관계에서는 누구나 조금이라도 자기를 잃는다고 보았다. 타인과 교류하면서 조금도 변하지 않기는 불가능하며 그 반대도 마찬가지다. 문제는 얼마나 변하느냐다. 자신을 지키는 것은 인간의 보편적인 과제이며 때로는 쉽고 때로는 어렵다. 그러니 대학 농구 시즌이 시작되고 새 마블 영화가 개봉할 때 열광하는 척하는 자신에게 좀 더 관대해도 된다. 그저 자기만의 생각을 더 키울 방법을 찾으면 된다.

자아가 부족한 결정은 자동적이며 감정적이다. 자아가 풍부한 결정에는 아주 잠깐의 틈이 존재하고 그때 자신에게 이렇게 물어볼 수 있다. '여기서 내 책임은 무엇인가?' 아주 간단하게 들리지만 갈등이 격화되는 순간에는 도저히 그럴 수 없을 것처럼 느껴진다. 감정의 파도에 떠밀려 배의 키를 직접 조종하기보다는 익숙한 패턴을 아무거나 잡으려고 하기 때문이다.

지금까지 추구한 인생의 방향을 생각해보자. 그런 결정을 어떻게 내리게 되었나? 우리는 결정의 내용(무엇을 이루었는가, 어디에서 실패했는가 등)에 집중하느라 그 결정을 내린 과정은 자주 잊곤 한다. 그 선택에 당신의 자아는 얼마나 들어 있었나?

자아가 충만할 때의 선택

- 자동적이고 감정적인 반응을 넘어설 수 있다.

- 생각/원칙에 따라 결정한다.
- 다른 사람들이 자신과 같아야 할 필요가 없다.
- 자신을 평가하는 능력이 높다.

자아가 부족할 때의 선택

- 자동적이고 감정적인 반응에 이끌린다.
- 다른 사람들의 생각을 많이 빌린다.
- 다른 사람을 통제하는 데 집중한다.
- 다른 사람의 실제 반응 혹은 상상 속의 반응에 집중한다.

마리는 제이크를 행복하게 하려는(그리고 그를 바꾸려는) 노력이 자동적이고 감정적인 충동에서 나왔으며 효과도 전혀 없었음을 깨닫기 시작했다. 두 사람은 한 명이 상대방에게 잠식되는 마리의 가족 내 패턴을 반복하고 있었다. 마리에게는 자아가 더 많이 담긴 전략이 필요했다. 어떻게 살아가야 할지, 그리고 제이크가 스트레스를 받거나 자신을 압박할 때 어떻게 대응하고 싶은지 생각해야 했다. 자아를 구축하는 방향으로 이런 전환을 할 때 뇌에서는 다음과 같은 일이 일어난다.

자아가 부족할 때: 남자 친구는 나에게 너무 많은 것을 기대해.
자아가 충만할 때: 내가 할 수 있는 것과 할 수 없는 것을 스스로(그리고 그에게) 명확히 해야 해.

자아가 부족할 때: 내가 짜증 낼 때 그 사람이 당황하지 않으면 좋겠어.
자아가 충만할 때: 스트레스를 어떻게 관리해야 할까?

자아가 부족할 때: 내가 한숨을 푹 쉬면 무슨 일이냐고 물어보겠지?
자아가 충만할 때: 나는 소통에서 무엇이 중요하다고 생각하지?

자아가 부족할 때: 한 번 더 싸우면 우리 관계가 끝장날까?
자아가 충만할 때: 관계 패턴에서 내 역할을 바꿔보면 어떨까?

마리는 이 관계 말고도 할 일이 많았다. 제이크의 대학원 친구들 이외에 다른 사람들과 우정을 쌓으려면 에너지가 들 것이다. 현재 하는 일 외에 다른 일을 알아보려면 조사도 더 해야 한다. 부모님과 피상적인 거리 두기 이상의 관계를 맺고 싶다면 더 노력해야 한다. 하지만 이것이 바로 다른 사람에게 의존하던 것에서 벗어나 진정한 자아를 만들어가는 과정이다.

관계 지향적 삶에서 벗어나는 과정은 빠르게 이루어지지 않는다. 하지만 대체 경로를 활용하면 자동적인 반응을 줄이기가 훨씬 쉬워진다. 마리는 남자 친구의 외향성을 줄이고 자신은 좀 더 외향적으로 변하려고 무던히 노력했다. 하지만 이제 새 지침을 세웠다. 관계를 제대로 관찰할 수 있을 만큼 불안을 누그러뜨리기로 한 것이다. 서로를 있는 그대로 허용하면 이 커플은 조화롭게 함께할 수 있을까? 마리는 관계를 유지하든 끝내든 그 결정이 자신의 진지한 고민에서 나오길 바랐다. 밤이 되면 살며시 고개를 드는 갖가지 상상과 불안이 아닌 진정한 관찰에서 나오길 바랐다.

마리는 일상에서도 자아를 강화하려고 노력했다. 같은 지역에 사는 옛 친구와 다시 연락을 시도했다. 비록 못마땅하게 여기거나 흥미를 보이지 않더라도 부모님에게 자기 얘기를 더 많이 들려주기 시작했다. 제이크의 초대를 자주 거절하고 소프트볼도 그만뒀다. 사람들을 만나는 자리를 거절했을 때 투덜거리는 제이크에게 그러지 말라고 가르치려던 노력도 그만뒀다. 대신 저녁에 같이 산책하든 함께 서점에 들르든 단둘이 시간을 보내고 싶다는 뜻을 표현했다. 둘 다 매일 아침 몇 분은 휴대전화를 내려놓고 서로의 하루를 이야기하려고 했다. 이런 접점 덕에 시간이 갈수록 마리는 따로 있을 때도 불안감이 줄어드는 것을 알 수 있었다.

물론 완벽한 과정은 아니었다. 제이크의 기분을 살피려는 충동과 긴장을 누그러뜨리려면 더 많은 사랑과 관심을 받아야 한다는 생각이 늘 마음 한구석에 남아 있었다. 또한 제이크가 마리를 자기에게 맞추려고 하거나, 마리 역시 사람들을 만나고 함께 스포츠를 즐기려는 제이크의 마음을 무시하려는 순간이 분명히 있었다. 하지만 두 사람은 올바른 방향으로 가고 있었고 마리 역시 자기 자신으로 사는 느낌을 어렴풋이 깨닫기 시작했다. 제이크가 감정적으로 반응할 때 같이 싸우기보다 신중한 태도를 유지했고 외로울 때는 새로 찾은 우정에서 즐거움을 찾으려 노력하며 호기심을 끌어올렸다. 또한 제이크가 마음을 알아주기를 기다리지 않고 자기 생각을 먼저 이야기했다.

관계 지향성을 줄인다는 것이 관계를 포기한다는 뜻은 아니다. 잘못된 행동을 참고 견딘다는 뜻도 아니다. 자아를 키우면 관계가 현실을 바탕으로 하여 성공하거나 실패할 기회를 얻는다. 다른 사람이 어떤 반응을 보일지 두려워하거나 환상을 품지 않아도 된다. 그리고 순간의 불안함이 아니라 최선의 생각을 통해 결정을 내릴 수 있게 된다. 마리는 자신의 감정을 조절하고 행동을 결정해주기를 바라는 마음을 관계에서 서서히 덜어내고 있었다. 이러한 압박을 덜어내면 관계는 본래 되어야 할 모습이 될 기회를 얻는다. 나는 내가 되고 다른 사람 역시 그 사람이 되도록 허용하는 관계가 된다.

이제 생각을 행동으로 옮길 시간이다. 잠시 시간을 내서 다음 연습을 수행해보자. 답변을 따로 적어두는 것을 권한다. 그러면 여기서 얻은 통찰을 다시 들여다보고 일상에 적용할 수 있다. 혹은 자신의 상황에 잘 맞는 과제를 직접 만들어보자.

✳ 연습 1

타인의 기대에 맞춰 살고 있지 않은지 되돌아보기. 솔직하게 말하자. 다른 사람의 기대에 맞추려고 쓰는 에너지가 하루에 몇 퍼센트나 되나? 밤 10시에 이메일에 답하는가? 친구가 찾아온다고 하면 맹렬하게 집을 치우는가? 완벽한 사진 필터를 찾느라 지나치게 시간을 쓰는가? 최근에 한 활동 중에서 자기 생각을 실천하기보다는 다른 사람의 반응에 맞추려고 한 활동의 목록을 만들어보라.

✳ 연습 2

관계 속에서 자아의 크기 가늠하기. 가장 소중한 관계 열 개를 적어보자. 그중 '자아'를 가장 많이 보여주는 관계는 무엇인가? 다른 사람이 어떻게 반응할지 크게 걱정하지 않고 즐거움, 어려움, 흥미를 이야기할 수 있는 곳은 어디인가? 관계 지향성이 높은 관계는 무엇인가? 다른 사람들의 통제를 허용하고 당신 역시 그들을 바꾸려고 하는 관계가 있는가? 이제 자아의 크기에 따라 각 관계에 순서를 매겨라. 순위가 낮은 관계들을 보면서 어떻게 하면 그것을 더 진정성 있고 사려 깊게 이끌 수 있을지, 또 다른 사람들도 그렇게 하도록 유도할 수 있을지 생각해보라.

✻ 연습 3

가족에 대해 알아보기. 가족의 역사에서 관계가 주는 부담이 어떤 역할을 했는지 알면 도움이 될 수 있다. 과거 세대에서 평온함을 유지하기 위해 불안할 정도로 애쓴 사람이 보이는가? 다른 사람들의 행동이나 성격을 대신 결정하려는 사람이 있었나? 압박을 견디지 못해 잠적하거나 관계를 끊은 사람은 누구인가? 다른 사람을 바꾸려고 압박하거나 다른 사람에게 맞추려고 바뀐 사람들에 관한 생각을 자유롭게 적어보자. 이런 패턴을 알면 당신의 현재 관계를 조금 달리 생각하는 데 도움이 될 것이다. 정보가 부족하다면, 가족에 대해 알려줄 사람을 생각해보라.

이 장에서 우리가 잊지 말아야 할 것들

☛ 우리는 인생의 많은 결정을 다른 사람을 따라 내린다. 우리가 사회적 동물이기 때문이다. 우리는 사람들이 어떻게 반응하는지, 혹은 어떻게 반응할지 신경 쓴다.

☛ 다른 사람들의 반응이 얼마나 영향을 미치도록 허용하는지가 얼마나 관계 지향적인지를 보여준다. 관계 지향성이 높은 사람은 자신의 목표와 흥미를 추구할 에너지가 부족하다.

☛ 자아는 자기 생각에 따라 행동하고 다른 사람에게 어떻게 대응할지 선택하는 능력이다. 자아가 부족한 사람은 자동적이고 감정적인 반응에 크게 휩쓸린다.

☛ 관계 지향성을 줄이려면 다른 사람을 고치려는 노력을 중단해야 한다.

☛ 불안을 다스리는 관계 패턴 중 하나가 갈등이다. 갈등은 두 사람이 서로를 바꾸려고 하고 아무도 스스로를 바꾸려고 하지 않을 때 일어난다.

☛ 가족(혹은 집단이나 조직)의 다세대 역사를 살펴보면 시야를 넓혀 더 큰 패턴을 볼 수 있다.

☛ 불안은 실제 혹은 상상의 위협에 대한 반응이다. 가족은 예측 가능한 패턴을 통해 불안을 관리하려고 최선을 다하는 정서적 단위다.

☛ 관계의 압력에 반응하는 세 가지 방식에는 수용, 행동화, 회피가 있다. 이런 반응은 관계에서 자신을 드러내고자 하는 방식을 반영하지 못하고 제한할 수 있다.

☛ 타인에게 초점을 맞추기보다, 중요한 관계에서 어떤 사람이 되고 싶은지 생각하라. 내가 추구할 가치가 있는 것은 무엇이며 다른 사람과 나눌 만한 것은 무엇인가?

02

사람들을 행복하게 하는 대가

"아버지에게 전화하고 싶냐고요?
아니요, 전화하고 싶지 않아요.
당신은 아버지에게 전화하고 싶어요?"

-켄들 로이Kendall Roy, 〈석세션Succession〉

알렉스는 자신이 부모의 가장 큰 성취라는 말을 귀에 못이 박히도록 들으며 자랐다. 고등학교 마칭밴드marching band를 지휘하는 부부 밑에서 외동딸로 자란 그녀는 부모님과 교사, 또 자신을 키우다시피 한 악단의 학생들에게 언제나 칭찬과 주목을 받는 모범생이었다. 하지만 딸에게 헌신한 덕에 부모의 결혼 생활이 안정적으로 유지될 수 있었다는 사실은 미처 몰랐다. 세 사람은 단단하게 결합된 행복한 트리오였다. 아버지가 모든 걸 망치고 떠나기 전까지는.

알렉스가 대학에 진학해 집을 떠나자 천천히 벌어지던 부모님 사이가 완전히 멀어졌다. 아버지 댄이 고등학생 때 아쉽게 헤어진 플루트 연주자와 바람이 난 것이다. 알렉스의 어머니가 이 사실을 알아채면서, 이 가족뿐 아니라 밴드가 주 대회 챔피언이 될 기회도 끝장났다. 몇 년이 흘러 스물다섯이 된 알렉스에게는 새엄마와 세 명의 십 대 의붓동생이 생겼다. 게다가 엄마는 알렉스의 관심을 지나치게 많이 바랐고, 아버지는 이제 낯선 사람처럼 느껴졌다.

댄은 알렉스에게 같이 가족 상담을 받자고 간청했다. 새엄마와 의붓동생들을 알아가는 데 관심이 없어 보이는 딸과의 거리감이 그를 괴롭혔다. 알렉스는 혼자 사는 엄마와 휴가를 따로 보내기가 꺼려졌고 가끔 아빠와 나누는 대화는 늘 냉랭하고 무의미하게 느껴졌다. 댄은 딸이 어릴 때 함께 악기를 연주하거나 드라마 〈뱀파이어 다이어리The Vampire Diaries〉를 분석하면서 얼마나 딱 붙어 지냈는지 이야기하곤 했다. 하지만 이제는 딸을 잃은 것 같았다. 대체 언제까지 딸에게 벌을 받아야 하는지 답답했다.

알렉스 입장에서는, 댄이 자신에게 쓸 시간이 별로 없어 보였다. 이제 지역의 밴드를 지휘하는 댄은 리허설 때문에, 또 의붓동생들의 기사 노릇을 하느라 늘 바빴다. 또 이상한 타이밍에 딸을 초대하거나 급하게 부르곤 했다. 화요일 자정에 대화하자고? 주중에 점심 먹으러 자기 학교로 오라고? 댄은 새 가족과 떠나는 휴가에 딸을 초대하곤 했는데 그것도 떠나기 겨우 일주일 전에 연락했다. 댄이 거리를 두지 않을 때면, 장문의 문자를 통해 둘 사이가 지금 어떤지, 그래서 자신이 얼마나 슬픈지 횡설수설 늘어놓곤 했다. 그러면서 부녀 사이를 개선하기 위해 무엇이든 하겠다고 했다. 그러면 알렉스는 댄의 말과 행동이 얼마나 다른지 바로 지적했다.

상담을 진행하는 동안 알렉스는 대부분 말이 없었다. 댄은 알렉스가 어떤 기분인지 말하는 데에 매우 집중했다. 내 말을 끊고 알렉스가 어떤지 확인했고 알렉스가 감정이 격해지는 것 같으면 생각의 흐름을 놓쳤다. 두 사람은 서로의 반응에 매우 예민했고 거기에 자기 주도적인 모습은 거의 없었다. 둘 중 하나라도 고개를 들고 이 딜레마를 다르게 볼 수 있을까?

얼마나 서로에게 묶여 있나?

사람들은 관계에서 일어나는 갈등을 풀려면 관계에 더 집중해야 한다고 생각하곤 한다. 서로에게 더 많은 사랑과 관심을 줘야 한다고 말한다. 하지만 지나친 집중이 오히려 문제다. 우리는 누군가 우리를 초조하게 주시하고 있으면 잘 성장하거나 생각하지 못한다.

댄과 알렉스는 사이가 소원해졌는데도 관계 지향성에 갇혀 있었다. 두 사람 다 서로를 생각하는 데 엄청난 시간을 쏟았고 상대가 무엇을 하는지, 메시지에 어떻게 반응할지(혹은 반응하지 않을지) 끝없이 상상했다. 서로를 멀게 느끼면서도 서로에게 묶여 있었다. 보웬은 '융합fusion'이라는 용어를 사용해서 관계 또는 관계 체계의 고착 정도를 설명했다. 융합 수준이 높으면 자기 생각을 희생하더라도 관계에 안정과 조화를 가져오는 결정을 더 많이 내린다.

인간으로서 우리가 서로 엮여 있다는 것은 장점이자 단점이다.

이는 진화가 남긴 유산이다. 자연 선택 과정에서 이타주의와 협력을 증진하는 유전자가 승리하면서 인간의 거대한 뇌는 분위기를 읽고 관계를 평가하도록 발달했다. 다른 사람이 무엇을 생각하고 느끼는지 추측하는 능력은 집단에 협력하는 데 필수적이다. 심리학자들은 이를 때때로 '9개월의 혁명'이라고 부르는데, 이때 아기는 자신의 환경을 평가하기 위해 성인의 신호를 읽기 시작한다.[1] 이런 행동은 비행기가 난기류로 심하게 흔들릴 때 우리가 모르는 걸 알지 않을까 싶어 승무원의 표정을 살피는 것과 비슷하다.

불안한 시기에는 이런 진화적 초능력이 최고조에 이른다. 알렉스와 댄은 둘 사이의 융합 때문에 감정을 서로 분리하기 힘들었다. 댄은 자신의 새로운 인생에서 알렉스가 느끼는 불편함을 참지 못했다. 그래서 초대를 차일피일 미루거나 약속 시간 직전에 만남을 취소했다. 또는 상담 시간의 절반을 딸의 안색을 살피는 데 썼다. 융합이 심한 관계는 종종 지나친 친밀함과 병적인 거리 두기 사이를 오간다.

융합이 보이는 양상

- 정서적 지지를 과하게 요구한다.
- 다른 사람의 불안에 매우 민감하다.
- 다른 사람의 신념을 빠르게 받아들인다(혹은 거절한다).
- 좋은 인상을 주고 싶어 한다.
- 다른 사람의 의견에 부담을 느낀다.

- 다른 사람의 의견에 거부 반응을 보인다.
- 칭찬을 성공으로 여긴다.
- 칭찬을 못 받으면 심하게 흔들린다.
- 다른 사람을 그대로 받아들이기 힘들다.

우리의 기능은 다른 사람들의 긍정적인 반응에 크게 영향을 받는다. 직장에서 큰 성과를 올리면서도 사소한 비판이나 수동공격적인 문자 한 통에 좌절하는 사람들이 많다. 가족 치료를 하는 중에도 가족 구성원 하나가 눈을 치켜뜨거나 입술을 떨면 눈앞이 하얗게 되는 사람들이 있다. 보이지 않는 결합은 언제나 어느 정도 존재하며, 우리 기능을 촉진하거나 방해한다.

수용하는 과정

관계에 융합이 심하면 다른 사람을 쉽게 수용한다. 다른 사람이 원하는 사람이 되려고 엄청난 에너지를 쓰기도 한다. 배우자의 체면을 생각해서 멋진 옷을 입고, 강의하는 교수가 초조해 보여서 일부러 말을 꺼낸다. 친구가 정치 문제로 열을 올리면 동의하는 척한다. 수용이 가져오는 평온함에는 대가가 따른다. 언젠가는 청구서가 날아온다.

수용할 때 우리가 잃는 것

- 불화를 견디는 법을 뇌에 가르칠 기회
- 다른 사람에게 신념을 밝힐 기회
- 타인이 자기 일에 책임지도록 두는 법을 배울 기회
- 자신의 흥미를 이야기하는 기쁨
- 개인으로 기능하는 데 도움이 되는 경계
- 아이들의 독립적인 성장을 지켜보는 기쁨
- 소중한 목표를 추구할 수 있는 여유 시간
- 다른 사람들의 불안에 휩쓸리지 않고 자신을 조절하는 능력

우리는 남의 비위를 맞추는 사람을 흔히 '만만한 사람'으로 여긴다. 하지만 수용은 대개 생각보다 훨씬 더 미묘하게 일어난다. 상호작용을 할 때 우리는 주변 사람과 그들의 기분에 맞춰 사소하게 행동을 조절한다. 친한 친구에게 한 이야기를 할머니에게는 살짝 순화해서 말하거나 사춘기 자녀와 또 한바탕할 자신이 없어서 지저분한 방을 그대로 놔두는 것과 비슷하다. 타인에게 맞춰주는 것은 삶에 필요한 부분이지만, 제어하지 않으면 습관이 되어버릴 수 있다.

댄과 알렉스는 얼핏 보기에는 서로를 수용하는 것 같지 않았다. 둘 다 배려가 부족하다면서 상대에게 불만스러워했기 때문이다. 하지만 가까이 가서 보면, 그들은 서로를 안정시키려고 초조하게 시도했다. 알렉스는 아빠를 달래기 위해 상담실에 왔다. 댄은 알렉스가 속상해한다는 것을 알았기 때문에 새 가족을 방문해달라고

요청하는 것을 멈췄다. 알렉스는 아빠가 급하게 불러도 불편을 감수하면서 만나려고 했다. 지나친 수용이 문제였다. 두 사람은 서로를 너무 신경 쓴 나머지 자신을 포기했다. 이 관계에서 어떤 사람이 되고 싶은지 생각하는 사람이 아무도 없었다.

서로를 달래려는 시도 속에 댄과 알렉스는 적지 않은 대가를 치렀다. 댄은 딸이 자신의 새 가족과 친해지는 모습을 볼 기회를 잃었다. 알렉스는 아버지의 길고 불안한 문자를 신경 쓰느라 시간과 에너지를 잃었다. 두 사람 모두 소통할 때마다 경보음이 울리는 관계를 벗어날 기회를 잃었다. 부녀는 더 자유롭고 편안한 관계를 원했다. 하지만 어떻게 해야 할까?

융합의 대관람차에서 내려오려면

관계에서 융합 문제를 해결하려면, 불안을 관리하기 위해 그 관계를 어떻게 이용하는지 살펴봐야 한다. 가족을 비롯한 모든 관계 체계는 안정을 유지하기 위해 예측 가능한 패턴을 이용한다. 보웬은 이를 '정서 과정emotional process'이라고 불렀다. 관계에서 자신의 역할을 바꾸고 싶다면 다툼의 내용뿐 아니라 그 과정에도 집중해야 한다. 행위와 반응을 구조화하면 예측 가능한 고착 관계에서 벗어나는 데 도움이 된다.

다음은 댄과 알렉스가 나에게 설명한 과정이다. 댄은 밤이 늦으면 알렉스와 멀어진 게 슬프게 느껴지기 시작한다. 그래서 딸에게 문자를 보내 불안하고 괴로운 마음을 표현한다. 댄의 격렬한 감정에 짜증이 난 알렉스는 간단하게 점심을 같이 먹거나 새 가족과 어색한 저녁 식사를 하겠다고 수용한다. 하지만 이렇게 수용하고 나면 보통 화가 나고 예민해진다. 댄은 같이 밥을 먹는 동안 딸의 불편함을 세밀하게 살피면서 최선을 다해 사랑과 관심을 표현한다. 이런 집중이 끔찍한 알렉스는 거리를 두기 시작한다. 그 덕에 잠시

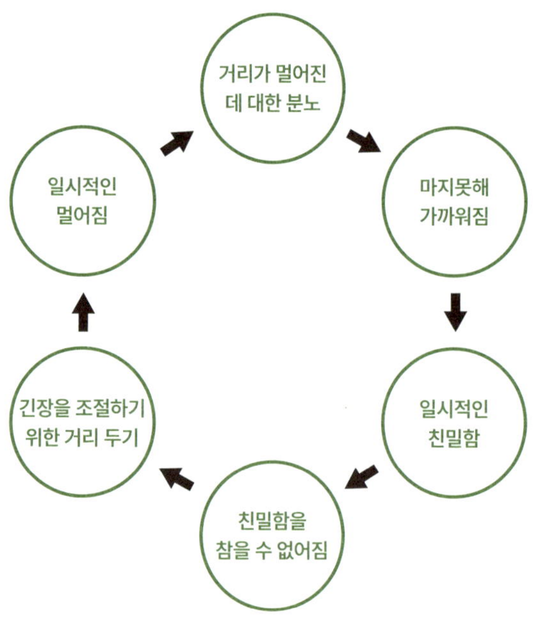

그림 1 **융합의 대관람차.** 융합의 대관람차에서 내리려면 자신의 역할을 생각해야 한다. 늘 하던 행동에서 벗어날 용기를 가지고 예측 가능한 사건들의 사슬을 끊어야 새로운 길을 찾을 수 있다.

평화가 찾아온다. 하지만 이내 댄이 다시 부녀 관계에 분노를 느끼고 자연스럽게 문자 폭탄을 날린다. 그러면서 악순환이 시작된다. 융합의 대관람차라고 할 수 있다.

이러한 순환을 보면 왜 수용(또는 비위 맞추기)을 성격 특성이 아니라 과정의 일부로 생각하는 것이 유용한지 알 수 있다. 긴장된 시기에 우리는 서로와 관계 맺기보다는 상황을 평온하게 유지하려는 패턴에 사로잡힌다. 수용, 회피, 행동화로 극도의 친밀함과 병적인 거리 두기 사이를 오가며 춤을 춘다. 되도록 빠르게 불안을 누그러뜨리는 방식으로 반응한다.

어떻게 이 대관람차에서 내려야 할까? 우선 이 순환에서 자신의 역할을 생각해야 한다. 모든 지점이 감정적 용기를 발휘할 기회다. 평온함을 유지하기 위해 늘 하던 행동을 하지 않을 용기를 내야 한다. 예측 가능한 사건들의 사슬을 끊고 생각해야 한다. 알렉스와 댄 모두 패턴을 바꿀 수 있다. 한 사람이 다르게 기능하면 관람차가 삐걱거리며 멈출 것이다. 그러면 새로운 길에 불이 켜진다.

'제3의 길'을 찾아서

우리는 불안한 마음으로 서로에게 맞춰주는 것보다 훨씬 풍요로운 관계를 맺을 수 있다. 관계를 유지하면서도 정서 과정에서 살짝 비켜설 수 있다. 어떤 사람들은 이런 능력이 남들보다 더 뛰어난

데, 보웬은 타인과 접점을 유지하면서 자신을 위해 생각하고 행동하는 이 변수를 '자기 분화'라고 불렀다. 이는 보웬 이론의 주요 개념이자 이 책의 중심 아이디어다.

나는 때로 분화를 '제3의 길'이라고 말한다. 관계의 압력에 굽히거나 관계를 포기하지 않고 사람들과 소통할 수 있는 방식이기 때문이다. 융합이 심한 관계에서는 자기 분화를 꾀하기가 매우 어렵다. 하지만 이 관계야말로 분화가 가장 중요하다. 이 관계에서 자신을 드러낼 수 있다면 그 외 사람들에게도 진심으로 자기 자신과 신념을 표현할 수 있다.

보웬은 자기 분화를 연속 개념으로 보았다. 즉 자아가 매우 낮은 사람부터 매우 높은 사람까지 그 범위가 다양하다. 당신의 분화 수준은 어떻게 결정될까? 이는 가족이 굴러가는 방식과 깊은 관련이 있다. 어떤 가족은 다른 가족보다 정서적으로 더 상호 의존적이다. 관계 패턴에 기대서 스트레스를 관리한다는 뜻이다. 어떤 사람들은 자라면서 자아를 발달시킬 자유를 얻지만, 다른 사람들은 그렇지 못하다. 어떤 아이는 가족의 불안이 집중되는 탓에 가족이 스트레스를 다루는 패턴에 더 자주 휘말린다. 반면 다른 형제자매들은 이런 상황에서 비교적 벗어나 있을 수 있다.

높은 자기 분화 수준이 (종종 서양 문화에서 칭송하는) 단호한 개인주의를 암시하지는 않으며, 분화 수준이 낮다고 해서 타인에게 의존한다는 뜻도 아니다. 분화는 유연한 소통과 자기 주도성, 또 성숙하게 타인에게 의존하면서 자신을 책임지는 자질을 말한다.

여기서는 다른 사람과 관계 맺는 방식이 아닌 '강도'가 더 중요하다. 예를 들어 분화가 잘된 사람은 자신의 신념에 따라 행동하므로 관계를 끝내겠다는 선택을 내릴 수도 있다. 분화가 덜 된 사람은 불안을 빠르게 잠재우려고 관계를 끝낸다. 같은 선택을 내리더라도 자아의 수준이 다를 수 있다. 자아가 빈약하다고 '나쁘다'는 뜻은 아니다. 그저 유연성이 떨어지고 어떤 관계 체계에서든 볼 수 있는 그런 패턴에 더 의존한다는 뜻이다. 딸기, 바닐라 아니면 초콜릿이라는 말이다.

보웬은 정서적 체계(가족, 같은 팀, 교회 공동체 등)가 도전에 대응하는 능력에 미치는 두 가지 영향에 대해 이야기했다. 바로 불안 수준과 분화 수준이다. 체계 안에서 불안 수준을 늘 통제하기는 어렵지만 자신의 분화 수준은 노력으로 바꿀 수 있다. 하지만 평가지나 5단계 기술, 혹은 3주 코스로 분화 작업을 완성할 수는 없다. 그것은 삶에서 중요한 사람들과 관계 맺는 방식 속에서 어느 정도의 자기를 찾아가는 장기적인 노력이다. 패턴을 알아보고 적어도 거기서 조금이라도 벗어나려고 애쓰는 작업이다.

알렉스와 댄은 자주 걸려들던 뻔한 패턴을 벗어나 새로운 관계를 맺을 방법을 생각하기 시작했다. 압박에 반응하지 않는 대응은 무엇일까? 마지못해 받아들이거나(수용) 관계를 포기하지(회피) 않는 대응은 무엇일까? 두 사람이 생각해낸 몇 가지 상황을 살펴보자.

상황 1: 아빠가 괴롭다는 장문의 문자를 횡설수설 써서 보낸다.

수용: 장문의 답장으로 아빠를 사랑한다고 안심시킨다.

회피: 무시한다.

제3의 길: 내일 전화해서 언제 만나는 게 좋을지 말한다.

상황 2: 저녁 먹으러 온 딸이 불편해 보인다.

수용: 딸과 다른 사람들 사이의 대화를 중재한다.

회피: 저녁 초대를 중단하고 일대일로만 만난다.

제3의 길: 딸에게 새 환경에 적응할 시간을 준다. 딸이 아닌 나를 안정시키는 데 집중한다.

상황 3: 딸이 나와 거리를 두려는 게 느껴진다.

수용: 못난 아빠라서 미안하다고 한다. 앞으로는 무엇이든 하겠다고 한다.

회피: 먼저 연락하지 않고 딸이 연락할 때까지 기다린다.

제3의 길: 언제 만나면 좋을지 딸에게 알려준다. 딸을 지나치게 끌어들이지 않고 소원해진 괴로움을 스스로 해소한다.

분화는 사람마다 다르게 나타난다. 그리고 행동보다는 그 뒤에 숨은 생각이 중요하다. 어려운 상황을 해결할 최고의 대응을 생각했는가? 아니면 되도록 빠르게 평화를 찾으려고만 했나? 혼자 생각할 시간을 갖는 것과 불안한 마음에 거리를 두는 것은 다르다. 신중한 동의와 불안한 비위 맞추기가 다른 것과 마찬가지다. 우리가 내리는 선택의 이면을 들여다보고 어떤 정서 과정이 작동하는지 알기 위해서는 연습이 필요하다. 이 연습으로 큰 차이가 날 수 있다.

'입학 첫날'이 필요할 때

모든 부모는 자녀의 첫 등교일을 기억한다. 내 딸아이가 유치원에 입학하기 전날, 원장 선생님은 신속하고 침착하게 아이를 차에서 내려주라고 권하는 이메일을 보냈다. "아이를 내려줄 때 여러분이 보이는 에너지, 생각, 몸짓, 자신감 수준이 아이가 차에서 내릴 때 느끼는 기분을 결정합니다."

'흠, 뭐야.' 속으로 생각했다. '반박할 수가 없잖아.'

아이를 내려줄 때 집착하고 초조해하는 게 좋다고 주장할 어른은 없을 것이다. 우리는 자기 통제력을 기르면 그것이 자녀에게 주는 선물이 된다는 걸 알고 있다. 그런데도 성인과 관계를 맺을 때는 완전히 반대로 행동할 때가 많다. 마치 새벽 3시에 남자 친구에게 문자로 아무 말이나 하면 둘 사이가 좋아지고, 동료에게 분노를 표출하면 상사와의 관계가 개선될 것처럼 군다. 친구가 기분이 안 좋을 때는 좋은 질문을 침착하게 던지는 게 아니라 급하게 문제를 해결해주려 한다. 다른 사람의 고통을 감지할 때 자신을 통제해야 한다는 생각은 보통 절대 안 한다.

댄과 알렉스는 모두 자기만의 첫 등교일이 필요했다. 둘 다 성인이니 누구라도 분위기를 바꿀 수 있었다. 댄은 알렉스에게 새엄마와 어떻게 지내고 싶은지 생각할 시간을 줄 수 있다. 초조한 문자 폭탄을 날리기 전에 잠시 멈춰서 진정할 수 있다. 알렉스 역시 아빠가 급하게 약속을 잡으려고 할 때 "지금은 안 돼요"라고 말할 수 있다. 초대해줄 때까지 기다리지 않고 휴가를 어떻게 보낼지 물어볼 수도 있다. 그리고 두 사람 모두 상대방의 기분에 따라 관계를 평가하지 않을 수 있다!

둘 중 누구든 이 가운데 하나라도 실천한다면 입학이 순조로울 것이다. 이 학교는 융합 관계에서 빙빙 돌지 않고 자기 모습 그대로 멈추는 법을 배우는 곳이 될 것이다.

분화 수준이 낮은 사람

- 자신의 감정적 반응이 관계에 미치는 영향을 무시한다.
- 자신을 통제하지 않고 다른 사람을 달래려고 한다.
- 타인을 무능한 사람 취급한다.
- 관계에 어려움이 생기면 세상이 곧 망할 것처럼 군다.

분화 수준이 높은 사람

- 자신의 반응과 그 영향을 관찰한다.
- 다른 사람보다 자신을 통제하려고 한다.
- 타인을 유능한 사람으로 대한다.
- 호기심을 갖고 관계의 어려움을 해결하려고 한다.

관계에 융합이 심할 때는 분화 수준을 높이기가 쉽지 않다. 결국 인간은 효율적으로 관계의 조화로움을 지키도록 진화했다. 다른 사람에게 초점을 맞추는 것은 역기능이 아니라 어느 정도 평온함을 유지하는 적응 행동이다. 그러니 자동 설정으로 돌아가더라도 너무 자책하지 말자.

더 이상 남을 기쁘게 하지 않겠다는 생각은 어딘가 '되는 척하다 보면 결국에는 되는' 접근법처럼 느껴지기도 한다. 하지만 중요한 것은 의지보다는 문제를 바라보는 방식이다. 보웬은 관계를 관찰하면 축구장 꼭대기에서 경기를 바라보는 것 같은 힘이 생긴다고 설명했다. 불만 밑에 깔린 정서 과정인 패턴을 볼 수 있으면 관계의 어려움이 다르게 보이기 시작할 것이다. 악당과 영웅을 구분하기 어려워지고 사람들이 당신을 좋아하는지 아닌지에 신경을 덜 쓰게 될 것이다. 인간이 지닌 역설이 보일 것이다. 서로 가까워지기를 갈망하면서도 그만큼 멀어지고 싶어 몸이 근질거리는 현실 말이다. 경기장 꼭대기에서 보면 조금이라도 손쓸 수 있는 유일한 변수가 자기 자신임을 깨달을 것이다.

시스템 사고 하기

경기장에서 내려다보자 알렉스와 댄은 자신들의 이야기가 그렇게 비극은 아닌 것 같았다. 힘든 이혼을 겪은 가족이 개인으로 기능하기 힘들어하는 예측 가능한 이야기로 보였다. 이 이야기는 점점 분화를 도모할 기회를 얻은 성인 두 명의 이야기로 바뀌었다.

서로를 비난하는 이야기를 정서 과정으로 재구성할 때 당신은 체계를 생각하는 사람이 된다. 보웬은 이를 두고 원인과 결과에 대한 단순한 설명("나는 엄마가 ~였기 '때문에' 이래")에 의존하기보다 관계 체계가 어떻게 작용하는지를 보는 능력인 정서적 객관성을 개발하는 과정이라고 설명했다. 우리가 전달하는 '이야기'에 어느 정도 진실은 있지만 우리는 이런 이야기를 통해 결국 관계 지향성에 갇힌다. 패턴에서 자신의 역할이 무엇인지 생각하고 다세대 역사에 어떤 패턴이 있는지 살펴보면 갇힌 기분에서 벗어날 수 있다. 알렉스와 댄이 어떻게 스토리텔링storytelling에서 시스템 사고systems thinking으로 옮겨 갔는지 살펴보자.

스토리텔링: 우리 아빠는 선을 몰라.
시스템 사고: 아빠 가족은 어려운 시기에 서로 어떻게 관계를 맺었을까? 가족들이 얼마나 자기 모습을 드러낼 수 있었을까?

스토리텔링: 아빠는 이제 나에게 시간을 내주지 않아.
시스템 사고: 거리 두기는 체계 안에서 아빠가 불안에 대처하는 한 가지 방법이야.

스토리텔링: 내 딸은 내가 바람을 피웠다고 나를 벌주고 있어.

시스템 사고: 거리 두기는 체계 안에서 아이가 불안에 대처하는 한 가지 방법이야.

스토리텔링: 우리는 이제 전처럼 가깝지 않아.
시스템 사고: 가까워져야 한다는 부담감 때문에 오히려 서로에게 민감해질 수 있어. 우리가 '친밀함'이라고 부르는 게 사실은 관계에 자아가 부족하다는 의미일 수도 있어.

댄과 알렉스는 시스템 사고를 통해 불안한 친밀함이 진정한 친밀함은 아님을 알 수 있었다. 또 불안한 거리 두기 역시 진정으로 숨 쉴 공간은 되어주지 못했다. 각자가 독립된 개인으로 행동할수록 두 사람은 더 진실하고 보람 있는 관계를 꾸릴 수 있었다. 한 사람이 동의하지 않거나 거절한다고 해도 사이가 소원해질 것 같은 기분을 느끼지 않았다. 많은 관계 문제가 그렇듯 실제 위험 부담은 생각보다 훨씬 낮았다.

가족 중 한 사람이 다른 사람보다 패턴을 벗어나는 데 더 흥미가 높을 때도 많다. 하지만 한 사람이면 충분하다. 그가 더 유연하고 사려 깊게 행동하면 전체 체계가 평온함을 유지하기 위해 의존하던 패턴에서 조금씩 빠져나오게 된다. 이 사례에서는 알렉스가 판을 흔드는 데 더 관심이 있었다. 댄은 알렉스를 지나치게 걱정한 나머지 상담을 진행할 때마다 알렉스의 기분을 살피는 데 너무 신경을 썼다. 하지만 알렉스는 내 말에 집중했고 자기 자신에게 초점을 맞추려고 노력했다. 그녀는 자신의 불안감을 좀 더 책임감 있게 다스려서 아버지와의 관계가 개선되기를 희망했다. 그리고 점점 융합의 대관람차에 다시 올라타지 않는 기술이 좋아졌다.

알렉스는 새엄마와 의붓동생들과 잘 지내야 할 필요성을 인식했다. 어색해도 뛰어드는 것이 평생 불안하게 주위를 맴도는 것보다 나았다. 아빠가 아닌 자신을 위해 그들에게 다가서자, 의붓언니가 되는 즐거움도 찾을 수 있었다. 자기 일정을 먼저 생각하는 것 역시 편해졌다. 아빠에게 먼저 연락해 둘이 만날 날짜를 잡기도 하고 아빠의 초대에 응하기 어려울 때는 그대로 이야기했다.

처음에 알렉스는 아버지에게 그게 언제든 감정적인 장문 메시지는 보내지 말라고 가르치려고 했다. 가족 구성원에게 불안감을 잘 다스리라고 가르쳐본 적이 있다면 그게 어떤 결과로 흘러갈지 상상할 수 있을 것이다. 그게 분화에 도움이 되지 않는다는 것을 깨달은 알렉스는 노선을 바꿔 앞으로 문자에 어떻게 답할지 전화로 이야기했다. "이제 나는 문자로 감정에 대해 이야기하지 않을 거예요." 알렉스는 명확한 경계를 설정하며 말했다. "직접 만나거나 전화 통화할 때는 아빠 생각을 기꺼이 들을게요." 알렉스의 발언에 나(I)가 들어 있다는 사실을 주목하라. 두 사람은 이렇게 소통한다. "이건 나에게 기대할 수 있어요. 이게 내 입장이에요." 이것이 바로 자기 분화다. 다른 사람의 협력도, 특정 반응도 필요 없다.

댄은 알렉스가 분화를 위해 노력하는 걸 보고 더 불안해졌다. 알렉스가 무신경하고 냉담하다고 비난했고 이제 딸이 누구인지 모르겠다고 했다. 하지만 시간이 갈수록 두 사람의 관계가 진정되는 것은 부인할 수 없었다. 또 알렉스가 새 가족과 잘 지내려고 노력하는 것도 알 수 있었다. 자신이 보낸 문자에 모두 답하지는 않아도 시간을 내서 함께하려고 진심으로 노력하는 딸이 보였다. 댄이 둘 사이에 융합이 사라졌다고 한탄하는 동안 알렉스는 점점 더 자기 자신이 되어가고 있었다. 그러면서 두 사람의 관계가 좋은 방향으로 변하고 있었다. 댄은 딸과 멀어질 거라는 두려움에 현실적인 근거가 없었음을 깨달았다.

이 가족의 이야기가 내 마음을 사로잡은 것은 중요한 진실을 담고 있기 때문이다. 바로 때로는 젊은 세대가 차에서 자녀를 내려주는 부모의 마음가짐을 대표하게 된다는 것이다. 모두 성인인 관계에서는 성숙함이 한 사람의 전유물이 아니다. 어쩌면 부모와의 관계는 감정 패턴을 깨뜨리기가 '가장' 어려운 곳일 수 있다. 댄이 배우는 속도는 느려도 알렉스가 경계를 설정할 때 접촉을 유지하려 했다는 점에서 알렉스는 운이 좋았다. 하지만 이런 중요한 관계에서 조금이라도 달라질 가능성이 보인다면 분위기를 바꾸고 책임감 있게 자신을 다스리기에 너무 늦을 때란 없음을 기억하자. 가족 관계에서 분화를 도모하려는 노력이 무엇을 가르쳐줄지 쉽게 판단해선 안 된다.

다시 남의 기분을 맞추려는 자신을 발견할 때는 어떻게 해야 할까? 그저 그 과정에 주의를 기울여라. 잠시 경기장 맨 위에 서서, 사람들을 행복하게 하거나 가르치려는 행동이 아니라 신중한 생각에서 나온 행동을 하려고 시도해보라. 할 일은 오직 책임감 있는 자아를 갖추는 것뿐이다. 이것만 해도 평생 바쁘게 살 수 있다. 자기 분화를 위해 노력하는 사람은 스스로에게 다른 관계를 얻을 기회를 주고 있는 것이다. 다른 사람을 기분 좋게 하는 데에 덜 집중할수록 우리는 사랑하는 사람들의 삶에 진심으로 함께할 수 있다.

✳ 연습 1

나는 어떻게 수용하는가? 사람들을 평온하게 또는 기분 좋게 하려고 조정하는 크고 작은 행동 목록을 빠르게 적어라. 너무 들뜬 것처럼 보이지 않으려고 이메일의 느낌표를 지우는가? 어머니의 기대에 맞추려고 걸려 오는 전화를 늘 받는가? 수용은 좋거나 나쁜 것이 아니다. 그저 패턴에 주의를 기울이고 자신에게 물어보자. '이것이 내가 원하는 모습인가?'

✳ 연습 2

나의 대관람차는 무엇인가? 어떤 사람에게 화가 났을 때 크게 숨을 들이쉰 후 그 관계에서 나타나는 행위와 반응의 패턴을 구조화해보라. 둘은 긴장이 높아질 때 어떻게 대응하나? 굽히고 수용하는가? 아니면 포기하고 회피하는가? 자기 분화를 위해 노력하는 제3의 길을 갈 기회는 어디에 있을까?

✳ 연습 3

입학 첫날은 어떤 모습인가? 우리는 대부분 바쁘게 하루를 보내느라 어떤 감정을 느끼고 그 감정을 어떻게 다루는지 주의를 기울이지 않는다. 아이, 동료, 또는 초조해하는 친구와 보내는 '새 학기 첫날'은 어떤 모습일까? 자신을 좀 더 책임감 있게 관리한다는 것은 어떤 모습일까?

이 장에서 우리가 잊지 말아야 할 것들

☛ '융합'은 관계 지향성을 일컫는 또 다른 말이다. 관계에서 융합 수준이 높으면 자기 생각과 감정을 상대방의 것과 구분하기 어렵다. 다른 사람의 반응 또는 잠재적 반응에 따라 결정을 내린다.

☛ 융합에 대한 반응으로 남의 기분을 맞추는 습관에 갇힐 수 있다. 이러한 지속적인 수용은 평온한 관계를 유지하기 위해 자신을 포기하는 방식 가운데 하나다.

☛ 정서 과정은 관계의 불안을 다스리기 위해 사용하는 흔하고 예측 가능한 패턴으로 구성되어 있다.

☛ 자기 분화는 다른 사람과 관계를 맺을 때 자기 자신을 위해 생각하고 행동하는 정도를 말한다.

☛ 분화를 위해 노력하려면 불안감을 줄이려고 늘 하던 것을 안 하려는 의지가 필요하다. 이것이 정서 과정에 덜 휘둘리는 방법이다.

☛ 관계 패턴을 찾으면 남 탓에서 벗어나 시스템 사고를 하는 사람이 될 수 있다. 체계를 생각하는 사람은 정서 과정에서 자신이 어떤 역할을 하는지 알고, 관계 문제에 더 사려 깊게 대응하기 시작한다.

03

우리는 어떻게 타인의 믿음을 빌려 오는가

"어떻게 살아야 할지 누가 알려주면 좋겠어요, 신부님. 지금까지는 잘못 산 것 같거든요. 그래서 신부님 같은 사람이 있는 거잖아요. 그냥 어떻게 살라고 알려주니까요."

-플리백, 〈플리백Fleabag〉

일흔셋의 마거릿은 여전히 자신을 알아가고 있었다. 고등학교 생물 교사로 일하다가 은퇴한 그녀는 자녀가 두 명, 손자가 일곱 명이다. 그리고 최근 남편과 함께 은퇴자 거주 시설, 프렌드십 빌리지Friendship Village로 이사하는 큰 변화를 겪었다. 아름다운 이곳 환경은 꼭 고등학교 같았다. 파벌, 여왕벌, 무언의 규칙이 난무했고 기가 막힌 통감자구이를 내놓는 술집도 있었다. 새로운 환경이 주는 사회적 압력을 마주한 마거릿은 나에게 비밀을 털어놓았다. 지금까지 자신이 그렇게 강한 신념을 가지고 산 것 같지 않다고. 대부분은 다른 사람을 행복하게 하는 쪽으로 결정을 내려왔고, 이런 패턴에 다시 빠질까 봐 불안하다고 했다.

누구나 그렇듯 마거릿의 삶 역시 용감한 결정과 다른 사람을 향한 불안한 수용이 뒤섞여 있었다. 그녀는 노동자 계급의 남침례교 신도인 부모님 밑에서 둘째로 태어났다. 부모님은 그녀를 대학에 보내기 위해 지독하게 절약했다. 하지만 마거릿은 고등학교 졸업반일 때 가톨릭 신자인 젊은 교수와 결혼하는 상상도 할 수 없는 일을 저질렀다. 충격을 받은 어머니는 마거릿이 집을 떠난 지 한 달 만에 사망했다. 마거릿은 자신이 묵주를 들었다는 이유만으로 어머니가 돌아가셨다고 생각하지는 않았다. 하지만 그만큼 무서웠고 어머니가 바라던 대로 전공을 심리학에서 교육학으로 바꿨다.

50년이 지나 보웬 이론을 공부하게 된 마거릿은 자기 분화를 꾀할 새로운 기회를 얻었다. 그녀는 코로나19 팬데믹이 시작된 지 1년이 지났을 즈음 관계 지향성에 갇혔다고 느꼈다. 둘째 아들 그랜트의 이혼에 심하게 개입했고 첫째 아들 폴의 조언은 너무 쉽게 받아들였다. 의사인 폴은 부모님의 생활을 무균실 수준으로 유지하려고 했다. 한편, 백신을 맞은 입주민들은 록 페스티벌 부럽지 않은 파티를 열어댔다. 마거릿이 다니는 성당의 신자들은 일상으로 돌아가자는 사람과 안전을 우선하는 사람으로 갈라졌다. 마거릿은 자기 생각을 알 수 없었다. 어떻게 해도 누군가는 화가 날 게 분명했다.

사람들과 어울리려는 깊은 욕망

자연계에서 집단에 섞이는 것은 강력한 자기방어의 한 형태다.

겉모습이 남과 다르면 배고픈 포식자의 눈에 띌 것이다. 중학교에 유행에 뒤떨어진 신발을 신고 가면 사바나에 홀로 떨어진 영양과 다름없는 신세가 된다. 인간은 순응의 달인으로 우리 뇌는 가족, 동료 집단, 사회의 규범을 받아들이도록 설계됐다. 하지만 미국 문화는 종종 인간 경험을 고유성과 순응 사이의 전투로 묘사한다. 소명을 찾느냐, 비슷비슷한 이웃을 따라가느냐 사이의 갈등이다. 하지만 양쪽이 똑같이 중요하다면? 자기 자신이 되는 것을 집단이 원한다면? 집단에 순응할 때 더 자기 자신이 될 수 있다면? 개인과 집단 간의 상호작용은 단순한 줄다리기보다 훨씬 복잡하다.

인간은 자기 길을 가려는 강한 욕구가 있지만 다른 사람과 연결되고 싶은 욕구 또한 강하다. 이 두 가지 욕구가 쉬지 않고 긴장을 자아낸다. 머레이 보웬은 이 힘을 '개별성individuality'과 '연합성togetherness'이라고 했다. 그리고 이 두 힘이 삶의 중심이 된다고 보았다.

개별성은 자기만의 생각, 신념, 행동을 결정하려는 욕구다.

연합성은 다른 사람처럼 생각하고 행동하거나, 다른 사람을 자신처럼 생각하고 행동하게 하려는 욕구다.

고등학교 교사였던 마거릿은 이런 긴장감을 맨 앞줄에서 관람했다. 청소년은 특별해지고 싶어 하지만 어울리고 싶은 마음 또한 간절하다. 그들의 뇌는 자신이 생각하는 자신과 남이 생각하는 자신을 정확히 구분하지 못한다. 하지만 어른이라고 해서 훨씬 나은 것도 아니다. 마거릿의 부모는 자녀가 독립적으로 자라기를 바랐지만, 일요일에 특정 교회에 출석하고 세상에 대해 비슷한 결론에 도달하는 한에서였다. 마거릿은 아들이 이혼을 스스로 헤쳐나가기를 바랐지만 그가 의문스러운 결정을 내릴 때마다 끼어들지 않을 수 없었다. 그녀가 다니는 성당에서는 일요일마다 활발한 토론을 유도했지만 낙태에 반대하는 '생명 행진March for Life' 참석에 대한 의문은 절대 받아들이지 않았다. 어디를 봐도 세상은 우리에게 이렇게 외친다. "너답게 살아라! 아니, 그렇게는 말고!"

마거릿은 인류학자처럼 프렌드십 빌리지를 돌아다녔다. 사람들이 무슨 옷을 입고 무슨 이야기를 하는지 또 무슨 이야기를 하지 않는지 연구했다. 그녀의 뇌는 금기시되는 주제를 재빠르게 파악해 부적절한 이야기는 꺼내지 않게 했다. 하지만 꼭 그렇게 해야만 할까? 은퇴했으니 드디어 자유롭게 살 수 있어야 하지 않나?

불안이 높은 시기에는 연합성이 주도권을 쥔다. 코로나19 팬데믹만큼 이 사실을 극명하게 보여주는 때는 없었다. 무엇이 안전한지 도대체 알 수 없었던 미국인은 어떤 생각을 하다가도 다른 의견이 나타나면 즉시 생각을 바꿨다. 사람들이 바이러스를 잘 모르던 팬데믹 초반에는 내키지는 않는데도 방문객을 맞거나 식당에서 밥을 먹자는 말에 응했다는 의뢰인들이 있었다. 누군가 악수를 청하면 손을 허공에 그대로 두는 무례한 행동을 할 수가 없어서 그냥 손을 내밀었다. 어쩌면 다른 사람의 기분을 상하게 하는 것은 병에 걸리거나 심지어 죽는 것보다 더 위협적이다. 우리 인간들이 얼마나 사회적인지 이보다 더 잘 보여주는 증거가 있을까? 연합성은 쉽게 무시할 수 있는 충동이 아니다.

연합성이 높은 집단의 특징

- 다른 사람들의 반응에 따라 결정을 내린다.
- 서로의 반응에 매우 민감하다.
- 자기 생각을 말하기가 어렵다.
- 의견 충돌을 참지 못한다.
- 받아들여지고 사랑받는 것이 매우 중요하다.
- 평온함을 유지하는 데에 집중한다.
- 서로에게 지나치게 책임감을 느낀다.

개별성과 연합성이 균형을 이룬 집단의 특징

- 서로를 유능한 사람으로 대한다.
- 자신만의 생각을 발전시킬 여유를 준다.
- 다른 사람의 실제 혹은 상상의 반응에 덜 민감하다.
- 문제를 함께 해결할 때 더 유연하고 지혜롭다.
- 다른 사람의 생각에 진심으로 흥미를 느낀다.
- 불안한 시기에 더 마음을 열고 소통한다.

마거릿이 볼 때 그녀의 가족에는 연합성이 많았다. 다들 아들이 팬데믹에 관해 건네는 조언을 충실히 따랐고, 그래서 아들은 모두에게 영양이나 수면 습관에 대해서 가르치기 시작했다. 마거릿은 매주 둘째 아들에게 전화해 몇 시간씩 조언을 건넸는데 아들이 반대로 행동하니 화가 치밀었다. 프렌드십 빌리지에서 왕따가 되지 않으려고 유별난 남편에게 무슨 옷을 입을지, 어떻게 이야기할지 조언했다. 자기 마음을 알아볼 에너지가 거의 남지 않는 게 당연했다. 그녀의 책임과 다른 모든 사람의 책임 사이의 경계는 알아볼 수 없을 정도로 흐릿했다.

집단은 당신보다 똑똑하다

자기 생각을 믿기 힘든 이유가 있다. 집단은 종종 개인보다 똑똑하다. 집단은 개인이 절대 할 수 없는 방식으로 사람들이 살아남고 번성하도록 돕는다. 또 더 효과적으로 학습하도록 도와주기도 한다. '떼 지능swarm intelligence(흰개미, 꿀벌 등이 집단행동을 할 때 나타나는 지적 능력으로 로봇 공학, 소프트웨어 개발 등에 널리 활용되는 개념-옮긴이)'으로 알려진 집단 지능은 어떤 무작위 개인의 판단보다 더 정확할 때가 많다. 통 안에 젤리가 몇 개 들어 있는지 100명에게 맞춰보라고 하면 추정치의 평균이 놀라울 정도로 정답에 가깝다.

집단 지능은 동물 세계에서 우선순위를 차지한다. 바퀴벌레 떼는 앞 세대의 선택을 믿기 때문에 형편없는 서식지라도 고수한다.[1] 이들은 새집을 찾아 따로 헤매기보다 붙어 있어야 생존 확률이 높다는 걸 안다. 지위가 높은 침팬지들에게 맛있는 포도가 아닌 당근을 간식으로 고르도록 훈련한 유명한 연구가 있었다.[2] 나머지 침팬지는 우두머리가 당근을 고르는 모습을 관찰하고 똑같은 선택을 했다. 우두머리의 결정에 순응한 것이다.

대체 왜 입맛에 맞지 않는 맛없는 당근을 선택할까? 옥시토신 호르몬이 이와 관련이 있는 것으로 보인다. 우리가 평온함과 유대감을 느낄 때 옥시토신은 집단 내 순응을 촉진한다. 그래서 우리는 스트레스가 심할 때보다 평온할 때 더 관대해지고 협력도 잘한다. 다른 사람과 비슷해지기를 원하는 마음이 우리를 한데 묶어주는 역할을 한다. 그러니 부모나 인플루언서의 조언을 따르는 사람을 놀리기 전에 한 번 더 생각하는 것이 좋다. 우리는 사랑하는 사람을, 또는 주목받는 사람을 본능적으로 따라 한다.

"뇌는 200밀리초도 안 되는 시간에 집단이 나와 다른 선택을 내린 것을 기록한다"고 로버트 새폴스키Robert Sapolsky는 말한다. "그리고 의견을 바꿀 것을 예측하는 패턴이 활성화되는 데는 380밀리초가 걸리지 않는다. 우리 뇌는 1초도 되기 전에 순응하여 잘 지내도록 편향되어 있다."[3]

마거릿은 당근만 먹는 침팬지가 된 기분이었다. 그녀는 가톨릭 교회의 화려함과 위엄 그리고 위대한 성인들의 이야기를 좋아했다. 하지만 그녀가 이곳이 이웃을 사랑하라는 소명을 가장 잘 나타낸다고 보았을까? 절대 아니다. 몇십 년 동안 웨이트워처스Weight Watchers(체중 감시자라는 의미의 다이어트 전문 업체-옮긴이) 포인트를 모으는 게 몸을 돌보는 가장 좋은 방법이었을까? 역시 아니다. 아들이 추천한 비타민을 한 움큼 먹으며 하루를 시작하는 게 좋기만 할까? 아니다. 그녀는 프렌드십 빌리지에서 '그럭저럭 괜찮은' 관계에 안주하게 될까 봐 두렵다고 했다. 그녀는 결국 지지하지 않는 정치적 견해에 고개를 끄덕이거나, 차라리 그냥 누워 있는 게 낫다고 생각하면서도 론볼lawn bowling(공을 굴려 목적지에 최대한 가깝게 보내는 영국 스포츠-옮긴이)을 하자는 제안에 응하게 될까?

머릿 속 믿음의 뷔페들

오늘날 우리는 매우 현대적인 딜레마에 빠져 있다. 우리는 믿음을 두고 서로 경쟁하는 여러 집단의 일원이다. 그래서 동료, 급우, 가족, 친구뿐 아니라 온라인의 수많은 사람이 지닌 믿음과 다퉈야 한다. 우리 뇌에는 여러 관계에서 가져온 믿음이 뷔페처럼 차려져 있다. 내 두개골을 열어보면 엄마의 잔소리, 열정적인 교수의 강의, 오래된 텀블러Tumblr 게시 글, 〈사인펠드Seinfeld(세 명의 친구가 뉴욕에서 살아가는 이야기를 그린 미국의 유명 시트콤-옮긴이)〉 에피소드가 남긴 흔적이 나올 것이다.

우리는 다른 사람의 믿음은 빠르게 비판하면서도 자신의 믿음을 살펴볼 때는 대체로 그러지 않는다. 가톨릭교도가 후기 성도 교인을 만나면 "당신은 예수가 천국으로 가는 길에 아메리카 대륙에 살짝 들렀다고 생각하죠. '너무' 편하게 생각하는 것 아니에요?"라고 물을 수 있다(후기 성도 교회의 《모르몬경》은 예루살렘을 떠나 미 대륙에 정착했다는 유대인 후손의 역사를 다룬다-옮긴이). 하지만 처녀잉태라는 생물학적 난제는 무시하려고 할 것이다. 당신은 낙수 경제를 옹호하는 사람들을 비판하면서 진보적인 〈MSNBC〉의 기사는 모두 현실을 그대로 반영한다고 생각할 수 있다. 자, 이제 모두를 화나게 한 것 같으니 실험을 하나 제안하겠다. 잠시 믿음의 '내용'에서 주의를 돌려 믿음을 받아들이는 '과정'을 생각해보자. 인정하기 싫겠지만 이 과정은 연합성과 더 관련이 있다.

외부에서 빌려 온 믿음은 보웬이 말하는 '거짓 자아pseudo-self, 유사 자기'를 구성한다. 거짓 자아는 집단 안에 누가 있는가에 따라 바뀔 수 있는 믿음의 집합으로, 관계에서 오는 압력에 따라 왜곡되고 발달한다. 우리는 다른 사람들을 기쁘게 하려고 믿음을 받아들이기도 하고 열받게 하려고 믿음을 버리기도 한다. 자유주의자 친구들과 함께 있으면 더 진보적인 이야기를 할 수도 있다. 다이어트는 이제 그만하겠다고 맹세하다가도 좋아하는 배우가 괜찮았던 해독 방법을 이야기하면 마음이 바뀌기도 한다. 동료들과 어울릴 때는 서너 잔도 거뜬히 마시지만 술을 입에 대지 않는 할머니가 오면 평생 맥주 한 모금 마시지 않은 척한다. 많은 이들이 그때그때 적극적으로 타협한다.

거짓 자아의 믿음을 구성하는 요소

- 가족
- '전문가'
- 정당
- 종교 집단
- 동료
- 심리 상담가
- 유명인
- 소셜 미디어
- 필사적인 구글 탐색

다른 사람의 확신을 빌려 오는 이유는 안정감을 얻을 수 있기 때문이다. 새로 부모가 된 이들은 깊이 생각할 시간이 없다. 그저 아기의 울음을 그치게 할 조언을 듣고 싶을 뿐이다. 상담가에게 좋아지고 있다는 말을 들으면 훨씬 마음이 진정된다. 종교 지도자에게 의로운 길을 가고 있다는 말을 듣거나 정치인에게 올바른 역사의 편에 섰다는 말을 들으면 기분이 끝내준다. 거짓 자아는 종종 그다음 움직임을 정하는 방법이 되어주고 계속 나아갈 영감을 준다. 하지만 어디로 가야 하는가? 어떤 대가를 치러야 하는가? 불안감이 높을수록 우리는 현실을 무시하는 믿음조차도 빠르게 받아들인다. 이런 식으로 사람들은 극단주의자가 되고 광신도 집단에서 빠져나오지 못한다.

모든 집단과 해법이 사이비라는 말이 아니다. 사람들이 타인의 신념을 따라 하지 않는다면 사회는 내일 당장 무너질 것이다. 우리는 눈앞에 던져진 모든 정보를 일일이 따질 시간이 없다. 때로는 우리 삶에 존재하는 몇몇 사람을 믿고 결정을 내려야 한다. 그 사람은 가족일 수도 있고 조직의 위원일 수도 있고 심지어 선출된 공직자일 수도 있다. 다시 말해 집단의 지혜는 꼭 필요하다.

하지만 인간의 경험은 순응에서 끝나지 않고 인간의 존재 범위는 집단의 지혜에 한정되지 않는다. 누구에게나 설득이 아닌 생각을 통해 얻은 믿음이 있다. 다른 사람들이 가하는 압력을 견디고 새로운 증거나 경험이 나타날 때만 바뀌는 믿음. 사랑하는 사람들을 화나게 하고 공동의 신앙이나 사회적 기대에 정면으로 대항하기도 하는 믿음. 보웬은 이런 믿음을 '참 자아solid self, 확고한 자기'라고 불렀다.

거짓 자아와 참 자아는 뇌에 실제로 존재하는 부위가 아니다. 우리가 어떻게 믿음에 도달하고 믿음을 바꾸는지 생각하도록 도와주는 개념이다. 참 자아라니 멋진 말 같지만, 인간관계의 압력을 조금도 받지 않은 믿음이 있을까? 나를 보자면, 확실히 없다. 하지만 타인보다 '더 나다운' 믿음은 있다. 나는 심리 상담가의 역할이 무엇인지, 세대 간 관계가 얼마나 중요한지, 〈로스트〉의 결말이 사실 얼마나 훌륭한지(저기, 제발! 이 인물들은 내내 죽어 있었던 게 아니야!)에 대해 많이 생각했다. 이런 믿음은 좀 더 단단하고 관계의 압력을 더 잘 견딘다. 하지만 카멜레온처럼 휙휙 변하는 믿음도 있다. 나는 아이를 훈육하고 금세 후회한다. 조직화된 현대 종교의 적절성을 두고 계속 생각이 바뀐다. 성공의 사회적 정의를 쉽게 쫓아가고 다른 사람들이 세운 목표를 빌려 온다. 이런 믿음은 부정적인 징후가 보이자마자 달라지고 유행에 따라 빠르게 바뀐다.

마거릿은 자신의 참 자아가 어떤 모습인지 곰곰이 생각했다. 그녀는 교사로서 십 대 청소년의 학습 방식과 그 과정에서 자신이 해야 할 역할에 대한 분명한 믿음을 갖고 있다. 이러한 믿음은 교육 연구뿐 아니라 30년 넘는 교실 경험을 바탕으로 생겨났다. 또한 몇 년에 걸쳐 주요한 신앙 원칙을 세웠는데 이 중에는 가톨릭 교리와 맞지 않는 내용이 많았다. 그녀는 연옥에 간다는 두려움 없이 이 현실을 편안하게 받아들이는 법을 배웠다. 사실 연옥을 믿지도 않았다.

하지만 크게 따져보지 않고 받아들인 믿음도 있었다. 그중 하나는 사람들과 함께 있을 때 문제를 일으키지 않으려는 충동으로, 부모에게 물려받은 가치였다. 토론은 수업에서나 해야지 프렌드십 빌리지에서 열리는 금요일 와플 파티에서 할 일은 아니었다. 하지만 지금은 이 방식이 옳은지 확신이 서지 않았다. 어쩌면 약간의 파장을 일으키는 것도 가치 있을 수 있다.

마거릿은 또한 몇 년 동안 아들 폴의 의학 지식에 안주하고 있었다는 사실을 깨달았다. 당연히 의사를 신뢰해야 하지만 아들의 근심 어린 관찰 앞에서 자신의 건강을 챙겨야 한다는 책임감은 사라져버렸다. 최근에는 몸과 마음을 직접 보살피고 싶다는 생각도 별로 하지 않고 그저 투덜대며 아들의 지시를 따랐다.

또한 아들 그랜트와의 관계에 대해서도 그다지 생각해보지 않

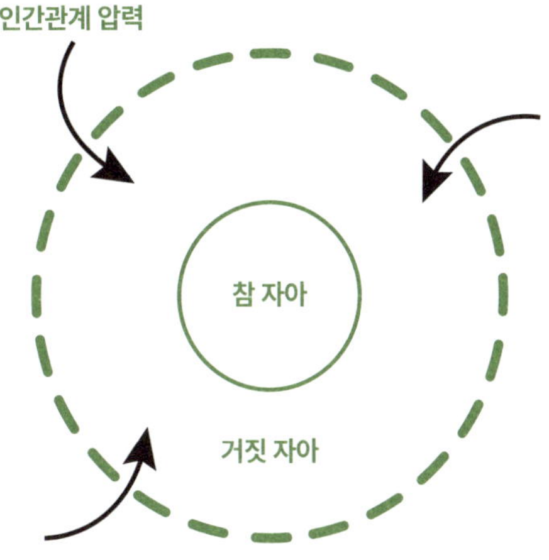

그림 2 **참 자아와 거짓 자아.** 거짓 자아는 관계의 압력에 따라 바뀔 수 있기 때문에 장벽이 더 쉽게 뚫린다.

았다. 곰곰이 따져보니 그녀는 아들에게 조언을 건네고 스트레스를 해소할 수 있도록 끊임없이 위안이 되는 말을 해주며 수용하고 있었다. 아들이 정한 좋은 엄마의 정의에 순응할 뿐 자신이 직접 정의를 내리지는 않았다. 어떤 할머니가 될지는 많이 생각했지만 성인이 된 자녀에게 어떤 부모가 되어야 하는지는 잘 몰랐다. 참 자아를 키우고 분화를 위해 노력할 또 다른 기회였다.

마음을 '읽는' 자와 마음을 '아는' 자

당신이 태어날 때 두뇌는 매우 중요한 회로의 스위치를 올렸다.

'디폴트 모드 네트워크default mode network'라고 하는 이 회로는 우리가 어떤 특정 활동에 집중하지 않을 때 실행된다.[4] 과학자들은 아직 이 회로를 다 이해하지는 못하지만 이것의 한 가지 기능을 발견했다. 바로 사회생활을 이해하는 기능이다. 아무것도 하지 않는 듯 보이는 한가한 시간에 뇌는 심도 있는 사회적 계산을 시작한다. 최근에 나눈 대화를 반추하고 앞으로 일어날 일을 예측한다. '다들 내가 재밌다고 생각했을까? 그 사람이 나한테 관심이 있나?' 우리는 끝없이 데이터를 수집하면서 다른 사람의 생각, 감정, 행동을 추측한다. 이 기능을 '정신화mentalizing'라고 한다.

인간은 텔레파시를 이용하는 동물은 아니지만 심리를 읽는 데는 꽤 뛰어나다. 사람의 아기는 주변 사람의 행동이나 사고를 직관적으로 알아내는 능력이 어떤 성체 영장류보다 낫다. 멋지지 않나? 그러니 우리 뇌가 이 능력에 엄청난 시간을 투자하며 타인의 마음을 헤아리도록 진화했다면, 우리는 다른 사람의 생각을 읽는 것으로부터 엄청난 이득을 얻고 있는 게 분명하다. 단점도 있지만, 서로에 대한 그리고 자기 자신에 대한 이러한 집착은 저주가 아니다. 덕분에 우리는 공감 능력을 키우고 집단과 협력한다. 그러니 직장에서 나눈 어색한 대화를 퇴근길에 다시 떠올리고, 데이트 상대가 문자에 답장을 할지 하지 않을지 몇 시간씩 고민한다고 너무 자책하지 말자.

진화 생물학자 데이비드 슬론 윌슨David Sloan Wilson은《이런 생의 관점This View of Life》에서 이렇게 적었다. "의식을 지닌 뇌의 가장 위대한 선물은 시나리오를 구축하는 능력이며, 그와 함께 오는 저항할 수 없는 타고난 충동이다."[5] 우리는 어떻게 하면 가족이 언짢아하지 않을지, 뭘 해야 상사가 인정해줄지, 비욘세Beyoncé의 집에 초대받으면 무슨 이야기를 나눌지 시나리오를 쓴다. 물론 쓸모 있는 시나리오도 있고 그렇지 않은 시나리오도 있다.

인간은 다른 사람을 이해하기도 하지만 자신의 사고에 대해서도 생각할 수 있다. '메타 인지metacognition'라고 하는 기술이다. 개는 '치열한 고심 끝에 좋은 개의 의미를 알게 됐다' 같은 말을 속으로도 하지 않는다. 그저 누군가 머리를 쓰다듬어주고 치즈 한 조각을 건네게 하는 행동을 반복할 뿐이다. 하지만 인간은 신념을 갖고 그에 따라 살려고 노력할 수 있다. 우리는 마음을 읽는 존재인 동시에 마음을 아는 존재다. 마음 읽기는 연합성을 강화하고, 마음 알기는 개별성을 반영한다.

일상에서 좀 더 마음을 아는 사람이 되려고 노력하면 성숙해지고 분화 수준을 높이는 데 도움이 된다. 대개 마음 읽기 연습은 안 해도 된다. 디폴트 모드 네트워크가 알아서 해주기 때문이다. 하지만 자기 생각과 신념을 정하는 일은 운동이 필요한 근육과도 같다. 이것이 거짓 자아에서 참 자아로 이동하는 출발점이다.

새로운 동네로 이주했으므로 마거릿의 정신화 능력이 열심히 작동하는 것이 당연했다. 그녀는 새 친구들 앞에서 남편 때문에 창피를 당하거나 이웃의 기분을 상하게 할 수도 있는 시나리오를 계속해서 상상했다. 하지만 이런 시나리오에 자기 생각도 집어넣어야 했다. 그녀는 새로 맺은 관계에서 어떤 사람으로 보이고 싶은가? 사람들을 어떻게 대하고 싶은가? 시간을 어떻게 보내고 싶은가?

마거릿은 자녀가 엄마에게 무엇을 바라는지도 상당히 신경 썼다. 하지만 성인 자녀들에게 어떤 엄마가 되고 싶은지는 한 번도 깊이 생각하지 않았다. 어쩌면 지금이 그때일 수 있었다. 마거릿은 다른 사람들의 반응에 대해 생각하고 있는 자신을 포착해내고, 자기 생각으로 돌아가는 연습을 했다. 그 과정을 살펴보자.

마음 읽기: 조언을 받아들이지 않으면 아들의 마음이 상하지 않을까?
마음 알기: 나는 예의를 갖추면서도 솔직하게 대화했나?

마음 읽기: 막내아들이 내가 전화해서 살펴주기를 바랄까?
마음 알기: 나는 아들과 어떻게 연락하고 싶은가?

마음 읽기: 정치 이야기를 꺼내면 이웃들이 나를 싫어할까?
마음 알기: 내 믿음을 공유하기에 적절한 때라고 생각했는가?

마음 읽기: 이 사람들은 나보다 똑똑하니까 입을 다물자.
마음 알기: 나는 내 불안이 참여 여부를 얼마나 결정하게 했는가?

시간이 지나자 마거릿은 자신의 관계를 다르게 말하기 시작했다. 관계가 더 흥미로워지면서 어렵던 문제가 더 가볍게 느껴지고 때로 재미있기도 했다. 운동하라고 폴에게 잔소리를 들었다고 하면서 그녀는 아들이 얼마나 소중한 존재인지 이야기했다. "가족 중에서 티격태격할 사람이 없으면 어쩔 뻔했어요? 아들 덕에 내가 책임감이 높아졌어요. 얘 앞에서는 좀 더 나 자신이 될 수 있죠." 이 말이 내게는 '마음 알기'가 타인의 감정에 냉랭해지는 게 아니라는 증거로 보인다. 불안하게 남을 기쁘게 하려고 하지 않으면 더 공감하고 잘 들을 수 있다.

마거릿은 또한 그랜트가 전 부인과 싸울 때 자기 생각을 전달하지 않기로 했다. 스트레스가 쌓이는 순간에도 아들의 생각을 더 궁금해하려고 노력했다. 자기 역할은 힘든 시기에 아들과 손자 곁에서 함께하는 거라고 생각했다. 좀 더 안정된 상태로 아들 곁을 지키니 수용과 회피 사이를 오락가락하지 않을 수 있었다.

종교 문제에 있어서도 당장은 성당을 떠날 생각이 없었다. 하지만 더 많은 질문을 적극적으로 던지기 시작했고 혼자 믿음을 구체화할 시간을 따로 마련했다. 기도문을 외거나 고해 성사를 하기 전에 잠시 그 말이 진실하게 다가오는지 생각했다. 진실하지 않다고 느껴질 때는 그 말을 빼거나 바꿨다.

마거릿의 눈에는 이제 다른 풍경이 보였다. 예전에는 프렌드십 빌리지가 사교의 지뢰밭으로 여겨졌지만 이제는 기회의 장소로 보이기 시작했다. 이 새로운 관계들 속에서 마거릿은 자신을 솔직하게 표현할 수 있었고, 남편도 그 자신으로 존재하도록 허락할 수 있었다. 그녀는 사람들의 믿음과 흥미를 알기 위해 노력했다. 하지만 론볼팀이 슬슬 다가올 때는 "나는 생각이 좀 달라요"라거나 "아니요, 고맙지만 사양할게요" 같은 말을 할 기회도 찾았다. 놀랍게도 통감자구이 술집에서 그녀를 흉보는 사람은 하나도 없었다.

마거릿이 자신을 알아가는 과정을 듣는 일은 흥미로웠다. 그녀는 자신이 의외로 정신력이 강하다는 것을 알게 됐다. 35년 동안 십대 아이들과 지내면서 내공이 쌓인 덕이다. 막내아들이 자기 모습대로 어려운 시기를 헤쳐나갈 수 있다는 것도 배웠다. 직접 결정을 내리면 큰아들도 물러날 줄 알았고 이웃들 역시 상상했던 것보다 새 이웃을 환영했다. 사람들에게 자기를 드러낼 기회를 주자 마음을 읽을 필요가 줄어들었다.

참 자아를 키운다고 삶이 외로워지지는 않는다. 명확하게 생각할수록 관계도 더 진실해지기 때문이다. 불안감 때문에 신념이 다른 사람들을 멀리하는 일도 줄어든다. 사람들이 우리의 존재를 알아주는 삶, 자신을 아는 일이 기대되는 삶은 놀랍도록 만족스럽다.

✳ 연습 1

연합성 감지하기. 연합성이 높은 집단의 일원이 된 적이 있는가? 대학의 여학생 클럽? 불안감이 높은 직장? 당신의 가족? 연합성이 높을 때 나타나는 특징을 적어보자. 개별성과 연합성의 균형이 잘 잡힌 집단은 어디였나? 사람들이 주체적으로 행동하고 유연하게 움직이면서도 함께 목표를 이루는 곳이었는가? 어떤 특징이 이런 균형감을 높였다고 생각하는지 적어보자.

✳ 연습 2

믿음의 뷔페 점검하기. 가족이나 다른 사람에게서 빌려 온 믿음을 적어보자. 어떤 믿음이 서로 충돌을 일으켰는가? 예를 들어 당신은 모든 사람이 있는 그대로 아름답다고 믿으면서도 자신은 가치를 인정받기 위해 특정 체중에 도달해야 한다고 생각했을 수 있다. 자신의 논리를 적용하면 무너질 수 있거나 그렇게 해서 무너진 믿음에 동그라미를 치자.

✳ 연습 3

하루 동안 정신화 체크하기. 하루 날을 정해서 다른 사람의 생각이나 감정을 추측할 때마다 메모를 해보자. 몇 번이나 메모했나? 언제/어디서 마음 읽기에 빠져들었나? 정신화는 나쁜 게 아니고 함께 살려면 꼭 필요하다! 하지만 마음 알기로 방향을 바꿔야 할 때가 언제인지 생각하자. 당신과 당신의 신념을 원하는 방식으로 드러내는 데 집중할 기회가 곧 온다면 언제일까?

이 장에서 우리가 잊지 말아야 할 것들

- ☛ 집단에 순응하는 능력은 인간의 협력과 생존에 꼭 필요하다.
- ☛ 인간에게는 생각과 행동을 스스로 결정하려는 강한 욕구와 다른 사람들처럼 생각하고 행동하려는 강한 욕구가 둘 다 있다. 보웬 이론에서는 이 힘을 개별성과 연합성이라고 한다.
- ☛ 관계와 집단에 연합성이 높으면 관계의 압박이 사람들의 결정과 믿음에 더 큰 영향을 준다.
- ☛ 개별성과 연합성이 균형을 이루면 관계에 유연성과 개방성이 높아진다. 자기 생각에 따라 결정을 내리기가 쉬워진다.
- ☛ 우리 뇌는 개인의 생각보다 집단의 사고를 믿도록 프로그램되어 있다. 옥시토신 호르몬이 집단 내 순응을 촉진한다.
- ☛ 우리는 많은 믿음을 관계 체계에서 빌려 온다. 다른 사람의 반응에 따라 절충할 수 있는 믿음을 거짓 자아라고 한다.
- ☛ 참 자아는 관계의 압력에서 살아남을 수 있는 믿음으로 구성되어 있으며 새로운 증거나 경험이 나타날 때만 바뀐다.

☛ 인간은 다른 사람이 무엇을 생각하고 느끼는지 추측하는, 대단한 정신화 능력을 가지고 있다. 우리 뇌는 복잡한 사회생활을 이해하는 데 많은 시간을 들인다.

☛ 그저 마음을 읽기보다는 마음을 아는 것이 분화를 위한 한 가지 방법이다. 자신만의 신념을 키우면 관계의 압력에 영향을 덜 받는다.

0
4

우리는 어떻게 타인을 위해 과잉기능하는가

"내가 꾸몄어! 요리도 내가 했어!
그것도 아주 멋지게!"

- 도린다 메들리, 〈뉴욕의 진짜 주부들The Real Housewives of New York City〉

수전의 어머니, 모린은 매시간 딸에게 전화했다. 〈투데이〉 쇼에 대변신이 공개됐어. 이메일에 사진을 못 넣겠네. 찬장에 오트밀 크림 파이가 다 떨어졌구나. 까탈스러운 이웃이 찾아왔어. 깔끔한 자기네 마당에 우리 집 나뭇잎이 떨어진다나. 동네에 헬리콥터 날아다니던데 들었지? 아니, 낙엽 송풍기 소리구나. 나뭇잎 얘기가 나와서 말인데 4학년 때 과학 숙제 버리지 말까? 얼마나 열심히 했는데. 버리면 아까울 거야.

정말이지, 끈질겼다.

수전의 아버지는 일흔다섯 살에 심장 마비로 사망했다. 아버지가 돌아가시기 전까지 수전은 아버지가 어머니를 위해 얼마나 많은 일을 했는지 미처 몰랐다. 전기 기사로 일하던 아버지와 거실에서 피아노를 가르치던 수다스러운 어머니는 언제나 행복한 한 쌍이었다. 모린은 쇼팽과 스트라빈스키는 잘 알아도 주 경계를 넘어 운전하거나 스크램블드에그 이상의 음식을 만들거나 공과금을 낸 일은 한 번도 없었다. 일흔네 살 모린의 성숙함에는 구멍이 숭숭 뚫려 있었지만 이 때문에 불안할 일은 없었다. 그러나 구멍을 메워주던 남편은 이제 곁에 없었다.

괴로움은 전염된다. 가족 간에는 더 그렇다. 내 말을 못 믿는다면 틀림없이 부모님의 휴대전화 설정을 원격으로 바꿔준 적이 한 번도 없는 사람일 것이다. 괴로움을 감지하는 이런 민감성은 성가시지만 필요하다. 사회적 포유류는 집단 내 동요를 감지할 수 있어야 한다. 개는 주인이 울면 스트레스 호르몬인 코르티솔 수치가 올라간다.[1] 프레리도그는 굴로 뛰어들라고 경고하는 동료들의 맹렬한 발소리에 귀를 기울인다.

불안한 가족은 쿵쿵대는 소리밖에 듣지 못한다. 누군가 죽으면 더 그렇다. 서로의 고통을 몹시도 싫어하는 우리는 평온함을 유지하기 위해 익숙한 패턴을 작동시킨다. 이래서 합리적인 듯하던 사람들도 부모의 유산을 놓고 싸우는 것이다. 안정을 찾으려 성급하게 재혼하는 사람들도 마찬가지다. 불안은 관계 지향성을 높이고 정서 과정에 시동을 건다. 그러면 우리는 창의성이 낮아지고 엄격하고 자동적인 반응에 갇힌다.

수전 역시 이 원칙에서 예외가 아니었다. 수전은 아버지가 돌아가신 후 안정을 느끼게 해줄 누군가가 필요했다. 말로는 성가시다고 하지만 어머니는 편하게 집중할 수 있는 대상이었다. 그래서 얼른 아버지의 역할을 가져와서 어머니에게 자기 능력을 빌려줬다. 어머니 또한 기쁜 마음으로 딸의 능력을 가져다 썼다. 이렇게 자기를 빌려주고 빌리는 패턴을 보웬 이론에서는 '과잉/과소기능'이라고 하며 이는 체계에서 불안을 다스리는 데 사용하는 한 가지 패턴이다(다른 패턴인 갈등은 이미 1장에서 살펴봤다). 보웬은 이 개념을 이용해 분화 수준이 같은데도 왜 부부 중 한 명은 유능해 보이고 다른 한 명은 역기능적으로 보이는지 설명했다. 과잉/과소기능 패턴은 부부 관계에만 국한되지 않는다. 이 관계는 엄마와 딸일 수도 있고 동료나 친구일 수도 있다.

거짓 능력을 주는 과잉기능

당신이 마트에서 오트밀 크림 파이를 찾는 수전과 모린을 따라다닌다고 해보자. 내가 "누가 더 성숙할까요?"라고 물으면 당신은 아마도 수전을 가리킬 것이다. 내가 "누가 더 미숙할까요?"라고 물으면 모린을 가리킬 것이다. 이런 평가는 관계 체계에서 일어나는 일을 간과한다. 두 사람 모두 나름대로 미성숙하기 때문이다. 둘은 긴장을 방지하거나 해결하려고 관계 패턴 중 과잉/과소기능을 이용했다.

과소기능자와 과잉기능자 모두 이 역동에서 어느 정도 혜택을

그림 3 **과잉기능과 과소기능.** 과잉기능자(왼쪽)는 자기를 빌려주고, 과소기능자(오른쪽)는 자기를 빌려 온다. 이렇게 하면 관계가 더 평온해질 수 있지만 유연성은 떨어질 것이다.

얻는다. 수전은 아버지와 똑같이 책임감 강한 사람이라는 지위를 통해 거짓 성숙, 혹은 가짜 능력을 얻었다. 어머니가 조금 헤매도록 놔두기보다 자신이 떠맡을 때 스트레스가 적었다. 모린 역시 모든 일이 해결되니 걱정이 줄었다. 말미잘이 소라게에 붙어 다니듯 두 사람은 공생 관계를 통해 다른 데서 얻지 못하는 보호를 받는다고 느꼈다.

안타깝게도 과잉/과소기능에는 숨은 대가가 있다. 과소기능자는 늘 다른 사람이 나서서 문제를 해결해주려고 할 때 무기력함을 느끼고 무기력하게 행동한다. 신체 증상이나 약물 사용 문제, 혹은 다른 어려움을 겪을 수도 있다. 반대로 과잉기능자는 상대의 고통에 더 민감해지고 과소기능자가 스스로의 능력에 따라 행동하는 것을 참고 지켜보지 못한다. 이들은 과도한 책임에 갇혀 탈진을 향한 폭주 열차를 타게 되고 이는 정신적·육체적, 또는 정서적 증상으로 이어질 수 있다. 이런 역동은 잘 작동하는 듯싶다가 어느 순간 멈춘다. 스트레스가 어느 수준에 이르면 증상이 나타나는 것이다.

집안에서 맏이거나 그런 역할을 했다면 축하한다! 당신은 분명 타인을 위해 과잉기능하고 있을 것이다. 사람들에게 당신이 필요하다는 말을 들으면 기분이 좋아지고 기능이 올라가는가? 의료 전문가, 교육자, 성직자 등 지도자 위치에 있는 사람은 위안을 주는 사람, 전문가, 목동 역할을 할 때 기분, 에너지, 능력이 상승한다. 스스로 물어보자. "내가 생각하는 성숙함은 사람들의 시선에 얼마나 의존하는가?"

거짓 성숙의 징후

- 책임을 질 때만 편안하다.
- 전문가가 되어야 한다.
- 다른 사람을 대신해서 말하고 싶어 한다.
- 통제할 수 있는 것에만 관심을 가진다.
- 책임을 맡지 않을 때는 기능/기분이 저하된다.

도와주는 일이 직업인 사람으로서 말하는데…… 나는 당신 마음을 잘 안다. 장녀의 외동딸로 자란 나는 상황을 진두지휘할 때 가장 편하다. 책임을 맡지 않거나 지시를 따르라는 말을 들으면 미성숙함이 슬슬 드러난다. 이때 조심하지 않으면 지나치게 비판적으로 굴다가 과소기능하기 시작하고 그러다가 완전히 손을 뗀다. 그러니 책임을 맡지 않는 것이 나에게는 무척 유용한 연습이 된다. 이런 때가 어떻게 하면 책임감 있는 '참여자'가 될 수 있는지를 물을 기회다.

수전은 다세대에 걸친 가족의 정서 역사에서 과잉/과소기능 패턴이 어떤 역할을 했는지 생각했다. 보웬 이론의 주요 도구 중 하나인 가계도를 그리는 것이 도움이 됐다. 가계도를 그리면 가족(또는 조직)의 실상과 몇 세대 혹은 여러 세대에 걸친 기능을 기록하는 데 도움이 된다. 사람들이 어떤 일을 겪었고 긴장을 해소하기 위해 어떤 패턴이 나타났는지 더 감을 잡을 수 있다. 어떤 사람들이 이런 패턴에 더 휘말렸는지도 보이기 시작한다. 이 책 뒷부분에 자료를 준비했으니 가계도를 직접 그려보고 싶다면 참고하기 바란다. 물론 지난 세대에 대한 정보를 얻는 특권을 모두가 누리지는 못한다. 다세대 정보를 얻을 수 없다면, 그게 뭐든 인생에서 가장 중요한 사람들의 기능에 관한 사실(누가 무엇을 어디에서 언제 어떻게 했는지)을 살펴보는 데 도움이 되는 노력을 하면 가치가 있을 것이다. 체계 안의 사실과 패턴을 시각화하면 단순히 인과 관계에 대한 설명에 의존하기 쉬운 '왜'라는 질문에서 벗어날 수 있다.

가계도를 본 덕에 수전은 체계를 놓치지 않고 엄마와의 관계를 이야기할 수 있었다. 그녀는 아버지가 어머니를 돌보면서 어떻게 거짓 성숙을 얻었는지 생각했다. 모린은 결혼 생활에서 과소기능자가 될 수 있는 완벽한 조건을 갖췄다. 여섯 남매의 막내였고 어릴 때 어머니(수전의 할머니)가 늘 병원을 들락거렸다. 모린이 열세

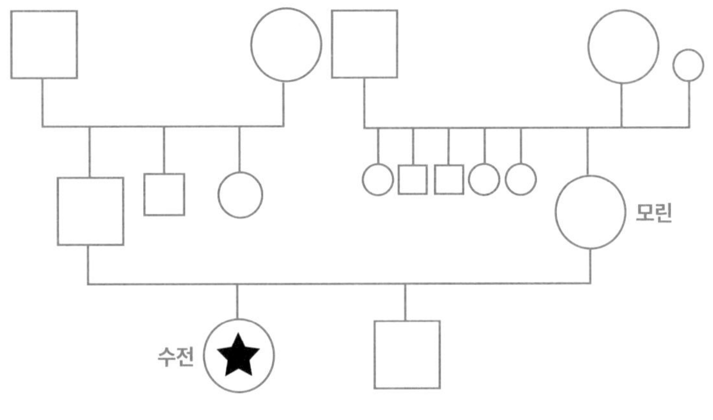

그림 4 **가계도.** 일반적인 가계도에는 사실, 날짜, 증상, 관계 패턴 등 훨씬 다양한 정보가 들어간다. 하지만 이런 단순한 가계도로도 수전과 모린의 관계를 폭넓게 생각할 수 있다.

살일 때 어머니가 암으로 사망하자 형제들이 돌아가며 어린 여동생을 떠맡았다. 그들은 동생을 지나치게 걱정했고 아무것도 못 하는 아이처럼 취급했다. 한번은 수전의 이모할머니가 모린이 장남과 결혼한 걸 알았을 때 무척 안심했다고 그녀에게 말하기도 했다. 너무 '요구가 많은' 엄마라고만 볼 수는 없는 일이었다.

수전은 패턴을 봄으로써 거기에서 빠져나올 기회를 얻었다. 그녀는 어머니의 오빠나 언니 노릇을 할 운명이 아니었다. 모린 또한 결코 손이 많이 가는 어린 여동생이 아니었다. 하지만 수전은 복잡하게 얽힌 정서 과정을 풀 방법을 생각해야 했다. 자신이 할 일과 그렇지 않은 일을 어떻게 구분할 수 있을까? 참 자아를 더 키우면 가족 문제를 좀 더 유리하게 풀 수 있을 것이다.

과잉기능이 작동하는 방식들

긴장을 다스리기 위해 우리가 쓰는 모든 패턴 가운데 과잉기능과 과소기능 역동은 일상생활에서 가장 구별하기 쉬운 패턴일 것이다. 과잉기능에서 벗어나고 싶은 사람은 단순한 관찰부터 시작하라. 행동을 바꾸려고 하지 말고 그저 지켜보면서 하루를 보내라. 그러면서 스스로 이렇게 묻자. "다른 사람이 스스로 할 수 있는데 내가 대신하는 일이 있는가?"

친절하게 굴지 말라는 말이 아니다. 과잉기능의 핵심은 행위의 내용이 아닌 과정이다. 당신은 믿음을 실천하는가? 아니면 그저 불편함을 못 견디나? 친구들과 저녁 약속을 잡을 때 내가 식당을 고르는 건 마음에서 우러난 친절 때문이 아니다. 친구들이 결정을 못하고 뭉그적거리는 걸 못 견디기 때문이다. 이런, 말해버렸네!

이런 예가 잘 떠오르지 않는다면 내가 다른 사람을 대신해 과잉기능하는 방식을 직접 예로 들어보겠다. 익숙하다고 생각되면 주저하지 말고 표시하자.

다른 사람을 위해 과잉기능하는 50가지 방식

1. 파트너가 너무 늦게 자지 않도록 단속한다.
2. 사람들을 안심시키려고 이메일에 '걱정하지 마세요' 같은 말을 넣는다.
3. 당사자는 생각하지 않는 목표를 대신 정한다.

4. 다른 사람의 말을 내가 마무리한다.

5. '더 건강해지는 법'을 가르친다.

6. 힘들어하는 친구가 묻지 않아도 조언을 건넨다.

7. 늘 친구들 그룹을 위해 계획을 짠다.

8. 저녁을 만들기로 한 사람에게 조리법을 알려준다.

9. 다른 사람에게 서둘러서 여행을 예약하라고 알려준다.

10. 자녀가 스스로 할 수 있는 일을 대신한다.

11. 자녀의 학교 소식을 언제나 배우자에게 전달한다.

12. 업무 방법을 알려주기보다는 늘 직접 떠맡는다.

13. 늘 약속을 잊는 파트너를 위해 일정을 관리해준다.

14. 회의 시간을 잡을 때 지나치게 다른 사람에게 맞춘다.

15. 사람들이 걱정할까 봐 소중한 신념을 밝히지 않는다.

16. 인터넷에서 사람들에게 어떻게 생각하고 행동할지 말해준다.

17. 약을 먹으라고 알려준다.

18 무엇을 주문할지 알려준다.

19. 다른 사람이 직접 찾을 수 있는 정보를 대신 찾아준다.

20. 누군가 일을 망칠 것 같으면 은밀하게 대안을 준비한다.

21. 가족에게 전화하라고 파트너에게 알린다.

22. 직접 묻기보다는 뭐라고 말할지 추측한다.

23. 배우자의 양육 방식을 관리한다.

24. 같이 있는 사람의 생각을 내가 설명한다.

25. 친구와 가족에게 그들이 직접 연락할 수 있는 사람의 소식을 늘 알려준다.

26. 달라고 하지 않아도 다른 사람 접시에 음식을 올린다.

27. 남의 집에서 주인 노릇을 하려고 한다.

28. 느리게 치우는 것 같아서 대신 치워준다.

29. 직접 길을 찾을 수 있는 사람에게 길을 알려준다.

30. 추천하고 싶은 자기계발서를 사서 준다.

31. 직접 할 수 있다고 말했는데도 그 일을 대신해준다.

32. 동료도 이미 알고 있는 마감일을 알려준다.

33. 환자가 직접 이야기할 수 있는데 대신 나서서 의사에게 전달한다.

34. 부모가 직접 내릴 수 있는 결정을 대신 내린다.

35. 가족 구성원에게 묻지 않고 그들의 바람을 마음대로 짐작한다.

36. 기사에게 언제 멈추고 속도를 높이고 꺾어야 하는지 설명한다.

37. 같이 작업하는 사람에게 끊임없이 일을 확인한다.

38. 파트너에게 가족과 친구 옆에서 어떻게 행동해야 하는지 가르친다.

39. 다른 사람도 쉽게 혼자 익힐 수 있는 임무의 지시서를 만든다.

40. 지루하고 걱정스럽고 괴로운데도 씩씩대며 다른 사람의 일을 대신 마친다.

41. 모든 게 잘될 거라고 사람들을 안심시킨다.

42. 대화의 틈을 메우고 어색한 정적을 깨려고 말을 많이 한다.

43. 전에 건넨 조언을 따르라고 사람들을 채근한다.

44. 내 생각이 옳다고 남을 설득하려고 한다.

45. 누군가를 달래기 위해 습관적으로 계산을 떠맡는다.

46. 진척이 없는 그룹 프로젝트를 떠맡는다.

47. 자녀가 실패할 것 같은 경험을 하지 못하게 한다.

48. 다른 사람이 해야 할 일을 걱정한다.

49. 늘 가장 어려운 일을 맡겠다고 자원한다.

50. 이 목록에 추가하고 싶은 내용이 있는가?

이 목록을 볼 때 내용보다 과정을 생각해보기 바란다. 목표는 여기서 말하는 행동을 중단하는 것이 아니라 이런 행동이 관계의 불균형을 어떻게 드러내는지 보는 것이다. 한 발 물러서서 사람들이 의외의 능력을 발휘하도록 지켜볼 수 있는가? 자녀, 친구, 동료가 책임감을 기르는 동안 불편함을 참을 수 있는가? 한 발 물러날 기회를 볼 수 있다면 융합이 줄어들고 유연성은 높아지는 관계, 연합성이 줄어들고 개별성은 커지는 관계를 만들 수 있다.

수전은 어머니에게 하는 행동 가운데 바꾸고 싶은 점을 적었다. 그녀는 어머니를 방문할 때마다 육체적·인지적으로 아무 장애가 없는 여성을 위해 욕실 바닥을 북북 문지르거나 며칠 치 식사를 준비하거나 우편물을 챙겼다. 어머니도 이 역동에서 방관자는 아니었다. 어머니는 수전이 오면 해달라고 부탁할 일들을 미리 머릿속에 정리해두고 있었다. 수전이 뭘 하라고 하면 그럴싸한 변명을 늘어놓곤 했다. 수전은 불안에 찬 부산한 도움이 그들 관계의 빈 공간을 어떻게 채우고 있는지 생각했다. 실은 따뜻한 대화, 웃음, 심지어 약간의 다툼으로 채워도 좋을 자리였다. 할 일이 너무 많으면 친밀해질 시간이 없다.

코칭과 크루즈선 관리가 독이 될 때

수전의 과잉기능은 모녀 사이에만 한정되지 않았다. 그녀는 남동생 스티븐에게 엄마랑 어떻게 지내야 하는지 이야기하느라 많은 에너지를 썼다. 일이 생길 때마다 먼저 전화하니 남동생이 어머니와 통화할 일은 별로 없었다. 동생에게 어머니와 병원에 같이 가달라고 부탁할 때는 병원에서 주의할 점과 의사에게 물어야 할 것을 몇 페이지나 적어 보냈다. 스티븐은 누나가 나서서 해결해주니 뒷마당에 집착하는 이웃과 마주치지 않을 수 있었다. 누나가 늘 타박하니 직접 나설 마음이 들지도 않았다. 수전은 스티븐이 게으르다고 단정했지만 동생의 과소기능에 자신이 어떤 역할을 했는지 돌아보기 시작했다. 상호 관계였다는 걸 부인할 수 없었다.

수전은 직장에서도 과잉기능을 하고 있었음을 깨달았다. 그녀는 신입 직원들에게 사내 정치와 상사의 저기압에 어떻게 대처해야 하는지 보여주며 멘토 역할 하기를 좋아했다. 하지만 이런 일에 에너지를 쓰느라 정작 자기 일에서는 생산성이 떨어졌다. 관계에서 언제나 코치 역할을 하면서 게임을 직접 뛰는 위험을 피할 수 있었다. 자기 모습을 드러내고 남들도 그렇게 하도록 허용할 때 찾아오는 취약함에서 달아날 수 있었다.

늘 코치해주는 사람이 있으면 선수는 경기에서 눈을 뗀다. 다른 사람이 대신 생각해주니 스스로 어떻게 움직일지 생각하지 않는다. 야구에서는 3루 코치가 속도를 높일지, 낮출지, 아니면 2루로 황급히 되돌아갈지를 결정하도록 하는 것이 현명하다. 하지만 야구에서 통하는 방식이 가족이나 직장에서 오래 통하지는 않는다. 코치석의 지도를 받으면서 책임감이 높아지는 사람은 없다.

과잉기능은 관계에서 크루즈선 관리자 노릇을 하는 것과 비슷하다. 우리는 사람들이 즐겁고 편안하며 스트레스도 받지 않기를 바란다. 물론 이들을 사랑해서 하는 행동이지만 때로는 이들의 괴로움이 전염되기 때문이기도 하다. 그러다 보니 죽어라 완벽한 파티를 열고 이상적인 여행 계획을 짠다. 어색한 침묵을 깨려고 끼어들고 식당에서 뭘 주문할지 정해준다. 우리는 주변 사람들을 위해 불편함을 없애고 즐거우면서 장애물도 없는 길을 만드느라 많은 에너지를 쓴다. 아이들이 실망하지 않도록 보호하고 가족 간의 다툼을 최소화하고 친구들에게 완벽한 저녁을 선사하려고 한다.

수전은 뛰어난 크루즈 디렉터였다. 친구들 사이에서도 모임을 계획하고 모두를 챙기느라 에너지를 엄청나게 소진했다. 자신이 고른 식당에 만족하지 않는 친구가 있으면 저녁 내내 사과했다. 누군가 대화 주제에 끼지 못하면 얼른 대화 방향을 틀었다. 어쩌다가 여행이나 생일 모임을 맡아서 계획하지 않으면 불안감이 하늘을 찔렀다. 그래서 책임을 맡은 친구에게 문자와 이메일을 보내 세부 계획을 비판하거나 새로운 걸 요구하고 거기에 따르지 않으면 짜증을 부리며 괴롭혔다. 너무 쉽게 친구들의 부족함을 파헤치고 왜 자신처럼 사려 깊지 않은지 의아해했다. 친구를 한 개인이 아닌 확장된 자기 자신으로 대했다. 어머니를 대하는 방식과 똑같았다.

우리가 사려 깊다고 일컫는 행동은 불안에 따른 과잉기능일 때가 아주 많다. 우리는 정말 다른 사람들을 생각하는 걸까? 아니면 그저 마음 편해지려고 이런 관계를 이용하는 걸까?

사람들'을' 책임지지 않고 사람들'에게' 책임감 갖기

과잉기능에서 한 발 물러서는 것은 분화에서 중요한 부분이다. 하지만 이는 단지 일부일 뿐이다. 갑자기 손을 털고 "잘해봐라, 촌놈들아! 난 빠진다!" 하고 외칠 수는 없다. 이건 성숙함을 가장한 불안한 회피일 뿐이다.

한 발 물러난 다음에는 한 발 '다가서야' 한다. 분리된 개인으로 기능하는 동시에 관계를 유지하는 법을 배워야 한다. 수전은 가족이나 친구들과 더 가까워지고 싶었지만 예측 가능한 패턴에서는 벗어나고 싶었다. 모든 관계에서 좀 더 자기 자신이 되고 싶었다.

보웬 이론을 공부하는 사람들은 타인'을' 책임지기보다 타인'에게' 책임감을 느끼는 것이 중요하다고 말한다. 단순한 조사 차이로 부모, 자녀 또는 좋은 친구와 맺는 관계에 대한 관점이 달라질 수 있다. 관계에서 선을 넘지 않으면서도 함께하고 기댈 수 있는 사람이 될 수 있다. 그러면 일련의 새로운 행동이 시작되면서 타인을 지나치게 책임지던 행동을 대체한다. 성장은 그저 사고실험이 아니다. 분화는 행동이며 다른 사람과 더욱 사려 깊게 관계 맺는, 눈에 보이는 방식이다.

다른 사람을 책임지는 행동의 예

- 그 사람의 생각을 안다고 가정하기
- 절대 심기를 건드리지 않으려고 하기
- 모든 걸 내려놓고 그 사람을 돕기
- 괴로운 일을 대신 해결해주려고 하기
- 어떻게 기능해야 하는지 알려주기
- 다른 사람들에게 그 사람과 어떻게 대화해야 하는지 가르치기
- 그 사람이 독립적으로 기능하려는 시도를 꺾어버리기

다른 사람에게 책임감을 갖는 행동의 예

- 그 사람의 생각을 궁금해하기
- 자신의 관심, 믿음, 도전을 솔직하게 말하기
- 중요한 행사가 있을 때 참석하기
- 문제가 있을 때는 알려주기
- 그 사람이 설정한 경계 존중하기
- 자기 괴로움은 스스로 풀기
- 사람들이 자신을 스스로 책임지게 하기
- 독립적으로 기능하려는 시도를 장려하기

물론 상대의 나이와 능력에 따라 책임도 달라질 것이다. 알츠하이머병에 걸린 연로한 부모에게 갖는 책임은 독립성 강한 부모를 대할 때와 다르다. 열여섯 살 아이와 다섯 살 아이도 다르다.

수전은 어머니'에게' 책임감을 갖는다는 의미가 무엇인지 생각해보기 시작했다. 리모컨에 묻은 아이스크림 자국을 지우거나 한밤중에 이웃집 뒷마당을 갈퀴질하는 건 아닌 것 같았다. 어머니가 수전의 할머니 이야기를 꺼내면 잠시 들어주는 것은 좋을 것이다. 전자 기기의 설명서를 전화로 설명하기보다 노인 컴퓨터 교실에 모셔다드리는 것도 마찬가지다. 어머니가 마흔다섯 살 먹은 싱글 여성인 딸의 삶에 공감하거나 신경 쓰지 않는다고 해도 그 주에 있던 즐거운 일과 힘든 일을 털어놓는 것에 대해서도 생각해봤다.

수전은 또한 동생 스티븐이나 친구들을 위해 지나친 책임을 지는 일도 그만두고 싶었다. 그동안은 개별적인 차이를 존중하기보다 모두 자기처럼 행동하기를 기대했다. 차이는 이익이 아닌 손실이라고 생각했다. 그러다 보니 어떤 관계에서도 진심으로 통하는 느낌을 받지 못했다. 친구가 디저트를 좋아하는지 신경 쓰느라 힘든 일을 이야기해도 들을 에너지가 없었다. 남동생에게 끊임없이 지시를 내리느라 아버지의 죽음을 어떻게 받아들이는지 물어보지 못했다. 사랑하는 이들에게 쏟던 불안한 에너지를 줄인다면 그들에게 진정한 관심을 줄 수 있을 것이다.

물론 무엇도 쉽지 않았다. 자동으로 나오던 반응을 중단하고 주도권을 쥐었다는 우쭐함 없이 관계를 맺는 일은 극도로 생소할 수 있다. 부모님의 와이파이를 고쳐주기보다 더 어려운 단 한 가지가 있다면 바로 부모님이 직접 고치는 걸 지켜보는 일이다. 친구가 고리타분한 남자를 만나도 손놓고 구경만 하고 상사가 회의를 망치도록 놔두는 게 재미있지는 않다. 한 발 물러나면 곧바로 마음이 가볍고 자유로워질 줄 알았겠지만 처음에는 더 불안하고 부담스럽다. 이제 이 불안을 더 성숙한 방식으로 인식하고 해결해야 한다.

하지만 시간이 지날수록 관계가 더 가뿐하고 진실하게 느껴질 것이다. 그리고 한 발 다가가기로 한 순간이 더 의미 있게 느껴질 것이다. 수전은 이제 의무감이 아니라 어머니를 사랑하는 마음에 쿠키를 더 살 수도 있었다. 친구들과 멋진 주말 계획을 짜기도 하지만 다른 사람들이 원하는 대로 계획에 참여해도 좋았다. 다른 사람에게 어떤 사람이 되라고 말하지 않고 자신에게 진실할 수 있었다. 그녀의 관대함과 섬세함은 관계를 얽매는 구속이 아닌 재능이 될 수 있었다.

에니어그램은 잠시 내려놓기

대중 심리학계에서 '과잉기능'이라는 말이 점점 인기가 높아지고 있다. 사람들은 행동을 논할 때 그것을 마치 성격 특성인 것처럼 이야기한다. '내향적'이라거나 에니어그램 3번과 같이 인스타그램 프로필에 추가해야 하는 또 하나의 특이한 성격이라고 여긴다. 우리는 특별하게 느껴지는 이름표를 좋아한다. 오죽하면 성격 테스트가 수십억 달러 규모의 산업이 됐을까. 하지만 과잉기능을 개별적인 성격으로 정의하면 관계에서 서로 상응해 대응하는 행동, 즉 상호성을 포착하지 못한다. 과소기능하는 사람, 즉 지나친 개입을 받아들이거나 심지어 요청하는 사람이 없으면 당신은 과잉기능자가 될 수 없다.

자신을 '과잉기능자'라고 규정하면 관계 전체에서 자신이 과소기능하는 방식을 못 보고 지나친다. 또한 이런 패턴의 강도가 변하거나 들쭉날쭉할 수 있다는 사실도 놓친다. 사람들은 가족 안에서 태어나고 죽으며 상황은 변하고 불안 수준도 오르락내리락한다. 자신에게 한 가지 이름표를 붙이면 체계의 복잡함을 놓친다. 인간의 커다란 뇌는 그 복잡성을 이해하도록 설계됐다. 시스템 사고를 적용하려면 '왜'보다 '어떻게'를 질문하는 연습을 해야 한다. '왜?'라는 질문은 복잡한 질문에 대해 단순한 인과 관계만 답한다. 처음부터 끝까지 '엄마가 이렇게 했기 때문에 나도 이래'라는 답밖에 안 나온다.

실험을 하나 제안한다. 다음번에 사회생활로 지칠 때면 당신이 내향인이라는 믿음을 잠시 잊어버려라. 물론 내향인이라 지쳤을 수도 있다. 하지만 당신이 지나친 개입을 유도하는 집단과 교류했기 때문일 수도 있다. 집안에서 감정노동을 하느라 진이 빠진 여성이라면 분명히 일부 원인인 가부장제를 비난할 수 있다. 하지만 지나친 개입을 부르는 다른 변수 역시 생각해보라. 불안감이 높아서

일 수도 있다. 스트레스가 심하면 거리를 두려고 하는 배우자 때문일 수도 있다. 자신이 맏이라서일 수도 있다. 사람들의 행동이나 사회적 문제를 봐주라는 게 아니다. 자신을 탓하라는 말도 아니다. 단 하나의 설명이나 한 사람의 악당을 찾기 쉬울 때, 체계가 어떻게 작동하는지 보려고 시도해보라는 것이다. 대관람차가 어떻게 도는지, 뛰어내릴 기회가 혹시 있는지 살펴야 한다. 당신의 에너지를 더 생산적인 출구, 즉 당신 자신으로 보내야 한다. 체계를 생각하면 '난 원래 이래' 같은 말은 하지 않는다. 모든 것이 막혀 있다고 느끼기 쉬운 순간에도 체계적인 사고는 호기심과 심지어 희망까지도 만들어낸다.

부담을 선물로 바꾸기

관계에서 자신이 맡은 역할을 바꿀 준비가 된 수전은 먼저 친구들 사이에서 새로운 시도를 해보기로 했다. 첫 임무는 크루즈 디렉터에서 물러나 사람들이 다 모인 후에 약속 장소에 나타나는 것이었다. 다른 친구가 저녁 먹을 장소로 형편없는 식당을 골랐을 때는 점심을 든든하게 먹고 갔다. 대화를 지루해하는 사람이 보여도 다른 사람들이 주제를 바꿀 거라고 스스로 타일렀다. 아무도 휴가지를 고르지 못할 때도 참을성 있게 체계가 스스로 방향을 바꾸는 걸 관찰했다. 크루즈 디렉터가 은퇴했으니 친구들도 적응할 시간이 필요했다. 과잉기능자가 새로 나타날까? 아니면 친구들이 책임을 공평하게 나눠 가질까? 어떤 식이든 수전의 역할은 바뀌었다.

수전은 또 남동생 스티븐을 능력 있는 인간으로 보려고 노력했다. 어머니 일로 도움을 요청할 때도 지나치게 구체적인 지시를 내리지 않으려고 조심했다. 스티븐은 이에 적잖이 당황했다. 처음에는 더 무능하게 굴면서 누나의 과잉기능을 유도했다. 수전은 그때마다 "필요한 건 엄마가 말씀해주실 거야"라고 반복해서 말했다. 모린의 구식 전화기에는 지금도 수전이 1번으로 저장돼 있지만 점점 스티븐이 엄마 전화를 더 많이 받는 것 같다. 수전이 코치 역할에서 한 발 물러나자 스티븐과 모린, 수전과 모린, 수전과 스티븐의 관계가 모두 더 유연해졌다. 그녀는 더 이상 사람들을 연결해주고 요청을 통역하는 교환수 역할을 하지 않아도 됐다.

여기서부터가 재미있는 부분이다. 변하고 싶은 행동 목록을 길게 써본 수전은 어머니의 집에서 과잉기능을 중단할 기회가 수도 없이 많다는 걸 알게 됐다. 엄마가 이틀 연속 스크램블드에그를 해 먹거나 두 시간 동안 〈제시카의 추리극장〉을 봐도 죽지 않는다는 걸 깨달았다. 조율 안 된 피아노도 2주 정도는 그냥 쳐도 되고 페이스북 계정을 풀어주는 건 스티븐이 할 수도 있었다. 이제 24시간 대기하는 핫라인 노릇은 그만두고 매일 저녁 6시 퇴근길에 어머니에게 전화했다. 그리고 처음에는 좀 이상했지만 어머니의 인생에 대해 질문했다. 과거는 어땠는지, 미래에 무엇을 하고 싶은지, 배우자가 먼저 죽어서 어떤 점이 힘든지 물었다. 그녀는 호기심이 좋은 질문의 전제 조건이 아니라 그 결과임을 배웠다.

모린이 하루아침에 책임감 강한 사람으로 바뀌지는 않았다. 낙엽에 집착하는 이웃이 문을 두드리면 여전히 욕실에 숨었다(누구나 그러지 않을까?). 화재경보기의 건전지가 다되거나 오트밀 쿠키가 아슬아슬하게 바닥을 드러내면 본능적으로 수전에게 먼저 전화했다. 하지만 수전은 소환 명령에 전처럼 반응하지 않았다. 어머니에게 지금은 시간이 안 된다고 말했다. 시간이 될 때는 더 집중해서 들었다. 언젠가는 기기 사용법을 설명하면서도 애정 넘치는 마음을 유지할 수 있을 것이다. 자고로 꿈은 크게 가지랬으니까.

아주 조금씩, 기울었던 관계가 균형을 잡기 시작했다. 스트레스가 심한 날에는 여전히 불안한 고치기에 돌입하기도 했다. 정서 과정은 상당히 강력해서 자기를 키워 기능하려면 많은 연습이 필요하다. 하지만 남은 평생 도전할 수 있다. 모든 관계가 자아를 키우고 다른 사람의 개별성을 존중할 기회다. 어머니가 살아 있는 한 수전과 어머니의 관계는 수전의 성장을 돕는 최적의 환경일 것이다. 한때는 짐으로 느껴지던 문제가 이제는 진정한 선물이 됐다. 수전은 이 선물을 허투루 쓸 생각이 없었다.

✳ 연습 1

관계의 균형 보기. 조상 몇 세대를 살펴보자. 어디에서 과잉기능과 과소기능의 증거가 보이는가? 과잉기능자는 그 위치에서 어떤 혜택을 입었나? 그 반대는? 좋든 싫든 이런 패턴이 가정의 안정화에 어느 정도 도움이 됐나? 이제 현재 세대를 살펴보자. 누가 이런 패턴에 가장 영향을 받았을까? 자녀나 조카가 있다면 누가 그 자리를 이어받을까?

✳ 연습 2

숨은 과잉기능 찾아내기. 과잉기능을 중단하려면 관찰하는 훈련이 필요하다. 좋아하는 TV 프로그램을 보거나, 가족이나 친구 모임에 참석하거나, 다음 중요한 업무 회의를 할 때 유심히 살펴보라. 사람들의 말이나 행동에서 몇 번이나 과잉기능을 찾아냈는가? 일부는 어떻게 다른 사람의 과잉기능을 유도하는가? 누가 코치나 크루즈 디렉터 역할을 하나? 스트레스 때문에 사람들이 예측 가능한 행동을 할 때 이를 잘 관찰하면 비판을 넘어 행동 방식을 바꿀 기회를 찾을 수 있다.

✳ 연습 3

다른 사람'에게' 책임감 갖기. 당신 인생에 그 사람'을' 책임지기보다는 그 사람'에게' 책임감을 더 가져야 하는 관계가 있는가? 그들을 위해 과잉기능하지 않으면서 잘 지내려면 어떻게 해야 할까? 당신의 삶을 좀 더 공유해야 할까? 떠맡고 싶어도 뒷짐 지고 참아야 할까? 불안에 휩싸여 일을 떠맡지 않으면서도 그 자리에 함께할 수 있는 기회 두 가지를 찾아보자.

이 장에서 우리가 잊지 말아야 할 것들

☛ 인간은 서로의 괴로움을 감지하도록 태어났다. 불안도가 높아지면 관계 지향성 수준도 올라간다.

☛ 사람들은 종종 관계 체계에서 불안을 다스리기 위해 '자아'를 주고받는다. 이러면서 관계에 불균형이 나타난다. 이 패턴을 과잉기능과 과소기능이라고 한다.

☛ 과잉기능자는 다른 사람을 지나치게 책임지면서 일종의 거짓 성숙 또는 가짜 능력을 얻을 수 있다. 이런 패턴이 너무 경직되거나 스트레스가 쌓이면 번아웃이나 다른 증상이 나타날 위험이 있다.

☛ 세대에 걸쳐 가족(또는 조직)의 사실과 기능을 포착하는 가계도는 체계를 생각하고 분화를 돕는 유용한 도구다. 이 도구는 사람들이 관계를 단순한 인과 관계로 설명하지 않도록 도와준다.

☛ 일상에서 일어나는 과잉기능을 잘 살펴보면 한 발 물러나 다른 사람이 자신을 책임지게 할 기회가 나타날 것이다.

☛ 과잉기능의 한 가지 방식은 다른 사람들에게 그들의 관계를 어떻게 헤쳐나갈지 코칭하는 것이다. 또 하나는 과하게 계획을 짜고 문제가 될 만한 장애물을 제거하며 크루즈 디렉터 노릇을 하는 것이다.

☛ 성숙(자기 분화)을 꾀하는 사람은 다른 사람'을' 책임지기보다 그들'에게' 책임감을 갖는 법을 생각할 때 도움을 얻을 수 있다.

☛ 과잉기능은 성격 특성이 아니다. 과잉기능자와 과소기능자가 함께 참여하는 상호 패턴의 일부분이다. 같은 사람이 삶의 다양한 영역에서 과잉/과소기능을 할 수 있다.

05

우리는 어떻게 과소기능하는가

"우리는 할 수 있다!
할 것이다! 해야 한다!"

- 나바로대학교 치어리더

모두 루이스를 사랑했다. 물론, 루이스는 직장에 자주 지각했다. 신용카드 결제가 며칠 늦을 때도 많았다. 덜레스 공항으로 데리러 오라고 하면 레이건 공항으로 가곤 했다(둘 다 워싱턴 D.C. 근처에 있다-옮긴이). 하지만 밝고 신나는 성격 덕에 쉽게 용서받았다. 그의 남편 드루는 흐름에 몸을 맡기는 루이스의 태도에 끌렸다. 자신은 절대 그런 사람이 될 수 없었기 때문이다. 하지만 한때는 사랑스럽던 그 모습이 이제는 두 사람의 결혼 생활에 큰 부담을 주고 있었다.

루이스는 드루를 만나서 개인 비서를 둔 사람처럼 살았다. 드루는 체계적인 사람이다. 출발 세 시간 전에 공항에 도착하고, 진지한 목표를 냉장고에 붙여두었다. 매일 아침 루이스가 일어나기 전에 커피를 준비했다. 마치 일주일에 다섯 번 체육관에 가는 엑셀 파일과 결혼한 것과 같았다. 그리고 그건 정말 환상적이었다.

정반대되는 사람들은 서로 끌린다. 과잉기능자와 과소기능자 역시 마찬가지다. 처음에는 이 패턴이 편안하게 잘 맞고 문제가 거의 없다. 하지만 스트레스가 심해지면 적응이 안 되고 숨이 막히기 시작한다. 드루는 직장에서 많은 시간 일하며 스트레스 쌓이는 한 해를 보냈다. 그러다 어머니가 암 진단을 받으면서 주말마다 본가로 차를 몰아야 했다. 루이스에게 자기 일에 좀 더 책임감을 가지라고 말하면서도 계속해서 그를 위해 과잉기능했다. 이제 너무 화가 났다. 파트너가 점점 괴로워하는 걸 느낀 루이스는 무기력해졌다. 그는 나서서 행동할 수 없을 것 같았고, 왜 그런지 이해할 수도 없었다.

실종 사건, 사라지는 사람

행복한 결혼 생활을 유지하는 사람들은 종종 배우자 덕에 더 좋은 사람이 됐다고 말한다. 하지만 결혼을 통해 지극히 무능해지는 사람도 있다. 결혼은 상당히 유리한 거래다. 마법처럼 공과금이 납부되고 자동차 기름도 채워진다. 깨끗한 옷이 저절로 옷장에 걸리고 〈더 마스크드 싱어The Masked Singer〉(한국의 〈미스터리 음악쇼 복면가왕〉을 원작으로 한 미국 TV쇼-옮긴이) 이야기를 들어줄 사람이 생긴다. 결혼은 다른 일을 할 에너지를 확보해준다. 하지만 숨겨진

대가가 따를 수 있다. 책임감이라는 근육은 훈련하지 않으면 위축된다.

당신이 결혼했거나 동거하고 있다면, 혼자일 때는 쉽게 했는데 지금은 부담스러운 일이 있는가? 나는 쓰레기 내놓는 일이 아주 쉬웠다. 하지만 지금은 쓰레기를 버려야 한다면 마치 대통령 훈장이라도 받아야 하는 듯 군다. 내가 할 수 있다는 것을 알지만, '자아를 빌려 오려는' 강한 충동이 생긴다. 대신 전화해줄 사람이 있는데 굳이 내가 전화할 필요가 있을까? 파트너가 이미 다 아는데 왜 아이의 반 친구들 이름을 외우겠는가? 이미 침대에 누운 배우자에게도 다리가 있는데 내가 왜 물을 가지러 가야 하는가? 다른 사람을 끌어들일 때 우리가 얼마나 나약해지는지 알면 대단히 흥미롭다.

루이스는 드루와 함께 살면서 기능이 약해졌다. 드루가 은퇴 준비에 대해 조언해준 덕에 경제적인 안정성은 올라갔지만 금융 지식은 후퇴했다. 한때는 옷 고르는 데 자신이 있었지만 이제는 드루의 칭찬이나 침묵에 의존한다. 두 사람이 여행을 계획하거나 차를 사거나 동네의 쥐 떼와 전쟁을 벌일 때도 당연히 드루가 다 조사했다. 루이스는 시간 맞춰 직장에 출근했고, 맥도날드에 사흘 연속 가는 일이 줄었다. 하지만 둘의 관계는 루이스가 혼자였다면 이룩했을 배움과 성장을 방해했다.

'자아를 빌려 오면서' 다른 사람에게 맡기는 일

- 운전할 때 옆에서 길 찾기

- 지나치게 나를 안심시키기
- 새로운 사람을 만날 때 완충 역할 하기
- 내가 언제 병원에 가야 하는지 결정하기
- 투정 부리는 아이 상대하기
- 어려운 가족에게 대신 이야기하기
- 새로운 기술을 배워서 내게 가르쳐주기
- 어디에 주차했는지 기억하기
- 대신 전화하기
- 외모가 단정한지 판단하기
- 재정 관리 도맡기
- 공동 목표 정하기
- 공동의 믿음 정하기

당신은 파트너, 친구, 가족에게서 어떻게 자아를 빌려 오는가? 어떤 관계든 책임을 나누어 질 수 있고 또 나누어 져야 한다. 우리 모두는 재능과 관심사를 가지고 있고 이는 행동에 영향을 미친다. 하지만 지금 말하려는 것은 신중한 업무 분담에 관한 것이 아니다. 어느 관계에서든 어느 정도는 과잉/과소기능이라는 자동적이고 감정적인 불균형이 나타난다. 우리는 성숙함에 뚫린 구멍을 다른 사람들을 이용하는 식으로 메운다.

집단에서 벗어나 성장하기

인간은 집단에서 자아를 빌려 오는 데도 뛰어나다. 우리는 매우 사회적이라서 집단을 사랑한다. 너무도 사랑해서 진짜 돈을 내고 한 방에 갇혔다가 같이 탈출하는 놀이까지 한다. 다른 인간들 곁에 있기 위해 속으로는 혐오하는 운동을 계속하기도 한다. 나는 넥시엄NXIVM 같은 광신도 집단에 들어가고 싶은 마음은 절대 없지만 그들이 하는 자정의 배구 시합에는 초대받고 싶다. 어릴 때 복음주의 교회에 다녀서 그런 것 같다. 그곳에서는 신도들을 열렬하게 환영하고 다 같이 노래하고 모든 일상을 서로 나누며 아늑한 친밀함을 쌓았다. 아니면 허구의 두 인물이 관계를 맺을 가능성만으로도 팬들이 전쟁이라도 난 듯 광분하는 인터넷 팬덤에서 보낸 시기 때문일 수도 있다.

집단에 들어가면 기분이 좋아지고 생산성이 더 높아지기도 한다. 응원하는 팀이 슈퍼볼에서 우승하거나 좋아하는 드라마 커플이 키스하면 생산성이 치솟는 경험을 할 수도 있다. 참가자들에게 개별적으로 퍼즐을 맞추게 하는 흥미로운 연구가 있었다.[1] 한 집단은 팀으로 작업한다는 암시를 받았고 다른 집단은 그렇지 않았다. 팀이 있다고 생각한 사람들은 다른 팀원이 방에 없었는데도 퍼즐에 50퍼센트 가까운 시간을 더 쏟았다. 이들은 임무에 대한 흥미도가 더 높았다고 보고했다. 실제로 팀원들과 함께 있지도 않았는데 말이다! 이것이 심리적 협동의 힘이다.

엘살바도르 출신 대가족에서 태어난 루이스는 집단의 에너지에 끌렸다. 이 대가족은 루이스가 어릴 때 근본주의 교회에 다녔는데, 그곳 신도들은 '세속의 영향력'을 두려워하며 서로 강한 유대를 형성했다. 우울증으로 힘들어하던 어머니는 집단을 이용해 기능을 끌어올렸다. 체중 감량 프로그램이나 다단계 판매 조직을 들락거린 것이다. 하지만 이런 집단은 어머니의 통장 잔고를 바닥냈다. 즉시 아버지가 어머니를 대신해 과잉기능에 나섰다. 그는 안정적인 직장을 유지하면서 아내를 양육 능력이 없는 사람으로 취급했다. 루이스는 아버지가 조부모와 고모들을 불러 도움을 청한 것을 기억했다. 어머니가 다른 집단에서 자신감을 구하려고 한 것도 당연했다.

루이스는 어머니에게서 연합성에 대한 사랑을 물려받았다. 고등학교에서는 악단에 가입해 경쟁의 단맛과 쓴맛을 즐겼다. 악단 덕에 길을 잃지 않고 대학에 진학했고 대학에서는 기숙사 조교를 맡았다. 그는 기숙사의 '아기들'을 모두 불러 그들의 정서를 돌보고 도전을 응원했다. 직장에서는 언제나 치어리더 역할을 했고 체육관에서는 혼자 운동할 때보다 그룹 수업에서 의욕이 솟았다.

개인과 마찬가지로 집단도 자아를 빌려줄 수 있다. 집단은 보웬이 말한 '기능적 수준의 자기 분화functional level of differentiation'를 끌어올릴 수 있다. 기능적 수준이란 얼마나 성숙하고 유능해 '보이는가'를 말한다. 우리는 적절한 환경, 적절한 사람, 아니면 적절한 어휘 사용을 통해 꽤 유능해 보일 수 있다.

집단이 자아를 빌려주는 방식

- 개인의 목표 알려주기
- 무엇을 믿을지 알려주기
- 애정과 인정에 대한 갈증 풀어주기
- 의욕이 나지 않을 때 격려하기
- 생각/정서를 나눠 일시적인 행복감 만들어내기
- 성과가 좋지 않을 때 책임을 요구하기

집단은 일시적으로 기능을 끌어올릴 수 있다. 하지만 이런 효과는 갈등이 일어나거나 집단이 무너지면 금세 사라질 수 있다. 이런 고점과 저점 사이 어딘가에 우리의 '기본적 수준의 분화basic level of differentiation', 즉 실질적인 성숙도가 존재한다. 우리는 진공 상태에 살지 않기 때문에 한 사람의 실제 분화 정도를 측정하기는 어렵다. 연구자들이 자기 분화를 측정할 도구를 만들려고 시도했지만 이는 일부만 알려줄 뿐이다. 우리는 다른 사람의 반응에 따라, 날씨에 따라, 또는 응원하는 팀의 경기 성적에 따라서 끊임없이 기능을 얻고 잃는다. 하지만 이런 영향이 아무리 커도 분화를 위한 노력이 무용하지는 않다. 오히려 더 중요하다. 다른 사람의 반응은 통제할 수 없다. 하지만 관계나 인생의 도전에서 자신을 드러내는 방식은 바꿀 수 있다.

자기 자신에 대한 책임감을 높이겠다고 루이스가 은둔자가 될 필요는 없었다. 관계를 포기하지 않아도 괜찮았고 심지어 치어리더 노릇을 계속해도 좋았다. 다만 다른 사람의 반응에 의존하지 않고 에너지를 내는 방법을 찾아야 했다. 그는 무엇보다도 자기 능력에 놀라고 싶었다.

'매트 토크'를 넘어서

코로나19 팬데믹 초기에 넷플릭스 다큐멘터리 〈치어: 승리를 위하여Cheer〉를 봤다. 결연한 협동심으로 눈이 휘둥그레지는 묘기를 펼치는 나바로대학교 치어리더팀이 집 안에 고립된 사람들의 마음을 사로잡은 것은 당연했다. 팀의 모든 사람이 필수적이었다. 매트에서 직접 뛰지 않고 팀원에게 '매트 토크mat talk'로 용기를 불어넣는 사람들도 마찬가지였다. 이 '매트 토크'라는 말이 대중 심리학계를 강타했다. 하긴 응원을 원하지 않는 사람이 누가 있겠는가? 우리 모두 일상에서 매트 토크를 들을 수 있다면 좋지 않을까?

감동적인 다큐멘터리였지만 나는 이 어린 학생들이 경기가 끝난 후 어떻게 될지 궁금했다. 전장에서 돌아온 후 목적의식과 동료애가 없는 현실을 힘들어하는 전쟁 군인이나 평화 봉사단 수준의 우울감을 느끼지 않을까?

교사들이 매트 토크의 딜레마를 어떻게 해결하는지를 보면 유용하다. 많은 교사가 지나친 칭찬 없이 학생들을 격려한다. “잘했어!”라고 하지 않고 “이 그림 좀 봐! 어떤 그림인지 말해줄래?”라거나 “이런 그림을 그릴 수 있었구나!”라고 한다. 우리는 때로 칭찬받기에 너무 급급해 우리가 무엇을 했는지, 어떻게 그 일을 할 수 있었는지 바라볼 기회를 잃는다. 우리 행동에 호기심을 갖고 고유의 열의가 어떻게 생겨났는지 살펴볼 기회를 놓친다. 나는 ‘이야, 멋져! 오늘 정말 잘했어!’라고 중얼거리기보다 ‘어떻게 했더니 자연스럽게 몰입할 수 있었지? 장애물은 없었나?’라고 스스로 물어본다. 그러면 일 자체가 보상이 된다.

루이스는 매트 토크 주고받기를 좋아했다. 친구들에게 힘이 나는 문자를 받으면 기분이 좋았고 체육관에서도 누가 옆에서 가르쳐줄 때 더 열심히 운동했다. 하지만 그런 부양 효과가 일시적이라는 것도 알고 있었다. 매트 토크를 아무리 많이 들어도 그의 기능이 개선되지는 않을 것이었다. 드루가 활기차야만 자신이 움직일 수 있다는 것은 두 사람의 관계에 너무 큰 부담을 주었다. 직장에서도 분위기에 따라 좌우된다면 자신을 동료들의 손에 맡기는 것이나 다름없었다.

루이스는 매트 토크를 넘어 ‘프렙 토크prep talk’라는 걸 해보면 어떨까 하는 생각했다. 판단보다는 앞으로 다가올 과제에 대한 호기심과 준비에 더 집중하고 사람들의 반응과 관계없이 자신에게 중요하고 흥미로운 것이 무엇인지 생각하기 위해서였다.

루이스는 성격을 바꾸지 않아도 된다. 때로는 매트 토크가 자신

매트 토크	프렙 토크
넌 할 수 있어!	오늘 어떻게 책임감을 높일까?
해내!	내가 생각하는 좋은 하루는?
넌 소중해!	아무도 알아주지 않아도 실행할 가치가 있는 일은?
넌 대단해!	내가 성공적으로 해낸 일은 무엇인가?
아무도 널 막지 못해!	어떤 도전이 나를 기다릴까?

과 다른 사람에게 줄 수 있는 최고의 선물일 수도 있다. 하지만 좋은 질문을 던지는 친절함이 필요할 때도 있다. 집단의 힘과 일 자체의 즐거움 사이에서 균형을 찾기가 쉽지는 않다. 나바로 치어리더 팀이 나보다 이 점을 훨씬 잘 알 것이다.

당신도 콘텐츠 폭식증?

우리는 무한한 자기계발 콘텐츠에 둘러싸여 살고 있다. 필요하면 책, 팟캐스트, 소셜 미디어에서 아이디어, 기술, 동기를 쉽게 찾을 수 있다. 우리가 '자기계발' 업계라고 부르는 곳에는 자기가 거의 들어 있지 않다. 콘텐츠 소비는 불안을 달래려고 자아를 빌려 오는 또 다른 방식일 수 있다.

문제는 콘텐츠 소비가 아니다. 변화를 생각만 해도 꼭 발전처럼 '느껴지는' 소비 단계에 갇히기 쉬운 게 문제다. 목표를 설정하라는 팟캐스트를 즐겨 듣는가? 플래너를 사서 목표를 모두 기록하라는 얘기도 들었을 것이다. 이런 행동에서는 도파민이 충분히 분비된다.[2] 하지만 안타깝게도 목표를 설정하면서 얻는 도파민 급상승과 목표에 가까이 갔을 때 얻는 도파민 절정 사이에는 엄청난 차이가 있다. 그 차이를 행동으로 채워야 한다. 소설 쓰는 법을 반복해서 읽을 수는 있지만 언젠가는 직접 자판을 두드려야 한다. 취약성에 대한 팟캐스트를 수백 번 들을 수는 있지만 어느 시점에는 친구들에게 마음을 열어야 한다.

동기 부여 콘텐츠의 생산과 소비는 한 사회가 겪는 불안 수준을 측정하기에 좋은 척도다. 인터넷 덕분에 우리는 구루가 되거나 그들을 찾는 데에 많은 에너지를 쏟는다. 이는 모두 관계에서 거짓 성숙함을 얻으려는 시도일 뿐이다. 심리 상담가로 일하는 나도 이런 함정에 빠지지 않도록 조심한다. 내가 의뢰인에게 해결책을 제시하거나 지나친 매트 토크를 전하고 있다면 그건 그들이 도전 앞에서 힘들어하는 걸 참지 못하는 나의 미분화 증거일 가능성이 크다. 또는 '전문가'가 된 우쭐함에 과잉기능하는 것일 수도 있다.

이렇게 자아를 주고받다 보면 자기 마음을 알 여유가 거의 사라진다. 마음을 이리저리 탐색하는 시간은 창의적인 문제 해결에 필수적이다. 당신의 뇌는 미래 계획을 세우거나 삶의 난관을 헤쳐나갈 신중한 연결 작업에 시간을 들여야 한다. 하지만 생산성을 신봉하는 분위기에서는 가만히 앉아서 생각에 잠기기보다는 개인 성장에 관한 인스타그램 릴스를 볼 때 더 많은 것을 하고 있다고 '느낀다'.

루이스는 휴대전화를 들여다보면서 동기 부여를 위해 콘텐츠를 얼마나 소비했는지 알 수 있었다. 인기 있는 구루들의 팟캐스트와 피트니스 인플루언서의 계정이 보였다. 긍정적인 사고와 취약성에 관한 전자책, 도파민 흐름을 위한 신나는 플레이리스트도 있었다. 이런 콘텐츠를 모두 버릴 필요는 없었다. 하지만 소비 습관을 주의 깊게 살펴볼 필요는 있었다. 그는 뭔가 배우려고 팟캐스트를 들었을까? 아니면 불안을 잠재우고 일시적인 고양감을 얻기 위해서였을까?

플레이 버튼을 누르고 싶을 때, 혹은 스크롤을 내리고 싶을 때가 바로 보조 장치 없이 생각할 기회였다. 그래서 루이스는 치과에서 음악을 듣지 않고 대기하려고 해봤다. 끊임없이 응원을 보내는 콘텐츠 없이 상점으로 걸어갔다. 자기 생각에 익숙해지는 것이 분화로 나아가는 중요한 걸음이었다. 스스로 생각할 시간을 내기 시작하자 제대로 된 삶에 한 걸음 가까이 갈 수 있었다.

과잉기능자에게 용감하게 맞서다

자신에 대한 책임감을 높이는 일은 '혼자 하는 운동'이 아니다. 과소기능은 관계 패턴의 일부이며 과잉기능자의 움직임에 따라 달라지는 춤이다. 루이스는 부모님의 결혼을 돌아보며 책임감을 키우려고 한 어머니의 시도를 아버지가 어떻게 무시했는지 알 수 있었다. 하지만 어머니가 아버지의 과잉 개입을 유도한 것도 알 수 있었다. 루이스 또한 드루와 살면서 이런 문제에 부딪혔다. 이 커플이 그동안 과잉/과소기능으로 불안을 해소해왔다면 이 패턴을 깨려는 시도에서 긴장이 발생할 것이다. 하지만 장기적으로 보면 결혼생활이 더 유연해지고 아마도 더 재미있어질 것이다.

과소기능자로 살아온 사람이 한 발 나아가려면 용기가 필요하다. 고생을 좀 할 수 있게 주변 사람들에게 기다려달라고 부탁해야 할 수도 있다. 이 말을 여러 번 해야 할 수도 있다. 내가 멜론을 어떻게 잘라야 하는지 알려줄 때마다 남편이 "캐슬린, 나도 자아가 있어"라고 말하는 것처럼 말이다. 그 순간 나는 과잉기능 현장에서 현행범으로 잡힌 것 같아 놀라기도 하고 짜증도 난다. 남편 말이 다 맞아도 상처받은 기분이다. 이런 게 역동이 방해받을 때 나타나는 긴장감이다. 관계 패턴을 바꾸려고 하는 사람은 이런 저항에 부딪힐 것이다. 감정은 감정일 뿐이다. 방향이 잘못됐다는 의미는 아니다.

과잉기능자에게 맞서는 몇 가지 방법을 예로 들어보겠다.

순응하기: 내 말을 다른 사람이 끝내게 하기

맞서기: 직접 이야기하고 싶다고 말하기

순응하기: 끝없는 조언을 가만히 듣고 있기

맞서기: 지금은 조언을 듣고 싶지 않다고 말하기

순응하기: 언쟁이 일어날 때마다 중재하도록 용인하기

맞서기: 갈등을 스스로 해결하고 싶다고 말하기

순응하기: 운전할 때 길을 알려주게 놔두기

맞서기: "이봐, 지금은 내가 선장이야"라고 말하기(영화 〈캡틴 필립스Captain Phillips〉에서 선박을 납치한 해적이 뱉은 대사로 유명한 밈이 됐다-옮긴이)

마지막 사례는 농담이다. 하지만 의미는 전달됐을 것이다. 과잉기능이 일어날 때마다 그 사람을 불러 세울 필요는 없다. "난 괜찮아. 고마워" 정도면 충분할 때도 많다. 당신이 한 걸음 나서면 그들이 오히려 안심하며 자연스럽게 물러날 수도 있다. 하지만 당당하게 일어나 목소리를 높여야 하는 순간도 있을 것이다. 아니면 내 아이처럼 "엄마, 나 미스 독립투사거든요!"라고 소리쳐도 좋다.

다른 사람이 자신을 위해 과잉기능하면 그걸 자기 탓으로 여기거나 상처받기 쉽다. 하지만 정서 과정을 생각하면 '비난 게임blame game'을 피할 수 있다. 루이스의 문제는 드루의 불신이 아니었다. 두 사람은 둘 중 누구도 깨기 어려운 패턴에 갇혀 있었다. 다행히 한 사람만 움직여도 상황을 바꿀 수 있다. 루이스가 더 나서면 나설수록 드루는 루이스의 능력을 증명하는 증거를 더 많이 얻게 될 터였다. 또 드루가 화를 내며 돌아서는 게 아니라 신중하게 뒤로 물러나면 변화를 위한 틈이 생길 것이다. 어느 쪽이든 둘의 관계는 더 유연해진다.

질문이 답변보다 더 도움이 될 때

구루들이 뭐라고 하든 성장하는 길은 하나가 아니다. 해답에 익숙한 사람이라면 이 말이 실망스러울 수도 있다. 사람들은 "발전할 수 있는 가장 좋은 방법이 뭐라고 생각하세요?"라고 물으면 짜증을 낸다. 그 사람에게 이미 분명히 답이 있는데 질문한다고 생각하기 때문이다. 하지만 심리 상담가든 친구든 질문을 통해 관계에 관한 좋은 생각을 끌어낼 수 있다. 다른 사람의 답이 괴로움을 잠재울 수는 있겠지만 자신을 책임지는 법을 배우도록 돕지는 못한다.

내가 루이스에게 던진 질문

- 당신이 관계에 신경 쓰지 않으면 무슨 일이 일어나죠?
- 스스로 미성숙하다는 증거를 어디에서 찾았나요?

- 성장한다는 증거를 어디에서 찾았나요?
- 긴장되는 상황에서 어떤 지혜를 불러오고 싶은가요?
- 결혼 생활에서 어떤 역할을 하고 싶은가요? 다른 관계에서는요?

이런 질문에는 어떠한 의도도 없다. 그저 생각을 자극하려고 시도해보는 것이다. 대답하기 힘들어하는 사람도 있다. 관계 지향성에 깊이 빠져 있다 보면 나오는 길이 잘 보이지 않는다. 그래서 상대방이 바뀌기를 바라거나 전문가들이 어떻게 바꾸라고 말해주기를 기대한다. 아니면 다른 사람에게 문제를 털어놓으면서 즉각적인 안도감을 느끼고 싶어 한다.

로버타 길버트Roberta Gilbert는 보웬 이론서인 《비범한 관계Extraordinary Relationships》에서 "분화는 자기를 위해, 자기에 의해 이루어지는 작업이다"라고 썼다.[3] 분화는 수많은 시행착오 끝에 찾아오는 희미한 성숙함이다. 당신의 뇌가 호기심은 키우고 비난은 줄이는 방식으로 문제를 다르게 보면서 실패 가운데 자신을 다스릴 수 있게 되는 능력이다.

루이스는 결혼 생활에서 자신을 어떻게 드러내고 싶은지 생각하기 시작했다. 우선 드루가 자신의 과소기능을 두고 불평할 때 보이던 반응성을 낮추고 싶었다. 그럴 때 울거나 회피하기보다는 드루가 둘 사이의 경직성, 고착화에 반응했다는 걸 기억하고 싶었다. 드루가 하는 모든 말에 동의할 필요도 없고 살인죄로 재판이라도 받는 것처럼 심각하게 굴 필요도 없었다. 둘째로 일상적인 행동에서 자기를 더 강화할 수 있는 사소한 방법을 찾고 싶었다. 그것이 자유롭게 상념에 빠지는 것이든, 자명종을 맞춰놓는 것이든, 손바닥에 '덜레스'라고 써두는 것이든 말이다.

루이스가 일찌감치 공항에 나가거나 옷장을 말끔하게 정리하는 사람으로 변할 필요는 없었다. 드루처럼 행동한다고 해도 자아가 거의 없기는 마찬가지일 것이다. 그러니 드루에게 순응하는 건 그와 반대로 행동하는 것과 마찬가지로 해법이 될 수 없었다. 루이스는 책임감 있고 의미 있는 삶에 대한 자신만의 정의에 진실해야 했다. 때로 한 발 앞에 나서서 직접 가구를 조립하고 드루의 도움 없이 전화를 걸기도 했다. 하지만 친구들이 왔을 때 집 안 꼴을 걱정하지 않거나 자동차 여행에서 길을 잃어도 즐거워하는 등 자기 성격을 고수할 때도 있었다. 선택을 내릴 때마다 자신이 한 최선의 생각과 행동 사이의 틈이 줄어드는 것을 알 수 있었다. 자기 자신에게 '나는 오늘 어떤 사람이 되고 싶은가?'라고 물어보기만 하면 뇌가 계속해서 답을 내놓았다. 다른 누구의 답도 필요 없었다.

✳ 연습 1

약한 근육 단련하기. 다른 사람들이 대신해준 덕에 잃어버렸거나 애초에 갖춰 본 적이 없는 기술(운전, 집수리, 어려운 대화 나누기 등)을 죽 적어라. 올해 개선하고 싶은 기술 세 가지를 표시하라. 이런 기술을 익히면 그동안 과소기능하던 관계에 어떻게 도움이 될까?

✳ 연습 2

매트 토크의 대안 찾기. 다른 사람의 말에 용기를 얻어 책임감을 키우는 삶의 영역이 있는가? 반사적으로 그런 말을 구하기 전에 스스로 어떤 질문을 할 수 있을까('내가 어떻게 했지?', '오늘 내게 도움이 되는 건 무엇일까?' 등)? 모두 매트 토크를 좋아한다. 하지만 그게 유일한 약이 될 필요는 없다. 때로는 그저 금상첨화 정도일 뿐이다.

✳ 연습 3

콘텐츠 소비 방식 점검하기. 지난 1년 동안 소비한 자기계발 및 동기 부여 콘텐츠의 목록을 적어라. 돌아보니 목표를 이루기 위해 노력하기보다는 도파민 폭발에 더 집중했을 때는 언제인가? 한 주 동안 자유롭게 생각하면서 스스로 좋은 질문을 던질 시간을 늘리려면 어떻게 해야 할까?

이 장에서 우리가 잊지 말아야 할 것들

- ☛ 누구나 기능 면에서 성숙도에 빈틈이 있고 우리는 관계를 이용해 그 틈을 메우곤 한다. 다른 사람이 나를 위해 과잉기능하게 하면 나는 과소기능하게 된다.

- ☛ 다른 개인이나 집단의 도움을 받으면 기능이 올라가고 더 성숙하거나 유능해 보일 수 있다. 이러한 부양 효과에 기반해서 얼마나 성숙하거나 미숙해 보이는지가 기능적 수준의 자기 분화를 드러낸다.

- ☛ 기본적 수준의 분화는 관계의 영향과 관계없는 실제 성숙도를 말한다.

- ☛ 우리는 다른 사람의 응원에 의존해 기능을 끌어올릴 때가 많다. 호기심과 본질적인 동기를 키우면 다른 사람의 대응에 의존해 기능하는 일이 줄어든다.

- ☛ 자기계발 콘텐츠를 소비하면 두뇌에서 보상 체계가 활성화될 수 있다. 하지만 그런 콘텐츠가 꼭 책임감을 키워주지는 않는다.

- ☛ 과소기능자가 책임감을 키우고자 한 단계 나서려고 하면 과잉기능자의 반발을 살 수 있다. 이는 관계 패턴을 깰 때 반드시 나타나는 불안을 다스리는 법을 배울 기회다.

- ☛ 자신의 기능을 스스로 평가하고 어떻게 성장하고 싶은지를 정의하는 질문은 다른 사람에게서 빌려 올 수 있는 답변보다 더 도움이 된다.

0
6

우리는 어떻게 다른 사람과 거리를 두는가

"나는 한담을 진담으로 끌어올리려는 거야."

- 래리 데이비드Larry David, 〈커브 유어 엔수지애즘Curb Your Enthusiasm〉

실비의 가족은 그녀가 네 살 때 양쪽으로 갈라졌다. 혼돈은 친할아버지의 죽음에서 시작됐다. 장례를 치른 지 3개월 만에 린 할머니가 죽은 남편의 사업 파트너와 사랑의 도피를 감행하며 모두를 충격에 빠뜨렸다. 이후 할아버지의 유서를 놓고 한바탕 소동이 일어났고 실비의 아버지는 어머니와 누나들에게 질렸다고 선언했다. 그들 역시 실비의 아버지에게 미련이 없었다. 이후 20년 동안 실비의 부모님은 친가 가족이 애초에 존재하지 않았던 것처럼 살았다.

이제 실비는 스물일곱 살이었다. 지금은 전설처럼 돼버린 할머니는 따뜻한 애리조나주 어딘가에서 실비가 단 한 번도 본 적 없는 증손자들을 쫓아다니며 살고 있었다. 할머니의 부재는 감당할 만한 슬픔이었고 명절이나 심리 상담 회기에 머릿속 창고에서 한 번씩 꺼내 보는 유물이 됐다. 그러다 어느 날 아버지가 린 할머니와 다시 연락하게 됐다고 전화를 걸어왔다. "할머니를 다시 만나고 싶니?" 아버지가 물었다.

실비의 몸이 날카로운 경고음을 냈다. 근육이 긴장하고 숨이 가빠지면서 눈물이 흘러내렸다. 자그마한 노인과 이야기한다는 생각이 어떻게 그런 공포를 불러일으켰을까? 실비는 할머니를 기억조차 하지 못했다. 그런데 왜 그녀의 몸은 전쟁이나 퇴각에 대비하는 것 같았을까?

이것이 바로 가족 내 정서 과정의 힘이다. 이 핵가족은 할머니를 회피하면서 어느 정도 평화를 유지했다. 이 패턴을 깬다는 건 적어도 단기간에는 불안이 증가한다는 의미였다. 실비의 뇌가 상황을 쓱 본 후 "난 빠질래"라고 선언한 것이다.

거리를 두는 여러 가지 방식

거리 두기는 어느 관계에나 있다. 어쩌면 엄마와 나 사이에 바다 하나쯤 있을 때가 편할 수 있다. 오빠하고는 좋아하는 축구팀 이야기만 할 수도 있다. 저녁 식사 시간에 휴대전화만 볼 수도 있고 말 많은 친구 옆에서 속으로 탈출 계획을 짤 수도 있다. 나 같은 밀레니엄 세대라면 방문객이 예고 없이 집에 찾아오는 것보다 차라리 죽는 게 나을 것이다.

거리 두기는 불안을 다스리기 위한 또 한 가지 관계 패턴이다(갈등과 과잉/과소기능 두 가지는 이미 살펴봤다). 관계의 융합, 즉 한 단위로 생각하고 느껴야 한다는 압박에 반응하는 한 가지 방식인 것이다. 거리 두기는 실제로도 일어나지만 감정적으로도 일어날 수 있다. 다른 사람 앞에서 생각, 믿음, 진정한 자신을 감출 때 정서적 거리 두기가 일어난다. 정치적 견해 차이는 그 이야기를 절대 하지 않으면 문제가 되지 않는다. 부모님에게 파트너를 소개하지 않으면 반대에 부딪힐 일도 없다. 진정한 자기 모습을 보여주지 않으면 거절당하는 고통을 피할 수 있다. 침팬지조차도 자신의 불안한 표정을 숨기곤 한다. 인간과 마찬가지로 패를 보여주면 위험하다는 걸 알기 때문이다.

보웬 이론에서는 극단적인 거리 두기 형태를 '단절' 혹은 '정서적 단절'이라고 한다. 실비의 아버지는 실비의 할아버지가 돌아가신 후 나타난 긴장 속에 어머니나 누나들과 단절하며 큰 값을 치르고 약간의 안정을 얻었다. 단절은 가족 간 갈등은 줄일 수 있지만, 정서적으로 뒤엉킨 상태 자체는 해결해주지 않는다. 전혀 만나지 않더라도 그 사람을 생각하고 그 사람에게 반응하는 시간이 여전히 많을 수 있다.

피상적인 대화든 극단적 단절이든 우리는 모두 관계의 긴장을 해소하기 위해 어느 정도 거리 두기를 활용한다.

거리 두기의 다양한 양상

- 가족을 피하려고 매우 바쁘게 일한다.
- 맨정신으로 대화하지 않으려고 술이나 약물을 이용한다.
- 가족과 멀리 떨어진 곳으로 이사한다.
- 스포츠나 날씨 이야기만 한다.
- 시간이 다 됐을 때 약속을 취소하고 깊이 안도감을 느낀다.
- 전화하는 게 좋을 때도 문자로 대화한다.
- 중요한 음성 메시지를 듣지 않는다.
- 배우자와 늘 자녀 이야기만 한다(자기 이야기는 하지 않는다).
- 불화를 피하려고 거짓 신념을 말한다.
- 꼭 필요할 때만 가족을 방문한다.
- 자기 이야기를 하지 않으려고 상대에게 많은 질문을 한다.
- 데이트 상대에게 관심 없다고 말하는 대신 잠수를 탄다.
- 괜찮지 않은데도 괜찮다고 한다.
- 사람들의 불안감을 감지하면 대화 주제를 바꾼다.
- 본인보다 멋있어 보이는 사람에게는 말을 걸지 않는다.
- 본인과 달라 보이는 사람과 있을 때는 먼저 대화를 시작하지 않는다.
- 아프거나 죽어가는 사람과는 연락을 피한다.
- 불안감을 불러일으키는 가족사는 이야기하지 않는다.
- 상담이 딱 2분 남았을 때 어려운 주제를 꺼낸다.
- 어렵지만 중요한 대화에 끼지 않는다.
- 사람들이 모였을 때 TV를 켠다.

- 쉽게 빠져나올 수 있도록 약속을 이중으로 잡는다.
- 즐길 거리를 쉴 새 없이 준비해 사람들을 바쁘게 한다.
- 사람들이 자신의 이상한 취미에 관심 없을 거라고 단정한다.
- 다른 사람들을 불편하게 하지 않으려고 자신의 성공을 깎아내린다.

거리 두기도 나름대로 유용하다. 때로는 자리를 뜨거나 대화 주제를 바꾸는 것이 불쾌한 상황을 헤쳐나가는 최선의 방법일 수 있다. 어쩌면 상대방에게 이야기하기 전에 명확하게 생각을 정리할 시간이 필요할 수도 있고, 해로운 관계를 끝내야 할 수도 있다. 하지만 신중하게 생각하지 않고 거리 두기를 결정할 때도 있다. 이는 그저 정서 과정에서 나타나는 패턴이며 대가가 따르는 단기 처방일 뿐이다.

언제나 거리 두기로 긴장을 해소할 때 잃어버리는 기회

- 단단한 일대일 관계 쌓기
- 자기 성숙 도모하기
- 집단에서 책임감 높이기
- 다른 사람에게 내 생각 전달하기
- 스스로 불안감을 조절하는 연습하기
- 다른 사람의 괴로움에 대한 반응 줄이기

실비는 책임감 있는 사람이었지만 정서적 거리 두기에도 능숙

했다. 더 강한 관계를 맺고 싶을 때조차 이 비상 브레이크를 절대 놓지 못했다. 그녀는 이사한 지 얼마 안 되는 낯선 도시에서 새로운 사람들을 만날 때마다 극도로 긴장했다. 저녁 약속에서 돌아오면 침대에 누워 그날 한 말을 전부 돌려보고 새로 알게 된 사람들에게 자신이 얼마나 어색하게 굴었을지 걱정하며 잠을 이루지 못했다. 오래 알고 지낸 친구들은 더 편했지만 그런 관계들도 그녀를 지치게 했다. 연애 프로그램을 일일이 분석하고 밈을 주고받고 고등학교나 대학교 시절의 이야기를 끝없이 되풀이하는 데 더는 흥미가 없었다. 하지만 이런 관계라도 아무도 없는 것보다는 나았으므로 피상적인 관계를 유지했다.

거리 두기를 부추기는 만성 불안

당신의 관계도 정서적 거리 두기 수준이 높은가? 스트레스가 쌓이면 관계가 쉽게 흔들리고 불안정하게 느껴지는가? 그렇다면 원가족의 만성 불안 수준이 높았을 것이다. 보웬은 '만성 불안'을 관계적 긴장에서 비롯되는 불안이라고 정의했다. 가족 간에 융합이 심할수록 만성 불안도 심해진다.

만성 불안은 단기적 문제로 발생하는 급성 불안과는 다르다. 실직은 급성 불안을 부를 수 있지만 어머니가 이 사실을 알고 놀라서 뒤로 넘어갈까 봐 마음을 단단히 먹는다면? 그게 만성 불안의 징후다. 친구를 만날 식당을 잘못 찾아가면 급성 불안이 나타날 수 있다. 그런데 새 친구가 나를 미덥지 않아할까 봐 걱정한다면? 그건 만성 불안이다. 만성 불안이 나타나면 관계 지향에 빠져 다른 사람에게 극도로 신경을 곤두세우기 때문에 애초에 발생한 문제보다 더 큰 문제가 생긴다. 괜찮다고 어머니를 안심시키느라, 친구에게 자신이 실은 세상에서 책임감이 제일 강하다는 것을 보여주느라 많은 에너지를 낭비한다.

만성 불안 수준이 높을 때 보이는 양상

- 다른 사람에게 더 민감하다.
- 관심과 인정을 갈구한다.
- 다른 사람이 가까워지려고 하면 극도로 거부한다.
- 마음을 읽는 데 많은 시간을 쓴다.
- 다른 사람의 반응을 걱정한다.
- 사람들이 더 짜증스럽게 느껴진다.
- 참을성이 없어진다.

모두 다른 사람에 대한 지나친 개입이나 반대로 거리 두기를 조장하는 반응임을 알 수 있다. 만성 불안은 관계에서 유연성을 없앤다. 그래서 우리는 결국 평온함을 유지하기 위해 매번 누르던 뻔한 버튼을 쾅 내려친다. '공격해! 장악해! 항복해! 포기해! 도망쳐!'

만성 불안이 높으면 서로에게 더 의존하게 되고 동시에 이런 의존을 더 끔찍하게 여긴다. "도와줘! 아니, 그렇게 말고!" 실비의 가족도 할아버지가 돌아가신 후 이런 일을 겪었다. 서로 지지해주길 원했지만 지지하는(또는 지지하지 않는) 방식을 가혹하게 비난했다. 또 죽음을 애도하는 다양한 방식을 견디지 못했다. 할머니의 다급한 재혼 결정이나 유산 처리 문제에 대한 아버지의 분노는 체계가 감당할 수 없는 반응이었다. 그래서 이 가족은 분리됐다. 긴장을 처리하는 더 완고한 방식인 완전한 단절로 돌아섰다.

단절은 관계를 끊겠다는 논리적인 선택과는 다르다. 개인이나 집단이 다른 사람의 개별성을 참지 못할 때, 다른 사람이 자신과 똑같이 행동하거나 아예 아무 관계가 없기를 바랄 때 사용하는 관계 패턴이다. 만성 불안이 높을 때는 장단점을 모두 지닌 개인으로 관계 맺는 제3의 길, 즉 분화가 불가능하게 느껴진다.

이 가족의 감정적 내력을 살펴보면 실비가 평화를 유지하기 위해 그토록 노력한 것도 당연해 보인다. 그녀는 대화를 나눠야 할 때는 발만 적실 뿐 깊이 들어가지 않았다. 하지만 지금은 거리 두기에 그만한 대가를 치를 가치가 있는지 의문이 들었다. 가족의 평온은 대가가 컸다. 유일하게 살아 있는 조부모와 관계가 끊어졌고 고모, 고모부, 사촌도 만나지 못했다. 새로운 도시에서 외롭고 불안했으며 남아 있는 친구들과의 관계는 불만족스러웠다. 처음에 느꼈던 충격적인 신체적 반응에도 불구하고 실비는 깊은 물로 뛰어들 준비가 됐다.

사람 대 사람 관계

우리는 대부분 피상적인 수다에 그치는 먼 관계를 바라지 않는다. 비록 서로 다른 믿음과 경험이라도 터놓고 이야기할 수 있는 관계를 간절하게 원한다. 어떻게 사는지 솔직하게 이야기하고 싶고 지루해할지 걱정하는 마음 없이 자신의 흥미를 이야기하고 싶어 한다. 하지만 친구나 가족과 이런 관계를 맺기는 두려운 일일 수 있다.

보웬은 사람 대 사람 관계를 발전시킬 때 우리가 가장 성숙해지고 자기 분화도 가능하다고 보았다. 그리고 사람 대 사람 관계의 세 가지 핵심 특징을 밝혔다.[1]

1. 자신의 믿음과 경험을 이야기하기
2. 제3자에 초점을 맞추지 않기
3. 관계없는 주제에 기대지 않기

사람 대 사람 관계를 발전시킨다는 것은 타인에게 진정한 자신을 드러내고 다른 사람도 그렇게 하도록 허용한다는 뜻이다. 관계에서 자신을 드러낼수록 위협을 느끼거나 방어벽을 세우는 일 없이 의미 있는 대화를 나누기가 더 쉬워진다. 이 말은 회계 부서에서 근무하는 밥에게 꿈을 털어놓거나 여동생에게 그 드레스를 입으니 정말 끔찍하다고 말하라는 뜻이 아니다. 관계의 자동적 기능을 벗어나서 자기 자신이 될 용기를 소환하라는 것이다. 연결되려는 욕구와 독립적으로 기능하려는 욕구, 이 상충하는 두 가지 동력을 모두 존중하라는 뜻이다.

하지만 가정은 이런 종류의 관계를 발전시키기 가장 어려운 곳일 수 있다. 한쪽 부모와는 사람 대 사람 관계를 맺어도 다른 부모와는 그렇지 않을 수 있다. 어쩌면 부모를 헐뜯으며 형제자매 사이가 돈독해질 수도 있다. 성인이 된 손자들은 할머니가 충격으로 돌아가시지 않도록 피상적이고 깔끔한 이미지만 보여줄 수도 있다. 당신이 맺는 관계에서 진정한 자신을 보여줄 기회는 어디에 있는가? 멀어지기보다는 가까이 다가갈 수 있는 관계는 무엇인가?

모든 구성원과 사람 대 사람 관계를 더 단단히 맺을수록 그 가족은 더 유연하게 기능할 수 있다. 연락의 빈도와 질을 높이면 집단의 기능이 좋아지고 더 진실하고 열린 관계를 맺을 수 있다. 내가 조 삼촌과 문제가 있다면, 사촌을 찾아가서 숙모에게 삼촌 이야기를 좀 해보라고 하는 대신 삼촌을 직접 찾아갈 수 있다. 이런 사고는 조직이나 종교 단체 또는 목표를 공유하는 어떤 집단에도 적용할 수 있다. 팀 매니저이거나 새로 부임한 교사 또는 시의원이라면 사람 대 사람 관계가 놀랍도록 유용한 에너지 분출구가 될 수 있을 것이다.

열린 관계 체계에서 보이는 양상[2]

- 더 자주 연락한다.
- 더 진실한 연락을 주고받는다.
- 중요한 문제에 대해 생각이 열려 있다.
- 사람들이 세상을 보는 방식을 이해한다.
- 생각의 차이에 존중을 표한다.

닫힌 관계 체계에서 보이는 양상

- 연락을 자주 하지 않는다.
- 실질적인 연락을 하지 않는다.
- 중요한 문제에 대해 다른 사람들의 생각을 알아보지 않는다.
- 서로 비밀이 많다.
- 다른 사람의 생각을 짐작한다.
- 생각의 차이에 존중을 표하지 않는다.

물론 이런 생각에도 예외가 있을 수 있다. 누군가 해로운 이야기를 할 때도 식탁에서 자리를 지키거나 큐어넌QAnon(미국에서 악마 숭배, 마녀 집단 등의 음모론을 지지하는 집단-옮긴이)을 지지하는 사촌에게 유명인 중 누가 도마뱀 인간이라고 생각하느냐고 질문하라는 이야기가 아니다. 사람들에게 다가가고 특정 문제에 대한 그들의 생각을 알아보는 것이 유용하다는 뜻이다. 사람들에게 당신의 생각을 털어놓는 것도 마찬가지다. 이는 목표가 있는 어느 집단에서나 통한다. 추측보다 사람들의 실제 생각에 따라 결정을 내리면, 집단은 더 효율적으로 목표를 이루고 긴장을 조절할 수 있다. 그러면 가상의 관계 드라마가 아니라 진짜 문제를 푸는 데 에너지를 쏟을 수 있다.

실비는 할머니와 사람 대 사람 관계를 맺을 준비가 됐다. 실비의 가족은 단절을 택했지만 이제 이 체계가 서서히 열리려 하고 있었다. 실비도 이 과정의 일부가 되고 싶었다. 그래서 어느 일요일 뉴저지 고속도로 인근의 웬디스에서 유치원 이후 처음으로 린 할머니와 점심을 먹었다. 두 사람은 애리조나의 날씨나 실비의 직장 등 소소한 이야기로 대화를 시작했다. 그러다 실비가 마음을 단단히 먹고 가족이 갈라지면서 경험한 상처와 앞으로는 달라졌으면 좋겠다는 소망을 털어놓았다. 할머니는 사과했고 두 사람은 서로를 안아준 후 곧 다시 만나자고 약속했다.

문제가 해결됐을까? 꼭 그렇지는 않다. 실비는 할머니를 만난 후에도 소용돌이치는 불안감에 실망했다. 할머니와 문자로 연락을 주고받으면서도 전화를 걸거나 다음 만남을 계획하고 싶은 마음이 들지 않았다. 마음속에 '할머니와 계속 이런 식일까? 점잖은 수다와 뒷마당의 방울뱀 얘기가 다일까?' 하는 의문이 들었다.

안부 인사 넘어서기

실비는 할머니와 비교적 피상적인 연락을 이어갔다. 주말 계획을 묻고 뱀과 도마뱀 이야기에 반응을 보이고 생일에는 간단하게 통화도 했다. 실비는 할머니의 삶이 궁금했지만 그런 질문은 사생활 침해 같았다. 자신이 할머니의 삶을 싫어할 수도 있었다. 악명 높은 보수주의자 언론인 터커 칼슨Tucker Carlson이 일리 있는 말을 했다고 생각한다면 어떻게 하지? 할머니가 과거에 바람을 피웠다면? 할머니가 그다지 흥미로운 사람이 아니라면?

의뢰인이 피상적인 가족 관계가 답답하다고 할 때 나는 친한 친구와 커피를 마시면서 수다 떠는 상상을 해보라고 한다. 그 친구에게 어떤 기쁨, 어려움, 흥미를 이야기할까? 어떤 걸 물을까? 세상에 대해 둘 다 궁금해하는 게 있을까? 이런 대화를 가족과 함께하면 어떨까? 다른 관계에서는 또 어떨까?

우리는 사회적으로 '안전한 질문'만 고수하다가 좋은 대화 주제를 놓칠 때가 너무 많다.

많이 하는 안전한 질문

- 어떻게 지내세요?
- 일은 어떠세요?
- 주말 잘 지내셨어요?

- [연휴 이름] 연휴에 뭐 하셨어요?
- 최근에 [다른 사람]과 이야기해보셨어요?
- [다른 사람]은 어떻게 지내요?

이런 질문이 잘못되진 않았다. 관계를 다지는 데 유용할 수 있는 질문이다. 하지만 피상적인 반응을 유도하는 질문이기도 하다. 카페에서 바리스타에게 어떻게 지내시냐고 물었는데 실존적 위기를 논하기 시작한다면 당황스러울 것이다. 우리는 늘 주고받아야 하는 질문과 답을 알고 있어서 가까운 사람하고도 이런 리듬을 반복하기 쉽다. 한 사람의 생각과 경험을 끌어내는 질문을 생각하려면 노력이 필요하다.

사람 대 사람 질문 몇 가지

- 요즘 어떤 일에 흥미를 느껴요?
- 다른 사람이 당신에 대해 뭘 알기를 바라나요?
- 요즘 힘든 일이 뭐죠?
- 가족(집단, 조직 등)에 어떤 과제가 있다고 생각하세요?
- 당신이 생각하는 완벽한 하루는 뭔가요?
- 최근 밤에 잠 못 들고 고민하는 문제가 있나요?
- 살아오면서 가장 자유로웠던 때가 언제죠?
- 앞으로 10년 동안 어떻게 살고 싶어요?
- 하루 동안 허구의 인물이 될 수 있다면 누구를 고르겠어요?

- 아무런 준비 없이 즉석에서 강연을 해야 한다면 어떤 엉뚱한 주제를 선택하겠어요?

실비는 할머니와 연락할 때 안전한 질문만 했다. 그녀는 할머니의 삶에 대해 아는 것이 너무 적었다. 그녀는 할머니가 할아버지와 살면서 느낀 좋은 점과 나쁜 점을 알고 싶었다. 다시 만난 가족에게 바라는 점, 손자들에게 거는 희망, 자신의 은퇴 생활에 대한 바람을 알고 싶었다. 이 모든 질문은 할머니에게는 선물이 될 것이고 그 답은 실비에게 선물이 될 것이다.

당연히 이런 질문을 웬디스 샌드위치 하나를 먹는 동안 다 다룰 수는 없다. 하지만 보웬 이론에서 '정서적 접촉'이라고 부르는 이런 접촉을 시작하는 것은 매우 중요하다. 가족의 역사를 수집하면 그들의 결정과 반응에 대한 맥을 잡을 수 있다. 사람들의 흥미와 어려움을 알면 동질감과 호기심이 생긴다. 상대의 장래 계획을 알면 그 사람이 나에게 무엇을 원하고 기대하는지 추측하지 않아도 된다. 정서적 접촉을 통해 우리는 상상하거나 두려워하는 사람이 아닌 진짜 사람과 이어진다. 또한 인간관계를 통해 참 자아를 구축하는 데도 도움이 된다.

관계에 점수 매기기는 이제 그만

관계에서 좀 더 사려 깊게 행동하기 시작하면 종종 점수 계산이라는 장애물이 나타난다. 당신은 많은 질문을 던지는데 상대는 그렇지 않을 수 있다. 문자에 꼬박꼬박 답장하지도 않고 만나자고 할 때만 당신을 만나려고 할 수도 있다. 자기중심적 부모, 배려심 없는 형제자매, 좀처럼 입을 열지 않는 친구는 연락을 줄이는 편리한 이유가 된다.

사람들의 소통 방식에 집착하는 것은 관계 지향성의 징후일 수 있다. 우리는 다른 사람들이 우리처럼 기능하지 않을 때 화가 나고 좌절한다. 연합성의 힘이 이렇게 뇌를 움직인다. '나처럼 해! 이렇게 배려하라고, 크리스토퍼!'

관계에 점수를 매기고 있다는 징후

- 좀처럼 먼저 연락하지 않는 가족에게 연락하기를 거부한다.
- 당신 이야기를 절대 묻지 않는 사람에 대해 불평한다.
- 당신을 방문하지 않는 가족을 방문하지 않는다.
- 답이 느린 사람에게 일부러 답을 안 한다.
- 대화한 지 오래된 사람과는 거리를 둔다.
- 누군가 갑자기 당신에게 흥미를 보이면 방어적으로 군다.

모든 우정을 죽을 때까지 간직하라는 뜻이 아니다. 언제나 추수감사절 만찬을 주최하라고 제안하는 것도 아니다. 다만 모든 관계가 똑같이 지지받아야 한다고 느끼지 말라는 말이다. 물론 상담가가 할 말이 아니긴 하다. 하지만 아버지 곁에서 나 자신으로 있는 법을 배울 수 있다면 계속해서 아버지에게 커피 한잔하자고 권하는 게 유용할 것이다. 극도로 불안정한 동료와 관계를 유지하면 자신의 불안을 조절하는 연습을 할 수 있다. 중요한 관계는 때로 더 책임감 있는 자아를 만들어갈 기회를 준다.

우리 문화는 관계에서 누군가 '내 이야기를 들어주고', '나를 바라봐주는' 것을 좋아한다. 모두 좋다. 하지만 그건 우리가 통제할 수 없는 반응이다. 반응에 너무 집중하면 불안감이 올라갈 수 있다.

불안한 관계에서 반복되는 내적 질문

- 누가 내 말을 듣는 것 같아?
- 누가 나를 보는 것 같아?
- 누가 나를 이해하는 것 같아?

더 건강한 관계를 위한 질문

- 나는 내 생각을 어떻게 전달하고 싶지?
- 내 생각과 감정을 내가 원하는 방식으로 표현했나?
- 이 사람에게 나를 보여줄 기회를 만들고 있나?

요즘은 '나를 성장시키지 않는' 사람은 모두 인생에서 잘라내라는 조언이 인기다. 하지만 이런 전기톱 사고를 어디까지 적용해야 할까? 그리고 다른 사람들이 내 성장에 실제로 책임이 있을까? 오직 나처럼, 혹은 내가 원하는 방식으로만 기능하고 생각하고 소통하는 사람하고만 어울린다고 해서 분화가 되지는 않는다.

당신이 원하는 사람이 되는 데 집중하면 상대가 정서적 접촉을 편하게 여길 수도 있다. 심지어 먼저 접촉을 시도할 수도 있다. 하지만 그러지 않는다면? 남동생이 매번 전화를 걸 때마다 단답형 대답만 웅얼거린다면? 어머니가 여전히 전혀 도움이 안 되는 질문만 해댄다면?

우리는 모두 관계에 대한 환상이 있다. 하지만 거리를 좁히려고 할 때 가족들이 당신의 멋진 모습에 매료되어 당신을 지지하는 성격으로 바뀌는 게 목표라면 실망할 확률이 높다. 가족 또는 삶에서 만나는 다른 집단에서 당신의 성숙함을 더 잘 표현할 수 있다면 불완전한 사람들과 맺는 관계도 더 즐길 수 있다. 당신의 결정에 반발하는 사람, 계획을 세우지 못하는 사람, 심지어 암호화폐 얘기를 꺼내는 사람과도 친해질 수 있다.

나는 관계를 끝내는 것이 분명 최고의 선택인 예도 수없이 생각할 수 있다. 분화를 위한 노력이 학대나 그 어떤 해로움을 참아야 한다는 뜻은 '아니다'. 하지만 레이더망에서 사라진 이모에게 다시 연락해보라는 뜻은 될 수 있다. 친구가 경솔한 행동을 할 때 입 다물고 토라지기보다는 먼저 말을 건네라는 뜻일 수도 있다. 심지어 스무 해 동안 소원하던 사람과 화해하라는 뜻일 수도 있다.

연락을 끊는 것이 올바른 행동인지는 어떻게 알 수 있을까? 보웬 이론에서는 그 선택이 문제에 대한 신중한 대응인지 감정적 반응에 따른 결과인지 묻는다. 중요한 것은 선택이 아니라 대응 뒤에 숨은 격렬함과 감정적 반응이다. 빠르게 단절을 결정하는 사람들의 가계도에는 비슷한 패턴의 역사가 보일 때가 많다. 긴장도가 올라가면 즉시 버튼을 누르는 것이다. 세대 간 접촉이 없는 가족에게 일어나는 장기적 대가는 무엇일까? 긴장의 징후가 나타나자마자 친구를 포기하는 대가는? 남은 관계가 숨이 막히고 부담스럽게 느껴지는 결과가 나타날 것이다.

때로 우리가 느끼는 불안은 정확하다. 어떤 상황이나 관계에서는 빨리 빠져나와야 한다. 그러나 때로는 불안이 시키는 것과 정반대로 행동하는 게 유용하다. 불안은 우리에게 고요하게 관계를 유지하고 이미 이룩한 피상적인 안정성을 지키라고 말한다. 알 수 없는 요소가 너무 많으니 단절을 끝내지 말라고 말한다. 그래서 체계의 힘을 벗어나 최선의 생각을 실행하는 능력이 그토록 중요한 것이다. 주의를 집중하면 어떤 관계가 자신에게 좀 더 진실해지는 데 도움이 되는지가 보인다. 항복하거나 포기하지 않고 이 관계를 붙들고 있을 때 변화가 나타난다.

진정한 소통을 찾아서

실비는 아주 용감했다. 새로운 우정을 키우고 옛 우정을 회복하는 과정이 쉽지는 않았다. 새 친구와 옛 친구 모두 그녀의 제안을 늘 받아들이지는 않았고 만날 계획을 짜고 연락을 이어가는 쪽은 언제나 실비였다. 하지만 그녀는 사람들의 변덕에 속상해하기보다는 계획을 계속 실천하기로 했다. 관계 구축에 관한 상담을 받는 사람이 자신이니 초대 의사를 밝히고 더 깊은 이야기를 꺼내는 사람도 자신이어야 한다고 생각했다. 그래서 특이한 질문을 던지는 이상한 사람 역할을 계속하기로 했다.

그래서 친구와 일대일로 만나자고 제안하기 시작했다. 드라마 〈오피스The Office〉를 백만 번째로 보자고 하는 친구가 있으면, 대신 만나서 친구의 이야기를 듣고 싶다고 고집했다. 또 사람들이 어떻게 지내냐고 물어보면 잠시 멈춰서 솔직한 대답을 들려주려고 노력했다. 워싱턴 D.C.로 이사 온 후로 외로웠다고 솔직하게 말하고 사람들을 만나는 자리가 어색하다고도 털어놓았다.

실비는 자신이 더 진실해지고 있다고 생각했지만 그 과정에서 불안감을 많이 느꼈다. 침대에 누우면 친구와 나눈 대화를 계속 분석하느라 잠을 못 잤다. 상담에서 우리는 그녀의 뇌가 진화적 기능을 충실히 수행하고 있을 뿐이라고 이야기했다. 다른 사람의 생각을 직감적으로 알아채는 날카로운 능력은 고대 조상들이 야영지에서 쫓겨나는 것 같은 위험한 상황에는 꼭 필요한 재능이었을 것이다. 하지만 회사에서 친목을 다지는 '해피 아워'에 그녀를 살짝 이상하게 본 사람은 어떨까? 그는 그 정도로 위험하지는 않다. 실비는 불안감이 발전의 징후이며 미지의 영역을 향해 성장하는 표식이라고 생각하려고 애썼다. 그렇게 자신에게 다가가고 있었고 사람들에게 그것을 보여주려고 했다. 무서움은 시간이 지나면서 점점 사라졌다.

한편, 린 할머니와 주고받는 문자에는 변화가 없었다. 실비는 남서부 지역의 동물군을 잘 알게 됐지만 할머니에 대해서는 아직도 아는 게 거의 없었다. 그래서 일주일에 한 번씩 전화로 소식을 나누자고 제안했다. 할머니와 정서적 접촉이 자연스럽게 이루어지지 않았으므로 전화를 걸기 전에 대화 주제를 적어두었다. 아무 생각이 나지 않을 때는 AI 챗봇에 물어 질문을 생성하게 했고 그걸 보며 더 나은 질문들을 생각했다. 두 사람이 원하는 방향으로 대화하겠지만 혹시 모를 불편한 침묵을 채울 몇 가지 아이디어를 준비했다.

시간이 지나면서 실비는 할머니의 삶을 더 알 수 있었다. 열아홉에 임신해서 결혼한 후 겪은 인생의 부침, 성인 시절을 모두 함께한 배우자가 죽으면서 겪은 어려움. 누구나 그렇듯 할머니도 관계에서 남의 자아를 조금씩 빌리며 살았다. 두 사람은 때로 빵 굽는 비법이나 애리조나의 기이함 같은 피상적인 주제도 이야기했다. 또 어떤 때는 〈로 앤 오더: 성범죄전담반Law & Order: SVU〉(범죄 수사 드라마 〈로 앤 오더〉의 스핀오프 작품으로 1999년부터 방영 중이다-옮긴이)의 벤슨과 스테이블러가 과연 사귈지 같은 자못 '진지한' 이야기도 나눴다.

실비는 할머니와 다시 만나는 것이 오래 쉬었다가 다시 자전거를 타는 것과 비슷할 거라고 상상했다. 본능이 돌아올 때까지 조금 흔들릴 뿐이라고 생각한 것이다. 하지만 곧 관계 형성에는 자연스러움이라는 게 거의 없다는 것을 깨달았다. 특히 단절을 통해 불안에 대처한 가족이라 더 그랬다. 조심하지 않으면 우리 관계는 대부분 다른 사람들에 관한 험담이나 안전한 주제로 옮겨간다. 한 개인으로 다른 사람과 관계를 맺고 그 교감을 유지하려면 노력이 많이 든다. 하지만 계속 노력한다면 큰 보상을 얻을 수 있다.

실비가 받은 보상 가운데 하나는 할머니의 여든 살 생일 파티에 초대받은 것이다. 20여 년 만에 처음으로 가족이 전부 모였다. 물론 아주 어색했다. 하지만 실비는 할머니와 함께 사람 대 사람 관계를 위한 기반을 다져놓은 상태였다. 고모와 고모부와 사촌이 다음 순서였다. 인간관계의 난제들 사이에 점들이 연결되고 있었다. 실비는 할머니에게 자신을 있는 그대로 보여주는 것이 다른 우정에서도 나약한 모습을 드러내는 데 도움이 된다는 걸 알게 됐다. 긴장되는 순간에 거리 두기는 여전히 하나의 선택지였지만, 더 이상 유일한 방법은 아니었다. 그녀는 다른 사람들에게 자신을 보여주고 어떤 일이 생기는지 지켜볼 준비가 돼 있었다. 어색하겠지만 동시에 경이로울 것이다.

✳ 연습 1

거리 두기에 덜 의존하기. 인간관계에서 어떤 방식으로 거리를 두는가? 예시가 필요하다면 다음 표를 참고하자. 앞으로 어떤 상황에서 거리 두기에 의존하지 않고 다른 방식으로 스트레스를 관리할 수 있을까? 사람 대 사람 관계를 구축하기 위해 어떤 노력을 할 수 있을까?

가족	일	파트너/배우자	우정
여러 사람이 있을 때만 의례적인 방문을 한다.	전자 기기로만 소통한다.	아이들 이야기만 한다.	친구들에 대해 험담한다.
다른 가족에 대해 험담한다.	동료에 대해 험담한다.	같이 TV만 본다.	과거의 추억에 잠기기만 한다.
아주 멀리 떨어져 산다.	외따로 일한다.	친밀해지려면 술/마약이 필요하다.	인터넷에 떠도는 밈만 공유한다.
개가 얼마나 훌륭한지에 집중한다.	사람들의 직책과 이름을 굳이 알려고 하지 않는다.	경계에 대해 말하지 않는다.	여럿이서만 모인다.

✳ 연습 2

이상한 사람 되어보기. 매력적인 괴짜가 되겠다고 마음먹었다면 다음 해피 아워나 가족 모임에서 그런 사람이 돼보자. 사람들에게 "요즘 어디에 흥미를 느끼세요?"라고 물어보는 사람이 돼라. 사람 대 사람 질문 목록을 만들어 시도해보고 이런 질문이 관계에 활기를 불어넣는지 지켜보라. 어쩌면 제왕나비를 구하는 데 관심이 많은 사람을 찾을 수도 있다. 옐로스톤 국립공원의 슈퍼화산을 걱정하는 다른 사람을 만날 수도 있다(검색하면 종말론적 시나리오만 잔뜩 나오니 찾아보지는 말자). 이런 대답은 "무슨 일을 하세요, 데이브?"만 물어서는 절대 얻을 수 없다!

✳ 연습 문제 3

점수판 버리기. 당신에게 연락하지 않아서 재빠르게 지워버린 친구나 가족을 생각해보자. 당신은 어떤 가족이나 친구가 되고 싶은가? 어쩌면 이들을 만나는 기쁨은 계획을 짜는 수고를 들일 가치가 있을 수 있다. 감정적 용기를 내서 다음 만남은 그들이 정하면 좋겠다고 말해보는 것도 좋다. 어떻게 해야 점수 계산보다 이 관계에서 자기 자신이 될 때 누릴 혜택에 더 집중할 수 있을까? 사람들이 멀어지도록 놔두겠다고 결정할 때는 어떻게 해야 불안감이 아닌 신중한 판단을 바탕으로 그럴 수 있을까?

이 장에서 우리가 잊지 말아야 할 것들

- 거리 두기는 불안을 해소하기 위해 사용하는 또 다른 관계 패턴이다. 우리는 종종 관계의 압박에 대응해 거리를 둔다. 정서적 거리 두기를 통해 생각과 믿음 그리고 진정한 자아를 감춘다.

- 가장 극단적인 거리 두기는 단절이다. 단절은 관계의 긴장을 낮출 수는 있지만 융합 정도를 해결해주지는 못한다.

- 거리 두기를 하면 관계에서 자기 분화를 위해 노력할 기회가 차단된다.

- 만성 불안은 관계의 어려움에서 발생하는 불안이다. 만성 불안은 타인을 보는 관점을 왜곡하고 그들에게 더욱 '알레르기 반응'을 보이게 만든다.

- 사람 대 사람 관계를 발전시키는 것은 한 사람의 성숙도를 높이는 데 중요한 부분이다.

- 사람 대 사람 관계는 자신의 믿음과 경험을 이야기할 수 있고, 제3자에게 초점을 맞추거나 피상적인 주제에 기대지 않는 관계를 말한다.

- 관계 체계에 사람 대 사람 관계가 더 많아질수록 체계가 더 유연하게 작동한다.

- 강력한 사람 대 사람 관계를 쌓는 사람은 안전하고 피상적인 질문에 기대

지 않는다. 대신 상대방의 생각과 경험에 대해 질문하고 자기 생각과 경험도 나눈다. 이를 정서적 접촉이라고 한다.

☛ 정서적 접촉은 상상 속 사람이 아닌 진짜 인간을 우리와 이어준다.

☛ 사람들의 소통 방식에 집중하는 것은 관계 지향성의 징후일 수 있다. 인간관계에 점수를 매기기보다는 그 사람들과 있을 때 어떤 사람이 되고 싶은지에 집중하라.

☛ 관계에서 자신의 성숙함을 더 잘 표현할수록 긴장을 해소하기 위해 거리를 둘 일이 줄어든다.

07

우리는 어떻게 타인을 비난하는가

"지금껏 너처럼 사랑한 건 없어.
너만큼 내 애를 끓게 한 것도 없지."

– 마바 안도르, 〈안도르Andor〉

루카스는 갑자기 생긴 아이였다. 절대 아이를 낳지 못할 거라고 짐작하던 부부에게 생긴 믿을 수 없는 선물이었다. 루카스의 부모 데이브와 신디는 루카스가 신생아 집중치료실에 들어간 생후 첫날부터 아이를 걱정했다. 루카스는 재능이 뛰어나고 창의적이었지만 모든 면에서 조심스러웠고 친구 사귀기를 힘들어했다. 명문 예술대학에 진학하고서도 스트레스를 감당하지 못해 자주 집으로 날아오곤 했다. 루카스의 삶은 중단과 시작으로 가득했고 우울증, 불안, 자해로 인한 치료도 많이 받았다. 부모는 이런 말을 위로로 삼았다. "우리가 아들을 이 위기에서 꺼내주기만 하면, 모든 게 좋아질 거야."

이제 루카스는 스물여덟 살이었고 혼자 살면서 지역 비영리 재단에서 노인들이 예술 작품을 만들도록 돕는 일을 시간제로 하고 있었다. 루카스는 부모에게 경제적으로 의존했다. 집세, 교통비, 음식 배달비, 미술 재료비를 모두 부모가 댔다. 얼마 전 은퇴한 데이브는 하루 대부분을 루카스의 집에서 보내며 아들이 해결하기 힘든 일을 도와주었다. "세탁기가 고장 났어요." "그림을 걸어야 해요." "약 타러 가야 하니 차 태워주세요." 데이브는 언제든 아들을 위해 심부름 다니는 걸 개의치 않았다. 하지만 신디는 그렇지 않았다.

신디는 상당한 수입을 벌어들이는 외과의로서 루카스에게 모든 걸 다 해줘도 전혀 쪼들리지 않았다. 하지만 아들이 그녀의 카드 한도를 꽉꽉 채우는 걸 지켜보는 데 지쳤다. 그녀는 돈이 아니라 원칙의 문제라고 데이브에게 이야기했다. 스물여덟 청년이 매끼 식사를 시켜 먹을 필요는 없었다. 하지만 데이브는 문제를 일으키고 싶은 마음이 전혀 없었다. 루카스가 잘 지내고 있는데 왜 위험을 감수하나? 루카스가 우울증이 심해지거나 자해하겠다고 위협할 때마다 아들을 돌보는 건 신디가 아니라 데이브였다.

신디는 아들과 돈 문제로 자주 다퉜다. 화가 머리끝까지 오른 순간 신용카드를 빼앗고 매달 보내는 수표로 소비를 제한하겠다고 루카스를 위협했다. 패닉에 빠진 루카스는 데이브에게 전화해서 어머니가 경제적으로 자신을 학대한다고 불평했다. 데이브는 신디가 자신과 상의하지 않은 데 분노하며 몰래 루카스에게 상당한 현금을 쥐여 주기 시작했다. 신디가 이를 알아채고는 함께 상담을 받자고 강력하게 주장했다.

이 이야기를 읽는 당신에게 묻고 싶다. 누가 문제일까? 거북하게 들리겠지만 사람들은 이야기를 읽을 때 대부분 비난할 사람을 찾는다. '독립'의 사회적 정의를 충족하지 못한 루카스에게 실망할 수도 있다. 아들에게 거절을 못 하는 데이브가 짜증스러울 수도 있다. 충동적으로 결정하고 위협하는 신디에게 화가 날지도 모른다. 이런 반응은 상당 부분 당신의 나이나 가족사 또는 규범 및 가치관과 상관있을 것이다.

인간은 서사적 동물이다. 이야기를 통해 세상을 이해한다. 대부분의 이야기에는 영웅과 악당이 있다. 비난받아야 하는 사람과 떳떳한 사람이 있다. 우리는 가족과 사회 안에서도 이런 이야기를 즐겨 한다. 이때 비난은 스트레스에 대한 적응 반응일 수 있다. 하지만 사람들의 이야기를 비난이라는 렌즈에 한정해서 바라보면 정서 과정의 역할을 놓친다. 사람들을 예측 가능한 패턴을 통해 안정을 얻으려고 분투하는 정서 체계의 일부가 아닌 개별적인 행위자로 보게 된다.

삼각관계와 가족 투사 과정

우리는 지금까지 예측 가능한 불안 조절 패턴 세 가지, 즉 갈등, 과잉/과소기능, 거리 두기를 살펴봤다. 네 번째 패턴은 보웬이 '삼각관계triangle' 또는 '감정적 삼각관계'라고 부른 방식이다. 두 사람 사이에 긴장이 팽배해질 때 우리는 때로 제3자를 이용해 관계를 안정시킨다. 이는 비난이나 걱정의 초점을 제3자에게 맞추거나 제3자를 끌어들여 상대를 비난하거나 상대에 대해 불평하는 방식으로 나타난다. 보웬은 삼각관계를 관계 체계의 기본 요소로 보았다.

가정이나 직장을 가까이 들여다보면 상황을 평온하게 유지하기 위해 활성화된 삼각관계가 보일 것이다. 자연계에서도 삼각관계를 찾을 수 있다. 암컷 침팬지는 하위 수컷에게 위협을 느끼면 더 우세한 수컷 쪽으로 움직인다.[1] 늑대는 늑대 사회에서 가장 바닥을 차지하는 오메가를 괴롭히고 그러면 무리에 어느 정도 안정감이 찾아오는 듯 보인다. 삼각관계는 좋은 것도 나쁜 것도 아니다. 그저 정서 체계에서 긴장감을 해소하기 위해 사용하는 한 방식이다.

삼각관계의 양상

- 제3자 험담하기
- 제3자에게 한탄하기
- 제3자 걱정하기
- 제3자 비난하기
- 제3자를 전달자로 삼기
- 완충 역할을 하는 제3자에게 의존하기
- 두 사람 사이에서 중재자 역할 하기

삼각관계는 한 세대의 정서 문제가 다음 세대로 전이되는 방식이다. 두 사람의 부모(또는 보호자)는 철저하게 자녀에게 집중하며

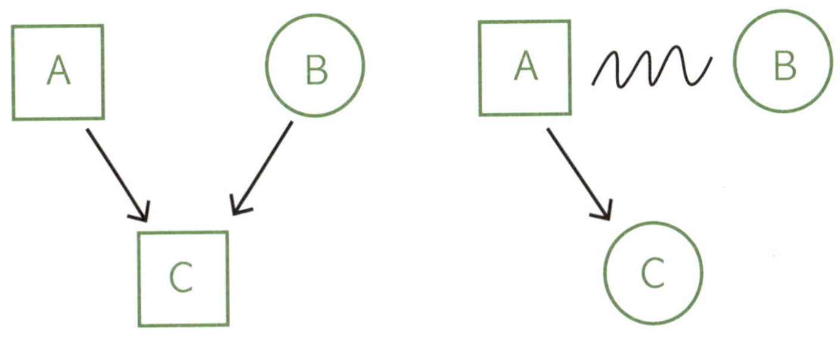

그림 5 **삼각관계**(왼쪽에서 오른쪽 순서). 첫 예시에서는 두 사람이 자신들의 관계를 안정시키기 위해 제3자에게 집중한다. 둘째 예시에서는 한 사람(A)이 다른 사람(B)과 갈등을 겪는다. 이들은 갈등에 대해 불평하거나 이에 대한 조언을 구하기 위해 제3자를 끌어들인다.

불안을 다스릴 수 있다. 보웬 이론에서는 이를 '가족 투사 과정family projection process'이라고 한다. 부모의 고통에 매우 민감하게 조율된 아이는 불안한 방식으로 반응할 가능성이 높고, 이는 부모의 걱정을 확인해준다. 다시 말해, 자녀의 결정이 미덥지 못하다고 여기면서 자녀를 대하면 아이도 스스로 신뢰를 잃을 수 있다. 아이를 격려해야만 동기가 생길 거라고 여기면 아이 역시 그냥 내버려두면 제대로 기능하지 않을 것이다. 시간이 지나면서 아이는 부모의 걱정에 따라 형성되고 예민하고 힘들어하며 부모의 걱정을 구체화한다.

자녀에게 지나치게 신경을 집중하면 아이가 우울증에 걸린다는 말이 아니다. 이런 인과적 사고는 비난으로 이어질 뿐이다. 하지만 알다시피 스트레스가 쌓이면 우리는 정서적·정신적·신체적 과제와 관계 문제 앞에서 취약해진다. 불안한 집중 아래에서는 아무도 제대로 성장할 수 없다. 이런 상황에서는 자신을 책임지기가 훨씬

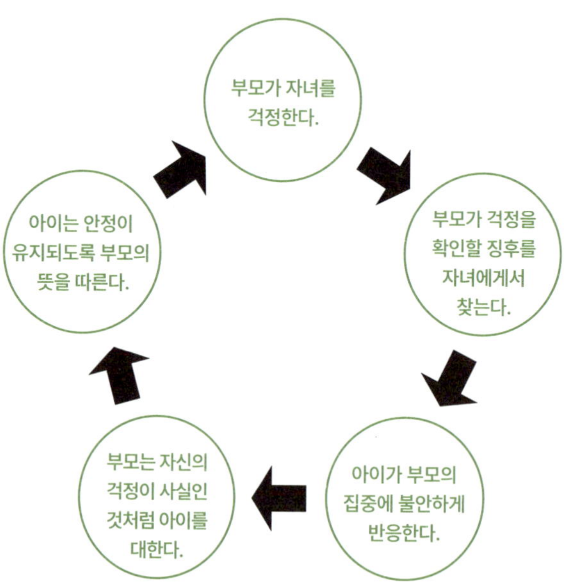

그림 6 **자녀 집중의 순환.** 이 순환을 끊기 위해서는 부모가 자신의 불안을 인식하고 조절하는 것이 가장 중요하다. 부모는 아이가 불안을 해소하는 역할을 대신하지 않도록 아이의 자율성을 지지해주어야 한다.

어렵다. 평온한 상황을 유지하려는 부모에게 말려들수록 자녀는 관계 지향성이 강해지고 분화 수준은 낮아질 것이다. 심지어 다른 사람의 반응에 부모보다 더 민감해질 수도 있다. 이런 자녀는 자신도 모르는 사이에 가족의 행동이 자신을 중심으로 돌아가도록 지시하는 강력한 존재가 될 수 있다.

어떤 자녀가 부모의 관심을 더 받을까? 이 문제는 다양한 변수에 따라 달라진다. 맏이나 막내가 좀 더 취약한 입장이 될 수 있다. 가족이 스트레스를 많이 겪을 때 태어난 자녀도 위험할 수 있다. 외동아들이나 외동딸이 부모의 불안한 관심을 끌 수 있고 어려서 많이 아팠던 아이도 그럴 수 있다. 중요한 것은 가족 투사 과정이 체계에서 일어나는 감정 패턴이지 누군가를 망치려는 의식적인 계획이 아니라는 점이다. 아이들은 강력한 집중을 요구하는 행동을 한다. 반대로 강한 집중이 그런 행동을 유발하기도 한다. 가정마다 불안이 높은 시기와 그렇지 않은 시기가 있다.

조산으로 태어난 외동아들인 루카스는 가족 투사 과정의 주요 표적이었다. 데이브와 신디 모두 각자의 가족과 거리를 두고 있었기 때문에 이 작은 핵가족 사이에 들어와 삼각관계를 이루거나 여기서 발생하는 스트레스를 떠맡을 사람이 많지 않았다. 따라서 루카스에 대한 걱정은 패턴이 됐고 데이브와 신디가 긴장을 해소하기 위해 당기는 유일한 레버가 됐다. 이렇게 아들에게 집중한 덕에 몇십 년은 안정을 유지했다. 하지만 이 관계 패턴이 계속 반복되면서 루카스는 큰 대가를 치렀다.

코끼리 전체 보기

데이브와 신디와 루카스는 매우 불안정한 삼각관계를 이루고 있었다. 루카스는 재정 상황에 점점 겁을 먹으며 데이브에게 더 많은 돈을 요구했고 데이브도 점점 더 과잉기능하게 됐다. 신디는 데이브가 루카스를 찾아갈 때마다 분개하며 아들과 거리를 두었다. 신디가 신용카드 하나를 해지한 후 두 사람은 크게 싸웠다. 루카스가 신디에게 공격적인 말을 퍼부었고 신디는 아들과 모든 연락을 끊었다. 이제 루카스가 연락하는 유일한 부모가 된 데이브는 루카스의 요구를 더 들어줘야 할 것 같았다. 그러자 데이브 본인의 기능이 훅 떨어졌다. 밤에 잠을 잘 수 없었고 편두통이 나타나기 시작했다.

전형적인 관계 패턴이 더 이상 체계의 불안 수준을 다스리지 못할 때 사람들은 증상을 보이기 시작한다. 상담에서는 증상을 유발하는 패턴을 생각하기보다 증상을 해소하는 데 집중하기 쉽다. 다시 말해, 데이브는 편두통을 완화하려는 노력을 할 수도 있지만(또 그래야 하고) 신체적·정신적·정서적 증상을 부른 패턴을 생각해 보는 것도 유용할 것이다.

처음에 데이브는 패턴을 보기보다 비난에 더 집중했다. 루카스와 신디 사이의 단절을 한탄하는 데 시간을 많이 썼다. "두 사람이 대화를 시작하지 않으면 상황이 좋아질 수 없어요." 반대로 신디는 데이브가 문제를 해결해야 하는 사람이라고 보았다. "데이브가 루카스의 부탁을 거절할 줄만 알았어도 이런 혼란에 빠지지는 않을 걸요." 루카스는 부모가 변해야 한다고 생각했다. 부모는 그저 자식의 요구를 들어주기만 하면 되지, 경제적 지원 문제로 자신을 쥐고 흔드는 건 그만둬야 했다.

삼각관계를 이룬 사람 모두 자기 불행을 남 탓으로 돌렸다. 저마다의 관점에 진실이 있었으므로 계속 비난 모드에 갇혔다. 반응성이 너무 높아 조금이라도 다른 시도는 하기 무서워했다. 그렇게 하

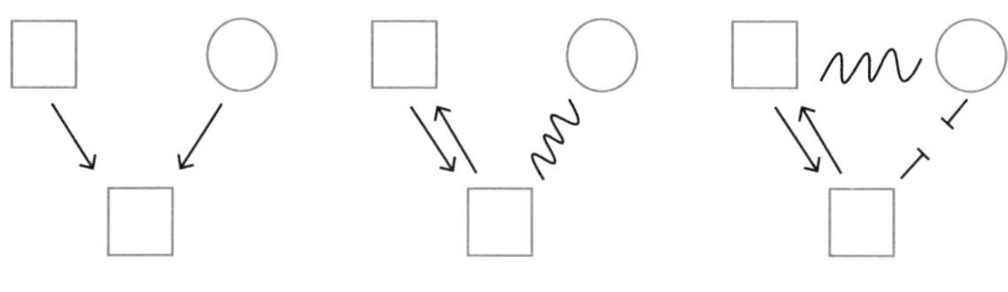

그림 7 **삼각관계의 변화**(왼쪽에서 오른쪽 순서). 이 삼각관계는 아이에게 초점을 맞추면서 오랫동안 비교적 안정을 이루었다. 불안이 높아지자 자녀가 부모의 주의를 더 요구하게 됐다. 아버지는 아이에게 더 관심을 기울였으나 어머니는 견고하고 가혹한 태도를 보이면서 갈등이 나타났다. 결국 어머니는 자녀와 단절하고 아버지는 계속 자녀에게 지나치게 개입했다. 어머니와 아버지 모두 상대방이 입장을 바꿔야 한다고 주장했다.

면 자기가 문제라는 걸 인정하는 것 같았다.

인도에 눈먼 사람 여럿이 코끼리를 마주치는 오래된 우화가 있다. 첫 번째 눈먼 사람은 손을 코끼리의 옆구리에 대고 벽을 찾았다고 외친다. 두 번째 눈먼 사람은 코끼리의 엄니를 만지고 창이라고 선언한다. 세 번째 눈먼 사람은 코끼리의 꼬리를 붙잡고 뱀이라고 말한다. 다들 다른 부위를 만지면서 계속 논쟁한다. 그러는 사이 코끼리는 유유자적 사라진다.

체계적 사고는 코끼리 전체를 보려는 시도와 같다. 불안도가 올라가면 코끼리의 한 부위에 집착하듯 관계 체계의 한구석으로 시야가 좁아진다. 하지만 집단을 평화 유지에 최선을 다하는 정서적 단위로 보면 새 시야가 열린다. 한 사람에게 전체 문제를 해결해야 한다는 딱지를 붙이지 않을 때 우리는 더 유연하고 주체적으로 움직일 수 있다.

전체를 보지 못하고 일부분에 집착하는 순간

- 한 사람이 바뀌어야 한다고 고집할 때
- 자신을 표현하기보다는 다른 사람의 성숙을 기대할 때
- 부모 양쪽의 행동을 고려하기보다 한쪽을 비난할 때
- 자신이 아닌 다른 사람의 책임감에 초점을 맞출 때
- 지난 세대가 아닌 현세대만 생각할 때
- 관계 패턴이 아니라 성격상 결함에 초점을 맞출 때
- 행동의 적응성을 보기보다는 진단에 집중할 때
- 불안이 행동에 주는 영향을 무시할 때

데이브와 신디와 루카스는 서로 다른 코끼리 부위에 집착했다. 데이브는 가족에게 닥친 어려운 문제 앞에서 마음을 닫은 아내와 이런 단절에도 독립하지 못하고 힘들어하는 아들을 보았다. 신디는 남편이 아들의 요구에 짓눌려 아들에게 진짜 필요한 것을 보지 못한다고 생각했다. 루카스의 눈에는 아들과의 관계에서 일관성과 배려심이 부족한 성인 두 명이 보였다.

모두 삼각관계에서 서로 다른 부분을 보고 있었다. 편리하게 자신이 아무 역할도 하지 않는 곳을 바라봤다. 데이브는 신디가 루카스를 어떻게 대해야 하는지에 집중했다. 신디는 데이브가 루카스를 다르게 대해야 한다고 생각했다. 루카스는 부모가 자신을 괴롭히려고 몰래 작당한다고 확신했다. 누구도 시야를 넓혀 가족 전체를 생각하지 않았다. 세대 간 거리 두기와 단절로 삼각관계가 더 강

화된 가족을 제대로 바라보려는 사람은 없었다. 누가 먼저 삼각형 전체를 보기 시작할까? 다른 사람의 미성숙함이 아니라 자신이 패턴에서 맡은 역할에 초점을 맞추고 더 넓은 가족 체계 맥락에서 문제를 생각할 사람은 누구일까?

순간의 불안감

스트레스가 심할 때는 그 순간의 감정에 이끌린다. 올바르게 행동하기보다는 '편안해지는' 데 더 초점을 둔다. 불안한 삼각관계 안에서는 모두가 더 편안한 위치를 잡으려고 한다. 친구가 나에게 화를 낼 때는 다른 친구를 찾아가서 하소연하는 게 편하다. 어색한 사이에서는 다른 사람을 험담하면 유대감이 생긴다. 결혼 생활이 불안정할 때는 자녀의 문제를 '고치는' 데 집중하며 결속을 다진다. 누군가의 행동이 당신을 열받게 만들려는 전략이 아니라 안정감을 찾기 위한 최선의 시도임을 알면 문제를 다르게 생각할 수 있다.

편안함에 너무 집중하지 않는 관계를 맺을 방법이 있을까? 그러면서 누구도 대가를 치르지 않을 수 있을까? 이것이 자기 분화 이면에 깔린 생각이다. 감정적 성숙함을 위해 노력하는 사람은 편안해지기 위해서, 즉 보웬이 말하듯 '순간의 불안함'을 해소하기 위해서 보통 하던 것들을 안 하려고 한다. 하지만 분화를 이루는 길은 저마다 다르다. 그래서 다른 사람을 바꾸는 분화는 불가능하다. 이 노력은 자기 자신을 바꾸기 위한 것이다.

데이브, 신디, 루카스는 다른 사람을 희생해 불안을 해소하려고 했다. 모두 자기 반응이 논리적인 대응이라며 합리화했지만 사실은 그저 삼각관계 안에서 편안해지려고 했을 뿐이다. 신디는 단절을 통해 편안해졌고 데이브와 루카스 역시 과잉기능과 과소기능을 통해 어느 정도 안정을 얻었다.

어떻게 하면 이 안전 영역을 벗어날 수 있을까? 우선은 최선의 판단에 기반한 행동 원칙을 만들어야 한다. 데이브는 루카스를 책임 있는 성인으로 대해야겠다는 생각을 굳이 해본 일이 없다는 것

데이브의 안전 영역	신디의 안전 영역	루카스의 안전 영역
도와주러 달려가기	연락 끊기	다른 사람이 과잉기능하게 하기
고마워하지 않는다고 불평하기	무시당한다고 불평하기	힘들 때 도움 요청하기
다른 사람이 어려워하는 일 떠맡기	벌주겠다고 위협하기	뒤에서 음모를 꾸민다고 비난하기
다른 사람들에게 뭘 잘못했는지 가르치기	다른 사람들에게 뭘 잘못했는지 가르치기	다른 사람들에게 뭘 잘못했는지 알려주기

을 깨달았다. 그는 '루카스가 우울증에 빠지지 않게 하려면 어떻게 해야 하지? 어떻게 해야 아내가 화를 내지 않을까?' 같은 질문에 집중했다. 두 사람의 요구를 재빠르게 수용한 것도 당연했다. 그는 순간의 불안함에 빠져 익사하고 있었다.

처음에 신디는 자신이 루카스의 금전 요구에 원칙적으로 신속하게 행동했다고 생각했다. 하지만 전체 체계를 고려하니 그 행동은 편안해지기 위한 시도였다. 단절은 장기적으로 실행할 수 있는 해법이 아니었다. 신디는 루카스 없는 삶을 원하지 않았고 마구잡이로 협박하는 부모가 되기도 싫었다.

데이브와 신디는 소위 '자상한/엄한 양육 분열'이라는 상황에 갇혀 있었다.[2] 둘은 자신들의 반응이 서로 연결된 것임을 점점 알게 됐다. 신디의 '엄격한' 대응과 단절이 데이브의 자상함을 키우고 과잉기능과 수용 정도를 최고조에 달하게 했다. 데이브가 루카스에게 지나치게 개입하자 신디가 더 마음을 닫았다. 두 사람 중 누구도 아들과 사람 대 사람 관계를 맺지 않았고 루카스의 고통과 배우자의 선택에 휘둘려 반응했다. 둘 중 하나가 자기 역할을 조금이라도 신중하게 생각하면 상대도 그렇게 될 수 있다. 나는 데이브와 신디가 최선의 생각을 통해 아들과 관계 맺는 법을 찾으면서 상대의 방식에서 벗어나기를 바랐다.

대체 사람에게는 무엇이 필요한가?

6장에서는 만성 불안이 타인을 보는 관점을 왜곡한다는 내용을 살펴봤다. 불안을 느끼면 사람들이 실제보다 더 궁핍하고 더 짜증스럽고 더 냉담해 보인다. 우리는 사람들의 행동을 나와 관련지어 해석하려는 경향이 있다. 그리고 실제보다 그들이 우리에게 더 많이 혹은 더 적게 원한다고 생각한다. 이것이 가족 내 만성 불안의 역설이다. 너무 서로만 바라보는 나머지 서로를 알려고 하지 않는다.

이는 부모와 자식 관계에서 가장 잘 나타난다. 당신이 고통스러울 때, 혹은 자녀가 힘들어할 때 현실은 재빠르게 창밖으로 날아간다. 아이들은 부모의 불안한 집중과 과잉기능을 부르도록 행동하고 부모는 자녀의 과소기능을 부르도록 행동한다. 우리는 아이를 돕기보다는 자신의 불안을 해소하기 위한 반응을 보이곤 한다. 아이에게 진짜 필요한 것과 부모의 불안한 인식을 구분하기는 쉽지 않다. 하지만 가만히 차이를 생각해보는 것은 유용할 수 있다.

진정한 필요를 가늠하는 일은 어떤 관계에서나 유용하다. 우리는 불안에 속아 존재하지도 않는 타인의 요구에 짓눌린다고 느낄 때가 너무 많다. 짧게 안부만 물어도 되는데 친구가 한 시간은 통화하기를 원한다고 짐작할 수 있다. 상사는 믿고 맡겼는데 당신은 프로젝트 진행을 일일이 보고해야 한다고 생각할 수 있다. 우리는 때로 내키지 않는 일을 하라는 요구를 받는다. 이때 관계에서 필요한

요구한다고 생각하는 것	진짜 요구
아이가 소리를 그만 지르게 하려면 내가 개입해야 한다.	아이가 괴로울 때는 침착하게 곁에 있어야 한다.
배우자가 아이 문제로 힘들 때 내가 나서야 한다.	배우자와 아이의 관계에 내가 끼어들지 않아야 한다.
친구가 흔들릴 때 조언해줘야 한다.	친구 말을 들을 때는 내 반응을 조절해야 한다.
조직의 비현실적인 요구에 따라야 한다.	조직에서 내가 할 수 있는 것과 할 수 없는 것을 신중하게 생각해야 한다.
아버지 대신 내가 의사와 상담해야 한다.	아버지가 건강에 대해 생각할 수 있게 시간을 줘야 한다.

것은 정직함, 또는 경계를 설정하고 지키는 능력이다. 하지만 불안과 신중한 사고를 구분하려 하지 않으면 쉽게 다른 사람의 요구를 받아들이거나 거리를 두거나 그들을 위해 과잉기능하게 된다.

데이브는 루카스에게 무엇이 필요한지 생각하기 시작했다. 때로는 가구를 옮기거나 의료 시스템을 알아보는 등 실질적인 도움이 필요하기도 했다. 하지만 루카스에게는 전화를 받기 전에 심호흡을 한두 번 하는 아빠도 필요했다. 어쩌면 전화를 음성 메시지로 넘기고, 요청을 승낙하거나 거절하기 전에 "그건 좀 생각해보자"라고 말하는 아버지도 필요했다. 요구를 거절하면 아들이 분노를 터뜨리거나 자해할까 봐 두려워하는 아버지는 필요 없었다. 아들이 인생의 도전을 헤쳐나가지 못할 거라고 여기는 아버지 역시 마찬가지였다.

신디도 루카스에게 무엇이 필요한지 생각했다. 아들은 위협하지 않는 사려 깊은 어머니와 만나야 했다. 어머니가 자기 말에 동의하지 않거나 선을 그을 때도 사라지지 않는다는 증거가 있어야 했다. 안 된다고 말할 때도 앙심을 품거나 지쳐서 나온 말이 아니어야 했다. 어쩌면 다른 가족과 관계를 회복하려고 노력하는 어머니가 필요할 수도 있었다. 부모보다 느긋하게 루카스를 대할 수 있는 관계가 있다면 더 좋을 것이다.

부모 한쪽의 분화된 대응이 다른 쪽 부모의 것과 달라 보이는 건 당연하다. 문제는 아들과 어떻게 관계 맺을지를 생각하면서 서로의 길을 방해하지 않는 것이다.

분화가 주는 불편함

사람 대 사람 관계를 개선하자는 의미에서 데이브는 신디의 콘퍼런스에 동행하기로 했다. 두 사람은 예상되는 일을 알고 있었기에, 큰 두려움을 안고 집을 나섰다. 부부가 목적지에 가까워질수록 루카스는 점점 밖으로 밀려나는 기분이 들 것이다. 그들은 과거 경험으로 볼 때 아들이 거짓으로 비상 상황을 꾸며 전화를 걸 거라고 예상했다. 아버지에게 집으로 와달라고 할 확률이 높았다. 데이브는 이런 가능성에 대비해 무엇이 응급상황이고 무엇이 아닌지 생각하며 순간적인 불안감에 설득당하지 않도록 조심했다.

여행 첫날 루카스가 다급한 문자와 음성 메시지를 연속으로 남겼다. 음식물 처리기가 새고 있었다. 물이 새서 집에 문제가 생길까 봐 불안하고 스트레스를 견디기가 어려우니 제발 와달라는 요청이었다. 데이브는 루카스를 무시하거나 재빠르게 문제를 해결하고 싶었다. 하지만 대신 아들에게 전화해서 말했다. "싱크대 밑에 양동이를 받쳐놔. 월요일에 들러서 살펴볼게. 문제가 더 심각해지면 다른 해법을 찾아봐야겠지?" 이 정도로 문제가 해결됐을까?

루카스는 이 대응이 마음에 들지 않았다. 그래서 이런 문제가 자신의 독립을 방해하고 있다고 주장했다. 아버지가 자신을 가르치려 들고, 만일 자신이 배관공을 불러서 돈을 많이 쓰면 호통을 칠 거라고 말했다. 데이브는 아들이 현명하게 결정할 거라고 믿는다고 말했다. 그런 다음 화가 나서 전화를 끊는 대신 잠시 기다렸다가 여행에 대해 이야기하기 시작했다. 그러나 루카스가 전화를 끊었다.

데이브가 성숙해지려고 노력한다고 루카스가 마법처럼 특정 방식으로 대응하지는 않았다. 하지만 분화는 다른 사람들에게 구체적인 대응을 요구하지 않는다. 사실 분화를 위해 움직이면 처음에는 보통 체계의 반발을 부르고 이는 '다시 되돌려!'라는 말로 표현된다. 하지만 데이브는 그 순간 대관람차에서 뛰어내렸다. 루카스를 진정시키기만 하는 결정을 계속할 수는 없었다. 그는 아들에게, 그리고 자기 자신에게 그보다 더 나은 대접을 해줘야 했다.

여행 후 신디 역시 분화를 위한 노력을 시작했다. 루카스에게 다가갔고 동시에 원가족과도 더 강한 사람 대 사람 관계를 쌓기로 했다. 처음에는 신디의 전화를 받지 않던 루카스도 조부모가 찾아오는 날에는 집에 오기 시작했다. 신디는 자신을 무시하려는 루카스의 태도에 화가 났지만 스스로를 다잡고 자리에 남아 모두와의 대화에 참여했다. 또 아들에게 이메일을 보내 연락을 차단하고 경제적으로 가혹하게 대한 것을 사과했다. "너에게 더 신중하게 행동하는 엄마가 되어야 했는데. 이제 그런 사람이 되도록 노력할게." 데이브와 신디는 아들과의 관계에서 그리고 부부 관계에서 느리지만 확실하게 참 자아를 키우기 시작했다. 세 사람은 언제나 삼각관계를 유지하겠지만 그 안에서 좀 더 한 개인으로 움직일 수 있을 것이다.

가정 내 긴장은 다양한 방식으로 해소된다. 때로는 도전을 마주한 자녀를 초조하게 관찰하는 방식이기도 하고, 때로는 부모가 서로의 잘못에만 몰두한 나머지 자녀가 관심의 초점에서 벗어나는 방식이기도 하다. 서로 간에 진짜 바다나 상징적인 바다가 있을 때만 안정감을 느끼는 사람들도 있다. 상황은 어떤 식으로든 흘러간다. 그 상황에서 어떻게 할지는 우리가 정해야 한다. 비난할 수도 있고 한 발 물러설 수도 있다. 현실을 그대로 둔 채 다른 사람을 희생해 편안해질 수도 있다. 아니면 자신에 대한 책임감을 높여 감옥 같은 패턴에서 모두를 자유롭게 풀어줄 수도 있다.

✳ 연습 1

불안한 집중이 향한 사람 찾기. 가족 중 다른 사람들의 불안한 집중을 가장 많이 받은 사람은 누구일까? 형제 중 한 명? 건강 문제가 있는 부모님? 직장에서는 어떨까? 체계에 문제가 있을 때 편리한 희생양이 되거나 악당이라고 비난받는 사람이 있나? 여러 집단에서 당신은 어떻게 불안한 집중에 참여했는지 생각해보라. 걱정이나 비난을 넘어 다른 이들과 관계를 맺을 수 있을까? 당신의 생각을 적어보자.

✳ 연습 2

삼각관계 들여다보기. 살아오면서 오랫동안 힘들었던 삼각관계가 있나? 부모님과의 관계? 부모님과 조부모님 사이에 낀 적이 있거나 부모님이나 자녀가 연애를 시작하자 소외감을 느낀 일이 있나? 사이 나쁜 배우자와 자녀, 두 친구 또는 동료 사이를 중재해봤나? 이러한 삼각관계에서 좀 더 사려 깊게 행동하면서 각자와 사람 대 사람 관계를 맺는다면 어떤 변화가 나타날지 생각해보자.

✳ 연습 3

순간의 불안감 껴안기. 순간적인 불안감을 해소하기 위해 당신은 무엇을 하나? 혹시 수용하거나 회피하거나 행동화하는가? 다른 사람을 위해 과잉기능하거나 실제보다 무능하게 구는가? 즉흥적으로 연단에 올라 잔소리를 늘어놓는가? 우리 모두에게는 편안해지는 각자의 방법이 있다. 자동적이지 않으면서 당신이 원하는 모습에 가장 가깝게 문제에 대응할 방법이 있을까? 자신에게 좀 더 진실한 방식으로 대응한다면 어떤 모습일지 묘사해보자.

이 장에서 우리가 잊지 말아야 할 것들

☛ 인간은 서사를 좋아하는 동물이라 실생활에서 사람들에게 영웅이나 악당이라는 딱지를 성급하게 붙인다. 비난은 이야기를 바라보는 한 가지 방식이다. 하지만 체계라는 렌즈를 활용하면 서로에게 작동하는 패턴을 보는 데 도움이 된다.

☛ 사람들은 두 사람 관계의 긴장을 해소하기 위해 제3자를 끌어들이거나 제3자에게 집중한다. 이를 삼각관계라고 한다. 체계의 불안이 높을수록 긴장 해소에 삼각관계를 더 많이 활용한다.

☛ 체계 내 불안을 다스리는 데는 갈등, 과잉/과소기능, 거리 두기, 삼각관계라는 네 가지 관계 패턴이 쓰인다.

☛ 부모는 때로 아이들에게 집중함으로써 자신의 정서적 과제를 아이에게 전이한다. 이렇게 가족 투사 과정이 시작되고 부모의 민감함에 맞춰 아이가 형성된다.

☛ 여러 변수에 따라 일부 아동은 가족 투사 과정에 더 많이 개입된다.

☛ 삼각관계를 구성하는 사람들은 각자 편안한 위치를 잡으려고 한다. 하지만 여기에는 다른 사람들의 희생이 따른다.

- ☛ 관계 패턴이 체계의 스트레스 수준을 더는 감당할 수 없을 때 사람들은 증상을 보일 수 있다.

- ☛ 한 사람을 바뀌어야 할 존재로 규정하면 전체 체계의 작용을 놓친다.

- ☛ 당신이 관계에서 순간적인 불안감을 어떻게 해소하는지 알면 유용하다. 이런 행동을 인지하면 그러는 대신 최선의 생각에 따라 행동할 기회를 만들 수 있다.

- ☛ 만성 불안은 다른 사람을 보는 관점을 왜곡한다. 자기 분화를 위해서는 상대가 진짜 필요로 하는 것과 당신이 불안한 마음으로 그들에게 필요하다고 생각하는 것을 구분해야 한다.

- ☛ 자기 분화는 가족 구성원마다 다른 모습으로 나타난다.

2부

자기 자신을

찾는 법

True to You

이 책의 전반부에서는 우리의 자연스러운 모습을 방해하는 관계 패턴을 알아보았다. 인간은 특별해지기를 원하지만 그만큼 예측할 수 있는 존재이기도 하다. 왜냐하면 우리가 가족과 같이 상황을 평온하고 안정적으로 유지하려고 최선을 다하는 더 큰 정서 체계에 속해 있기 때문이다. 이런 체계가 얼마나 견고하게 작동하는지, 또 구성원이 개인으로 기능할 수 있도록 어느 정도로 허용하는지에 따라 그 모습은 달라진다. 체계에 불안이 증가하면, 그 패턴을 벗어나기가 매우 어려워진다.

우리가 관계 체계 안에서 어떻게 자아(한 개인으로 생각하고 행동하는 능력)를 잃는지를 이해하면 자신에게 더 진실한 삶을 사는 데 도움이 된다. 어쩌면 당신은 거리를 두면서 어떤 긴장도 느끼지 않는 가볍고 피상적인 관계를 유지하고 싶을 수 있다. 또는 안정감을 느끼기 위해 모두에게 지시를 내리며 과잉기능할 수도 있다. 어떻게 생각해야 할지 몰라 성급하게 다른 사람을 갈등에 끌어들일 수도 있다. 자신이 관계에서 편안함을 찾는 방식을 연구할 때 우리는 더 높은 수준의 분화를 이루고 자기 논리에 따라 결정을 내릴 기회를 찾아낼 수 있다. 세상에서 사람으로 살아가는 방식은 어릴 때 형성된 정서적 프로그램보다 훨씬 다양하기 때문이다.

이 책의 후반부에서는 패턴을 넘어 새로운 뭔가를 만드는 방법을 이야기할 것이다. 자신의 목표, 도전, 관계에서 한 개인으로 기능할 때 어떤 일이 일어나는지 탐색할 것이다. 사회적 성공의 척도에서 벗어나는 법을 배운 사람들, 과잉기능에서 한 걸음 물러나 다른 사람에게 놀랄 기회를 얻은 사람들, 전문가 군단의 도움 없이도 자신에 대한 책임감을 높인 사람들을 만날 것이다. 피상적인 관계를 본질적인 관계로 바꾸고 다른 사람에게 자신의 믿음을 밝힐 용기를 찾은 사람들의 이야기가 펼쳐진다.

이런 이야기 어디에도 성숙을 이루게 해주는 비법은 없다. 내 목표는 인간 행동을 바라보는 다른 사고방식, 즉 보웬 이론이 밝힌 체계적 렌즈를 독자에게 선물하는 것이다. 관계 패턴에서 자신이 맡은 역할에 호기심을 보이는 사람은 삶이 던지는 도전에 조금 더 신중하게 대응할 수 있다. 그 대응이 무엇일지는 당신에게 달렸다. 여기서 얻은 영감을 통해 단순히 편안한 상황을 유지하는 반응에서 벗어난 삶을 살기 바란다. 자동 설정을 끄고 계속 진화하기 바란다.

08

인정과 관심에 대한 갈망 끊기

"대체 속물근성과 우월의식은 정말 참을 수가 없어요.
잘난 척하는 사람들 말이에요.
이런 사람들 때문에 우리처럼 진짜 뛰어난 사람들이
너무 힘들다니까요."

— 히아신스 부케, 〈키핑 업 어피어런스Keeping Up Appearances〉

줄리언은 야심가였다. 적어도 지역 전문대학의 선행학습 프로그램으로 고등학교를 1년 앞당겨 졸업했을 때 선생님들이 한 말로는 그랬다. 대학에 가서는 수업과 인턴, 아르바이트를 오가며 학점과 돈과 교수들의 관심을 차곡차곡 쌓았다. 밤이 되면 마흔에 은퇴해 세계를 여행하고 새로운 언어를 배우겠다는 꿈을 꾸었다. 사람들이 얼마나 감탄할지도 그려보았다. 목표를 향해 전력투구해야지 왜 천천히 즐기면서 시간을 축내는가?

불운하게도 성취를 통해 부풀려진 줄리언의 자아는 그보다 빠르게 움츠러들었다. 대부분 그렇듯, 솟구쳐 오르던 생산성이 인생의 장애물과 피로감으로 서서히 떨어졌다. 줄리언은 대학에 다니다가 브라질로 유학을 떠났다. 하지만 학기가 시작된 지 한 달쯤 됐을 때 축구를 하다가 다리를 다쳤고 이 때문에 유타로 다시 돌아와야 했다. 어머니 집에서 소파에 파묻혀 온라인으로 학점을 쌓고 스무 살 생일이 오기 전 대학을 졸업했다. 하지만 극도로 지쳤고 외국에서의 경험을 망친 데에 여전히 분노했다. 그러다 보니 직업을 구하기 위해 움직일 힘이 없었다. 줄리언은 이후 3년 동안 이모의 출장 요리 업체에서 샌드위치를 나르다가 또 다른 야심가 로런을 만났다. 두 사람은 '파워 커플'이 되자고 서로를 응원하며 유니폼을 벗어 던지고 가방을 싸서 워싱턴 D.C.를 향해 미국을 가로질렀다. 그곳에서 줄리언은 공중 보건 학위를 얻고 로런은 사업을 시작하기로 했다. 두 사람은 절대 뒤돌아보지 않을 생각이었다.

모든 게 계획대로 흘러갔다. 하지만 2020년 봄 줄리언과 여자친구는 갑자기 작은 원룸 아파트에 갇혀 종일 스크린 앞에 앉아 있어야 했다. 두 사람에게는 서로밖에 없었다. 그러니 어떻게 됐을까? 융합이 얼굴을 드러냈고 두 사람은 서로의 잘못을 찾아내는 데 전문가가 됐다.

줄리언의 졸업이 코앞으로 다가오자 로런은 공부를 더 열심히 하고 직장도 얼른 구해야 한다고 잔소리를 늘어놨다. 반대로 줄리언은 로런의 지나친 마리화나 사용과 이상한 수면 습관을 걸고넘어졌다. 어느 날 심한 다툼 후 로런이 레이건 공항에서 유타행 비행기에 몸을 실었다. 줄리언은 몇 주 동안 답 없는 문자 메시지와 로런이 남긴 암호 같은 인스타그램 게시물을 연구했다. 로런의 물건을 당장 집 앞 쓰레기통에 버릴까도 했지만 로런이 돌아오면 바로 받아줄 것 같다는 생각도 들었다. 동반자 없이 뭘 한다는 게 가능할 것 같지 않았다.

줄리언은 생산성이 다시 푹 꺼진 것을 느꼈다. 졸업할 때까지 직장을 구할 수 있을까? 아니면 다시 슬럼프에 빠져 이모에게 일해도 되냐고 전화하게 될까? 교수들의 감탄을 부르던 야심가에게 무슨 일이 일어난 걸까?

당신의 순위는?

워싱턴 D.C.는 성공한 기분을 느끼기 힘든 곳일 수 있다. 어디를 봐도 저돌적이고 의욕에 찬 사람들이 가득하다. 이들은 섭씨 35도에 조깅을 하고 후줄근한 승객들 사이에서 멋진 정장을 입고 지하철을 탄다. 그중 일부는 상대가 자신에게 무엇을 해줄지만 생각하고 최근 백악관에서 열린 회의에 참석했다는 이야기에 감탄해주기만을 바란다. 아주 친한 친구나 상담가만이 화려한 이력서 아래 무엇이 숨었는지 볼 수 있다.

전문가적인 열정에서 나타나는 이 독특한 분위기는 워싱턴 D.C.에서만 볼 수 있는 특이한 면일 수 있지만 지위에 대한 집착은 그렇지 않다. 사람을 비롯한 사회적 포유류가 위계질서에 관심을 보이도록 진화한 데는 그럴 만한 이유가 있다. 수컷 침팬지는 지위 높은 수컷의 털을 고르려고 경쟁할 것이다. 지위가 낮은 코끼리는 연약한 코를 우두머리의 입에 대는 행동으로 경의를 표할 것이다. 인간도 크게 다르지 않다. 사장, 종교 지도자, 인기 있는 친구처럼 지위가 높은 사람이 나에게 잘 지내냐고 물으면 기분이 좋다. 집단에서 내 지위가 낮지 않고 내가 잊히지 않았다는 뜻이기 때문이다.

문화적 진화, 즉 비유전적 수단으로 어떤 특성을 배우고 받아들이는 능력 덕에 우리는 지위가 높은 사람들의 자질을 복사해서 가져다 붙이는 데 탁월하다. 연구에 따르면 사람들은 자신보다 사회적 지위가 높은 사람들의 말투를 흉내 낸다.[1] 어린아이들은 어떤 어른이 가장 주목을 받는지 알아채고 본능적으로 그들의 행동과 선택을 모방한다.[2] 이런 사실은 이십 대 때 좋아하는 TV 캐릭터의 의상을 모으던 내게는 놀라운 일이 아니다. '뛰어난 사람'을 모방하면 '인생에서 무엇이 중요할까?', '어떻게 해야 이 집단에서 사랑받을까?' 같은 질문에 편리한 답을 얻을 수 있다.

줄리언은 자라는 동안 주변 아이들을 이기기 위해 최선을 다했다. 1년 일찍 졸업하는 학생이 되어서 좋았고 다른 친구들이 화학 시간에 꾸벅꾸벅 졸고 있을 때 브라질로 날아가는 것도 좋았다. 그러다 엄마네 집 거실에서 수업을 듣게 됐다. 그로써 집중력 좋고 활력 넘치는 대학생이 됐다. 하지만 그것도 잠시, 결국 그곳을 벗어나지 못할 수도 있는 동네 청년이 되고 말았다. 졸업이 가까워진 지금 줄리언은 동기들만큼 빠르게 직장을 구하기 어려울 것 같았다. 상상 속 우수 선수 명단에서 자신의 이름이 서서히 내려가는 것을 느낄 수 있었고 아예 깊은 절망으로 미끄러질까 봐 두려웠다.

사회적 동물은 비교를 피할 수 없다. 집단에서 잡히기 쉬운 표적이 되지 않으려면 자기 순위를 알아야 한다. 하지만 지금까지 집중해서 이 책을 읽었다면 인간에게는 집단을 거스를 능력도 있음을 알 것이다. 이는 자기 행동을 내면의 나침반과 대조하는 능력이다. '나는 이 집단의 기대에 부응하는가?'는 유용한 질문일 수 있다. 하지만 '내 행동은 내 최선의 생각과 일치하는가?'는 더 좋은 질문이다. 줄리언은 다른 사람에 대한 불안 섞인 생각을 자신의 믿음을 탐색하는 질문으로 바꾸려고 애썼다.

외적 비교: 다른 사람처럼 빠르게 직장을 구할 수 있을까?
내적 비교: 매주 책임감 있게 구직활동을 하려면 어떻게 해야 할까?

외적 비교: 나는 여자 친구가 했던 것만큼 열심히 노력하나?
내적 비교: 내 생각에 책임감 있고 합리적인 작업량은 어느 정도일까?

외적 비교: 내 성취를 이야기하면 사람들이 감동한 표정을 보이는가?
내적 비교: 내 노력이 내 가치와 일치할 때는 언제인가? 그렇지 않을 때는 언제인가?

외적 비교: 엄마가 나를 걱정하는가?

내적 비교: 나는 내가 잘하고 있다고 생각하나?

목표는 비교 성향을 줄이는 것이 아니다. 제발 본인의 사회적 본성을 존중해라. 하지만 잣대를 내려놓고 나침반을 들 기회는 찾을 수 있다. 소음에서 멀리 떨어져 좋은 질문들을 생각해볼 순간 말이다. 우리에게는 다른 사람이 아닌 자신의 진정한 방향을 가리키는 생각이 있다. 이 생각에는 거짓 자아보다 참 자아가 더 담겨 있다.

칭찬은 케이크처럼 달콤하다

둘 중에 무엇을 선택하겠는가? 초콜릿 케이크 한 조각? 아니면 존경하는 사람이 칭찬을 잔뜩 써서 보낸 이메일? 많은 사람이 후자를 선택할 것이다. 칭찬을 들었을 때 우리 뇌의 보상 체계는 케이크를 포크로 푹 뜨거나 현금을 한 줌 쥐었을 때와 같은 반응을 보인다. 의욕과 집중력을 높여주는 맛난 도파민을 분비하는 것이다. 집단과 관계를 유지하려면 자극이 필요한데 우리 뇌는 꽤 달콤한 적응 방법을 생각해냈다. 관심이 집중되거나 인정받을 때 순식간에 퍼지는 말랑한 기분 덕분에 우리는 집단의 규칙을 따른다.

하지만 칭찬은 언제 받을지 모른다는 문제가 있다. 상사가 어느 날은 칭찬을 퍼붓지만 어느 날은 너무 바빠서 아무 말이 없다. 교사가 내 과제를 모범 답안으로 뽑아줬는데 다음 날은 다른 친구의 답을 선택한다. 이렇게 되면 높은 목표를 따라갈 의욕이 꺾이리라 생각하겠지만 정반대의 일이 일어난다. 보상을 얻을 확률이 100퍼센트일 때보다 50퍼센트일 때 기대감에 따른 도파민이 더 많이 분비된다.[3] 번역하자면, 사람들의 관심을 얻으려는 도박을 하면 기분이 좋다는 말이다. 카지노를 들락거리는 사람들처럼 우리는 레버를 당기며 누군가 머리를 쓰다듬어주기를 기대한다.

정신화에 능한 우리는 다른 사람들이 우리를 어떻게 보는지도 끊임없이 생각한다. 누가 지켜볼 가능성이 조금이라도 있으면 더 바르게 처신한다. 사람들 앞에 거울을 놓거나[4] 벽에 눈을 그려두어라.[5] 말썽이 줄고 다들 훨씬 너그러워질 것이다. 다른 동물 역시 거울을 보고 자신을 인지할 수는 있지만 내면의 성찰을 통해 촉발되는 자기 조절 능력은 인간에게만 있다. 우리는 혼자 있을 때조차 집단의 감시를 받는다. 자의식이라고 부르는 것도 실은 자신의 충동과 다른 사람들이 거기에 보일 반응 사이의 대화다. 누구도 진정으로 마음의 군주가 될 수는 없다.

줄리언은 관심과 인정을 좋아하지 않도록 자신을 강제하는 데 많은 에너지를 낭비할 수도 있었다. 하지만 케이크가 맛있다는 걸 인정하고 문제를 다르게 생각하려고 해볼 수도 있었다. 줄리언이 선택한 공중 보건 분야에서 직업을 구하기는 쉽지 않았다. 그 분야에서 일하고 싶다면 장기적 목표를 위해 노력하면서 단기적 실망을 견딜 수 있어야 했다. 이런 목표를 좇는 동안은 큰 관심과 인정을 받지 못해 연료 부족 상태로 살아야 할 것이다.

모든 문제는 참 자아를 구축할 기회다. 하지만 문제가 불안을 초래할수록 우리는 가장 빠르고 사회적으로 가장 용인되는 해법을 택하려고 한다. 매일 케이크를 좇는 삶에 갇히면 삶의 큰 줄거리를 놓치기 쉽다. 줄리언은 그날의 위기 뒤에 숨은 성숙의 기회를 보려고 노력했다.

눈앞에 닥친 문제: 나를 돋보이게 할 직업이 있어야 해.
성숙해질 기회: 직업 외에 다양한 방식으로 나를 정의하는 법을 배워야 해.

눈앞에 닥친 문제: 인맥을 쌓아야 하는데, 차라리 화산에 뛰어들고 싶네.
성숙해질 기회: 내가 도움받는 관계를 좀 더 편하게 생각해야 해.

눈앞에 닥친 문제: 대체 여자 친구가 왜 문자에 답을 안 하지?
성숙해질 기회: 다른 사람들이 미성숙하게 행동할 때 어떻게 대응할지 생각해봐야겠어.

줄리언은 실질적인 문제에 부딪혔다. 생활비가 필요했고 인맥을 쌓아야 했고 애정 문제도 해결해야 했다. 그는 이런 문제를 재빠르게 해결하려고도 할 수도 있고, 아니면 성숙의 공백을 메우는 기회로 활용할 수도 있다. 분화를 위해 노력할 수도 있고, 관계 지향성에 갇혀 '나는 여자 친구를 만날 자격이 없어'라든가 '내가 도와달라고 하면 다들 뒤에서 짜증을 낼 거야' 같은 생각에 빠질 수도 있다. 마음을 읽는 자가 될 수도 있고 마음을 아는 자가 될 수도 있다.

체면 차리기

나는 어릴 때 부모님과 함께 영국 시트콤 〈키핑 업 어피어런스〉를 즐겨 봤다. 에피소드마다 허영심 강한 중산층 여성 히아신스 부케(그녀는 "부케bouquet라고 발음해요!"라고 강조한다)는 고상한 품행과 유명한 촛불 만찬으로 이웃에게 좋은 인상을 주려고 한다. 자신의 배경을 부끄럽게 여겨 노동 계급 친척들을 숨기려고 악착같이 애를 쓰지만 친척들이 부적절한 타이밍에 나타나는 바람에 실패하고 만다.

우리는 괜찮은 척하려고, 또는 '잘나가는' 주변 사람을 흉내 내느라 엄청난 에너지를 소진한다. 사랑하는 사람들에게 자신을 창피하게 만들지 말라고 가르치고 이들을 숨기려고 한다. 히아신스처럼 호감을 사려고 애쓰다 보면 우스꽝스러워진다.

어린 시절, 당신의 가족은 체면치레에 얼마나 신경 썼는가?

체면에 치중할 때 보이는 행동

- 집이 먼지 하나 없이 깨끗하지 않으면 손님을 들이지 않는다.

- '성공한' 자식 이야기를 더 많이 한다.
- 소셜 미디어에 '완벽한' 사진만 올린다.
- 감당할 수 없는 물건을 산다.
- 사람들 앞에서 창피를 준 가족을 탓한다.
- 싫어할 것 같은 사람에게는 가족이나 친구를 소개하지 않는다.
- 사람들이 나름대로 입고 말하고 행동하는 것을 허용하지 않는다.

지금, 가족 체계를 생각하는 이유는 가족을 비난하기 위해서가 아니라 연합성의 힘을 측정하기 위해서다. 가족 구성원은 자기가 아닌 다른 사람의 반응에 얼마나 좌우되었는가? 누군가 찾아온다고 하면 미친 듯 청소하던 엄마가 생각난다. 가게에서 말썽을 부리기라도 하면 엄마는 으레 죽일 듯이 나를 쏘아봤다. 엄마의 메시지는 크고 분명했다. "우리가 엉망인 걸 남들이 알면 안 돼."

줄리언의 인정 욕구가 과도해진 것도 이유가 있었다. 그의 성숙에 뚫린 구멍은 패인 틈은 가족 체계의 기능에 문제가 있다는 의미였다. 줄리언의 가족은 체면을 중시하는 성향이 매우 강했다. 그는 어머니와 할머니 손에 자랐는데 할머니는 인생을 제로섬 게임처럼 대했다. 줄리언이 찾아오면 그의 사촌과 어린 시절 친구들의 성공과 실패를 줄줄이 읊곤 했다. 누가 더 큰 집으로 이사했고 누가 술 문제를 겪으며 누가 체중이 늘었는지 이야기하며 한마디씩 얹었다. 줄리언은 대학을 졸업한 후 이모와 함께 일하면서 할머니와 의도적으로 거리를 두었다. 할머니가 사람들에게 손자 이야기를 어떻게 할지 혹은 하지 않을지 상상이 됐기 때문이다. 줄리언이 대학원에 들어가자 할머니는 그를 데리고 대회에서 이긴 푸들을 자랑하듯 마을을 돌아다녔다.

줄리언의 어머니는 아들이 크고 작은 일을 겪는 동안 훨씬 더 그를 지지해주었다. 하지만 줄리언은 어머니가 그의 앞날을 걱정하는 걸 알고 있었다. 그에게는 장애인 누나가 있었는데 어머니는 때로 딸을 대할 때처럼 그에게도 불안감을 보였다. 줄리언에게 성공이란 어린 자녀 둘을 데리고 로스쿨을 졸업한 후 지역에서 사랑받는 판사가 된 어머니와 가까워지는 길이었다. 졸업이 몇 주 앞으로 다가오자 가족 모두(누나는 제외하고. 누나에게 축복을!) 숨을 죽이고 기다리는 걸 느낄 수 있었다. 그는 가족의 자랑이 될까, 아니면 모호하게 얼버무리고 넘어가는 자녀가 될까?

줄리언은 가족을 기쁘게 하고 싶었지만 일이 잘 풀리지 않을 때는 이런 외부의 관심이 힘들었다. 이처럼 삶과 성공에 대해 그가 외부에서 빌려 온 믿음은 줄리언 자신의 최선의 생각을 대변하지 않았다. 그는 친구들이 성공했든 안 했든 신경 쓰지 않았다. 으스대는 사람의 말도 귀담아듣지 않았다. 그런데 왜 자신만 예외가 되어야 할까? 줄리언은 거짓 자아를 털어버리고 다음 행보를 결정해야 했다.

어른을 위한 해법

7장에서 논의했듯이 우리는 너무나 자주 그 순간의 불안을 털어내는 데 골몰해서 결정을 내린다. 자신에게 진실한 선택을 하려면 어느 정도 괴로움을 견뎌야 한다. 마이클 커Michael Kerr는 저서,《보웬이론의 비밀》에서 이런 결정을 '어른의 해결책grown-up solutions'이라고 불렀다.[6] 나는 이 말이 좋다. '지금 어른의 해결책은 뭐지?'라고 자신에게 물으면 좋은 생각이 튀어나올 수 있다. 또 성숙하지 않은 반응이 무엇인지도 선명하게 볼 수 있다.

어른의 해결책을 찾는 한 가지 방법은 문제를 불안하게 바라보는지 신중한 관심을 기울이는지 생각하는 것이다. 불안한 관심은 불안 해소에 초점이 맞춰진다. 그래서 빠르고 사회적으로 용인되면서 다른 사람들이 생각하는 방법, 즉 예측 가능한 관계 패턴으로 흘러간다. 신중한 관심을 기울일 때는 진짜 문제와 실제로 필요한 것을 찾으려고 한다. 정서 과정에서 조금 벗어나 기능하려고 시도한다. 앞으로 나아가는 최선의 길을 찾을 때는 당연히 고통이 찾아온다. 보웬과 커는 이를 '발전을 위한 불안'이라고 칭했다.

불안한 관심의 모습

- 다른 사람을 조종하거나 고치려고 한다.
- 다른 사람이 자신을 조종하거나 고치게 한다.

- 상상을 진짜처럼 여긴다.
- 자기 생각을 버리고 빠르고 인기 있는 해법을 택한다.
- 무엇을 '해야 하는지'에 집중한다.

신중한 관심의 모습

- 불안에 대응하기 전에 제어하려고 한다.
- 시간을 들여 사실을 수집한다.
- 행동하기 전에 생각을 정리한다.
- 더 분화된 반응에 따르는 불편함을 받아들인다.
- 문제 해결에 시간이 든다는 불편함을 받아들인다.

줄리언은 갈림길에 서 있었다. 로런이 있는 고향으로 날아가서 그녀를 되찾기 위해 무엇이든 할 수도 있었다. 아니면 인맥을 쌓는 행사를 50군데 정도 신청해 모두에게 강한 인상을 남기려고 할 수도 있었다. 아니면 생각을 골똘히 할 수도 있었다. 어떻게 하면 지치지 않고 이 전환기를 잘 넘길 수 있을까? 어떻게 하면 혼자라는 두려움이나 영원히 직장을 못 구할 수도 있다는 걱정을 넘어서서 서서히 자기 능력을 확신할 수 있을까?

줄리언은 종일 이러한 두려움을 억눌렀다. 하지만 밤이 되면 두려움이 다시 뇌를 할퀴었다. 그래서 매일 20분씩 시간을 내서 이런 두려움에 신중한 관심을 기울여보기로 했다. 커피를 마시러 온 친구를 대하듯 불안을 맞이하자 어른의 해결책 몇 가지가 모습을 드러냈다. 우선 그가 선택한 분야에서 인맥을 만들어야 했다. 줄리언은 거래처럼 느껴지는 인간관계를 극도로 싫어해서 인맥이란 말에 진저리를 쳤었다. 그래서 그전까지는 사람들과 거리를 두고 관계 구축 자체를 중단하는 것으로 대응했다. 하지만 어른의 해결책은 지루한 해피 아워가 아닌 자신만의 방식으로 인간관계를 구축하는 것일 수 있다. 또한 사람들을 붙잡고 초조하게 "제가 조언 좀 구해도 될까요?"라고 묻기보다는 구체적으로 질문하는 노력을 해야 했다.

또 다른 어른의 해결책은 여자 친구를 그저 기다리거나 그녀가 돌아오기를 바라기보다 이런 생각을 여자 친구에게 전달하는 것이었다. 로런이 전화를 받지 않으니 줄리언은 자기 생각을 담은 장문의 이메일을 보냈다. 그녀를 무척 사랑한다는 걸 강조하면서도, 자기 생각을 알아맞히길 바라지 않고 명확하게 말해주는 사람과 함께하고 싶다고 적었다. 그리고 한 달 안에 짐을 가져가거나 임대 계약을 인수하라고 전달했다.

줄리언은 깊이 숨을 들이마신 후 재정 상황도 점검했다. 생활을 유지하기 위해 아르바이트를 구해야 하는 날짜를 정했다. 또 가족의 전화를 더 이상 회피하지 않았다. 자신의 모든 걱정과 계획을 어머니나 할머니에게 알릴 필요는 없었지만 주기적으로 소식을 전하는 것은 관계 유지에 중요한 부분이었다. 두 사람과의 관계는 성과를 보고하는 자리를 넘어 더 깊은 연결의 장이 될 수 있었다. 줄리언은 전환기를 잘 헤쳐나가는 자신의 성숙함을 감지한다면 어머니와 할머니도 걱정이 줄지 않을까 생각했다.

줄리언은 성장과 '좋은 인상을 남기는 것'이 늘 같지는 않음을 알 수 있었다. 그는 위기를 받아들이고 이를 성공처럼 보이는 것과는 다른 무언가를 실천할 기회로 삼았다. 부질없는 자아도취의 쳇바퀴에서 뛰어내릴 수 있음을 스스로 터득하고 있었다. 이는 직장에 안착하거나 면접을 통과하는 것보다 미래의 자기 자신에게 줄 수 있는 더 큰 선물이었다. 그 자신의 성숙함, 사려 깊고 친절하며 끈기 있는 사람이 되겠다는 의지야말로 그의 초능력이었다. 이 능력은 누구의 반응과도 상관없었다.

✳ 연습 1

'복붙' 인생 파헤치기. 사회적 지위가 높은 사람을 모방하려고 할 때가 있었나? 고등학교 시절 인기 있는 친구들의 옷을 따라 입었나? 당당한 상사나 멘토의 연설을 따라 했나? 좋아하는 인플루언서처럼 집을 꾸몄나? 어쩌면 어떤 생각이나 결정도 전적으로 창의적일 수는 없다. 하지만 어떤 선택은 다른 선택보다 나를 더 드러낸다. 삶의 어떤 영역에서 복사하고 붙이기를 줄이고 싶은가? 그러면 어떻게 될지 생각해보자.

✳ 연습 2

케이크를 갈구한 경험 돌아보기. 칭찬에도 장점이 많다. 하지만 칭찬이나 관심에서 오는 초콜릿 케이크 같은 달콤함을 좇는 데 너무 많은 시간을 쓰고 있지 않나? 인정받기 위해 진실한 자기 생각을 배반한 적이 있는가? 인정받는 데 급급해 길을 잃은 경험을 세 가지 적어보자.

✳ 연습 3

어른의 해결책 적용하기. 지금 직면한 도전을 몇 가지 떠올려보자. 상황을 빠르고 편하게 진정시키고자 한다면 어떻게 반응하겠는가? 이런 문제에 어른의 해결책을 적용하면 대응이 어떻게 달라질까? 일주일 일정표에 어른의 해결책을 생각할 시간을 넣어보자.

이 장에서 우리가 잊지 말아야 할 것들

- 인간은 사회 집단에 의존해 생존하기 때문에 집단에서 자신의 지위가 어디쯤인지 평가하는 데 뛰어나다. 그래서 어릴 때부터 지위가 높은 또래의 행동을 모방한다.

- 문화적 진화, 즉 비유전적 수단을 통해 특성을 배우고 받아들이는 능력 덕분에 우리는 이러한 모방에 능숙해졌다.

- 인간은 비교를 통해 빠르게 평가한다. 하지만 우리에게는 자신만의 생각과 믿음이라는 내면의 나침반을 따르는 능력도 있다.

- 인정과 관심은 뇌의 보상 체계에 의해 더욱 강화된다. 이러한 사회적 보상은 집단과 협력하도록 유지하는 데 강력한 역할을 한다. 우리는 혼자 있을 때도 다른 사람들이 어떻게 볼지 고려해서 행동한다.

- 우리는 사회적 보상을 얻거나 유지하기 위해 체면을 차리는 데 많은 에너지를 쓴다. 이러한 노력에 얼마나 에너지를 들이는가는 가족 체계의 관계 지향성에 영향을 받는다.

- 문제에 불안한 관심이 아닌 신중한 관심을 쏟을 때 어른의 해결책을 찾을 기회가 생긴다. 이런 해결책은 불안감을 해소하거나 사회적 지위를 유지하는 데 초점을 맞추지 않기 때문에 어느 정도 불편함이 발생한다.

09

사람들에게 놀라는 법 배우기

"이걸 듣지 못한다면, 난 누구지?"

—루이사 마드리갈, 〈엔칸토Encanto〉

나이마의 남편, 에릭은 휴대전화를 너무 많이 봤다. 옷을 벗어 바닥에 던졌고 나이마가 치우라고 하면 대충 의자에 걸쳐뒀다. 마당의 잔디는 너무 자랐고 욕실 세면대는 막혔고 아들 둘은 서로 이기려고 쉬지 않고 싸워댔다. 하지만 에릭은 아무것도 알아채지 못했다. 인터넷에서 본 일을 투덜대기에 바빴다.

나이마와 에릭은 이십 대 기자 시절 시의회 회의를 취재하다가 만났다. 나이마는 고속도로를 빠져나가 아무 관광지나 찾아가던 에릭의 즉흥성과 모험심이 좋았다. 에릭은 사람들에게 외면당해도 기삿감을 좇는 나이마의 집요함을 사랑했다. 두 사람은 서로 완벽하게 균형이 맞았다. 적어도 아이들이 태어나기 전까지는.

막내가 네 살이 되었을 때 에릭이 실직했다. 새 직장을 찾는 동안 그나마 괜찮던 습관이 완전히 증발해버렸다. 남편의 자신감이 급격히 떨어지는 걸 본 나이마가 재빠르게 치고 들어와 그의 일을 떠맡았다. 에릭은 결국 직업을 구했지만 집안일을 처리하는 능력은 다시 돌아오지 않았다. 결혼 초반의 공존은 이제 부서진 시소처럼 느껴졌다.

처음에는 나이마도 조용히 분을 삭였다. 여자들의 감정노동에 관한 기사를 읽으며 억울함을 풀기도 했다. 그러나 조용한 분노는 곧 좀 더 책임감을 가지라는 불평과 요구로 변했다. 에릭은 며칠은 시키지 않아도 식기세척기를 비우고 빨래를 하는 등 분발했다. 하지만 나이마가 한마디라도 조언하면 곧 토라져서 다시 과소기능 모드로 돌아갔다. 그럼 모든 게 원점에서 다시 시작됐다.

결혼 10주년 기념일이 다가오는데, 나이마는 거리 두기, 비난, 수용의 순환을 멈추지 않는다면 결혼을 유지하기 힘들 것 같았다. 에릭을 떠나는 상상도 했으나 남편이 용서를 빌고 마법처럼 달라지는 꿈을 꾸기도 했다. 두 사람이 가야 할 길은 그 중간 어디쯤 같았다.

다른 사람을 바꾸려고 자신을 바꾸는 위험

천생 기자였던 나이마는 조사를 시작했다. 보웬 이론에 관한 글을 실컷 읽은 후 에릭과의 관계 패턴을 바꿔야겠다고 생각했다. 이 결혼에서 나이마가 과잉기능하는 것은 확실했다. 그녀는 집안에서 에릭의 기능을 끌어올릴 수 있다면 무엇이든, 정말 '무엇이든' 할 생각이었다. 바로 그 점이 문제였다. 나이마는 과잉기능을 멈추고 잔디가 자라게 놔두거나 키친타월을 사놓지 않으면 남편이 움직일 거라고 믿었다. 하지만 몇 주가 지나도록 나이마는 젖은 손을 바지에 닦아야 했고 마당은 야생 보호 구역이 되어갔다. 전략이 왜 먹히지 않았을까?

인간은 자기기만의 전문가다. 스스로 바뀌려고 노력한다고 생각하지만 그렇지 않을 때가 많다. 그저 살짝 행동을 바꿔 다른 사람을 조종하려고 할 뿐, 자신의 목표라고 주장하는 것들이 실은 비밀스럽게 다른 사람을 바꾸려는 목표일 뿐이다.

나를 바꿈으로써 기대하는 변화

- 다른 사람들의 책임감이 높아질 것이다.
- 다른 사람들이 차분해질 것이다.
- 아이가 얌전해질 것이다.
- 친구들이 내 의견에 동의할 것이다.
- 다른 사람들이 잘못을 깨달을 것이다.
- 소원해진 가족이 다시 대화를 청할 것이다.
- 누구에게나 멋지다는 말을 들을 것이다.

이는 사람들이 보웬 이론을 처음 배우면서 빠지는 여러 함정 가운데 하나다. 이론에 따르면 한 사람이 성숙해지려고 노력하면 관계 체계가 유연해진다. 그래서 사람들은 성숙해 보이는 일련의 행동을 수행하면 다른 사람들도 그에 맞춰 변화하고 함께 성숙해질 거라고 기대한다. 하지만 그래도 여전히 아이는 소리를 질러대고 어머니는 하루에 열두 번씩 전화하고 남편은 빈 얼음 틀을 냉동실에 그대로 넣는다. 정말 대체 왜들 그러는 걸까?

나는 사람들을 변하게 하는 법은 모른다. 특히 한 번도 만나지 않은 사람은 절대 못 바꾼다. 하지만 자기 분화가 비디오 게임이 아니라는 것은 안다. 버튼 몇 개 눌러서 원하는 결과를 얻을 수는 없다. 인간은 그보다 훨씬 교활하다. 조종당하려고 할 때 이를 감지할 수 있으며 심지어 자유 의지라는 최악의 자질을 지니고 있다.

나이마가 전략을 바꿨다고 해도 두 사람의 융합은 변하지 않았다. 나이마는 여전히 에릭에게 온 신경을 곤두세웠다. 과학자처럼 멋진 실험이 성공하길 기다리며 남편을 지켜봤다. 에릭을 위해 아무것도 하지 않든, 모든 걸 다 하든 집중의 '강도'는 똑같았다. 적어도 과잉기능할 때는 우편함을 오가다가 정글이 된 정원 때문에 진드기에 감염될 걱정은 하지 않았다.

관계는 공격적이고 불안한 태세 전환으로 변화하지 않는다. 변화는 문제를 다르게 생각할 때 찾아온다. 마당의 잔디를 깎는 일이 문제긴 했다. 하지만 가장 중요한 문제는 아니었다. 나이마의 문제는 어떤 관계에서도 나타날 수 있다. 다른 사람에게서 반드시 나타나는 미성숙함에 우리는 어떻게 대응해야 할까? 나만의 미성숙함으로 맞대응해야 할까? 아니면 좀 더 신중하게 접근해야 할까?

분화를 꾀하는 사람은 다른 사람의 미성숙함을 '고치는' 데 집중하는 질문이 아니라 자신의 대응에 중심을 둔 질문을 던진다. 이는 관계 지향에서 자기 성장 중심으로의 전환이다.

관계 지향성: 어떻게 하면 남편을 더 책임감 있게 바꿀 수 있을까?
자기 집중: 배우자의 미성숙함에 어떻게 성숙하게 대응할 수 있을까?

관계 지향성: 어떻게 해야 친구들이 더 자주 만날까?
자기 집중: 친구들에게 정중하게 다가가는 법은 무엇일까?

관계 지향성: 어떻게 해야 아이들이 공공장소에서 바르게 행동할까?
자기 집중: 아이들이 난리를 피울 때 나는 어떻게 해야 할까?

관계 지향성: 어떻게 하면 여자 친구가 상담을 받게 할 수 있을까?
자기 집중: 여자 친구를 위해 내가 할 수 있는 것과 할 수 없는 것을 명확히 할 수 있을까?

나이마는 에릭의 무책임함에 자신 역시 미성숙하게 대응하고 있었음을 깨달았다. 일부러 키친타월을 사는 것을 깜빡한 척하는 수동공격적 행동은 에릭의 자동차 핸들에 포스트잇을 붙이는 것보다 나을 게 없었다. 에릭이 아이들을 씻기는 걸 불안하게 바라보는 것도 직접 나서서 씻기는 것보다 도움이 되지 않았다. 두 방식 모두 관계가 높은 융합 상태에 놓여 있음을 반영했다.

나이마는 실제로 과잉기능에서 한 발 물러서는 게 어떤 것일지 생각했다. 초조하게 감독하거나 아예 포기하는 건 아닐 것이다. 아마도 참을성 있게 과정을 바라보는 모습일 것 같았다. 심호흡을 몇 번 하고 심박수를 낮추면서 그저 관심을 가지고 지켜보자 몇 가지 새로운 사실을 알 수 있었다. 아들들이 집안일을 도울 때 남편은 자신보다 훨씬 참을성이 많았다. 자녀가 또래보다 발달이 조금 뒤처져도 호들갑 떨지 않았다. 닌자 공룡 놀이를 천 번째 할 때도 지루해하지 않았다. 물론 에릭 역시 문제가 많았다. 아이 한 명이 양치나 방 청소를 거부하면 금세 스트레스가 쌓여 아내를 불렀다. 하지만 나이마는 에릭이 실제로 어떻게 기능하는지, 장단점은 무엇인지 보기 시작했다. 에릭의 행동이 그녀의 과잉기능을 유도할 때 어떻게 대응해야 하는지 더 명확히 생각하게 됐다.

사랑의 언어인가, 불안한 언어인가?

많은 사람이 게리 채프먼Gary Chapman의 인기 도서 《5가지 사랑의 언어》를 비웃는다. 분명 저자는 은행에 갈 때마다 싱글벙글 웃을 것이다. 이 책은 관계에서 나타나는 많은 문제가 우리가 사랑을 표현하는 방식이 불일치하는 데서 비롯한다는 생각을 전달한다. 다시 말해, 따뜻한 말을 듣고 싶어 하는 파트너에게 계속 꽃을 사다 주지 말라는 것이다.

분명 이 생각에 진실이 들어 있다. 하지만 의뢰인이 사랑의 언어에 대해 이야기하기 시작하면, 나는 불안의 언어에 대해 듣고 싶다고 말하곤 한다. 그들은 관계 속 긴장을 어떻게 가라앉힐까? 또 그들의 파트너는 어떤 방식으로 평정을 유지하길 기대할까? 대부분, 둘 사이에는 불일치가 없다. 두 사람은 자아를 빌리고 빌려주는 상호 패턴 속에서 작동하기 때문이다. 스트레스 수준이 낮을 때 이런 관계는 꽤 잘 굴러간다. 완벽하게 불완전한 조화다.

관계에서 나타나는 상호 패턴

- 한 사람이 너무 많은 걸 하고 상대는 이를 방치한다.
- 한 사람은 회피하고 한 사람은 초조하게 상대를 쫓아간다.
- 둘 다 상대를 바꾸려고 한다.
- 둘 다 아이를 걱정한다.

사랑의 언어로 생각하는 사람은 이렇게 물을 것이다. '내 욕구가 채워지고 있나?' 이는 관계에서 가장 다루기 어려운 질문이다. 불안을 부르는 질문이기 때문이다. 파트너에게 특정 방식으로 사랑을 표현하도록 유도하는 것은 융합의 다른 모습일 수 있다. 효과도 반대로 나타날 때가 많다. 안아달라거나 로맨틱한 주말을 보내자는 제안을 절대 하지 말라는 뜻이 아니다. 하지만 타인에게 불안한 초점을 맞추면 관계의 친밀함이나 창의성이 억눌린다. 개별성은 사라지고 연합성이 높아진다.

욕구가 채워지고 있는지 묻기보다는 이렇게 물어보자. '이 관계에서 내 욕구를 채우기 위해 나는 무엇을 하고 있는가?' 몇 가지 예를 들어보겠다.

욕구를 채워달라고 하기: 왜 날 안아주지 않아?
욕구를 스스로 채우기: 내가 안아줄까? 그럼 기분이 훨씬 좋아질 것 같아.

욕구를 채워달라고 하기: 왜 우리는 로맨틱한 여행을 가지 않아?
욕구를 스스로 채우기: 로맨틱한 여행 계획을 짜볼게. 내가 예약할 테니까 당신은 뭘 할지 생각해봐.

욕구를 채워달라고 하기: 왜 문자 메시지 안 보냈어? 내 생각은 전혀 하지 않는 거야?
욕구를 스스로 채우기: 떨어져 있는 동안 내가 이메일을 보낼게. 그럼 재미있을 거야. 당신이 어떻게 지내는지도 알고 싶어.

다른 사람을 평가할 때는 '체계의 만성 불안 수준'이라는 중요한 변수를 잊어서는 안 된다. 마음이 편안한 날에는 다른 사람의 별난 행동이 덜 거슬린다고 느낀 적이 있는가? 불안 수준이 높을수록 우리는 더 무시당한다고 느낀다. 짜증 날수록 참을성이 떨어진다. 무덤덤한 키스나 바닥에 벗어놓은 바지가 비상 신호처럼 느껴질 것이다. 자신에게 물어보자. '이런 행동이 진짜 해결이 필요한 문제인가? 아니면 그냥 스트레스가 쌓여서 거슬리는 건가?' 때로는 진짜 문제가 생겨서 논의가 필요하기도 하다. 그럴 때는 경계를 설정하고 좀 더 공평하게 책임을 나눠야 한다. 하지만 스트레스가 문제일 때도 있다. 그럴 때는 다른 방식으로 불안을 다스릴 방법을 찾아야 한다.

나는 나이마와 에릭의 문제도 여기 속한다고 생각했다. 양육 스트레스, 이직, 경제적 압박감 같은 스트레스 요인이 압력솥처럼 불안을 높이면서 둘 다 상대의 불완전함을 파헤치고 있었다. 나이마는 에릭의 습관과 단점을 세밀하게 연구했다. 자신이 엄마로서 부족하다는 생각이 들면 아들들을 어떻게 대해야 하는지 에릭에게 가르치려고 했다. 자신의 휴대전화 사용 시간이 걱정되면 에릭의 휴대전화 사용 습관을 주의 깊게 살폈다. 집이 너무 지저분하다 싶으면 남편이 정원을 어떻게 관리하나 유심히 지켜봤다. 바라보는 곳마다 비상벨이 울렸다. '이런 사람에게 의지할 수 있을까?' 의문이 들 수밖에 없었다.

물론 에릭이 천사는 아니었다. 분명 잦은 실수로 나이마의 신경을 긁었다. 자기를 바꾸려는 나이마의 노력에 강한 거부 반응을 보이기도 했다. 그는 아내의 반감을 감지하면 능률이 급격히 떨어졌다. 나이마의 분노를 자신의 미성숙함에 대한 변명으로 삼았다. 매번 비난만 하는데 왜 굳이 노력하겠는가?

분화는 단순히 반대로 행동하는 것이 아니다

두 사람이 관계 지향성에 갇히면 이는 대개 적어도 한 사람이 뒤로 물러나 멀리 봐야 한다는 신호다. 자기 세대를 보면 보이지 않던 것이 전 세대를 관찰하면 보일 때가 많다. 나이마가 찾은 최선의 생각은 자신의 결혼이 아닌 부모의 결혼을 관찰하면서 나왔다. 그녀는 아버지가 어머니를 위해 모든 걸 다 하면서 얼마나 행복해하는지 관찰했다. 나이마는 가끔 어머니에게 한 발 다가서라고, 집안일을 좀 도우라고 소리치곤 했다. 그러면 아버지는 이렇게 말했다. "엄마한테 그러지 말아라. 엄마는 아무 문제 없어." 나이마는 부모님이 과잉/과소기능 역동에 편안하게 자리 잡은 것을 깨달았다. 자신이 개입할 일이 아니었다.

에릭의 가족을 생각하니 거기에도 패턴이 있었다. 에릭은 남자가 보살핌과 관심을 받으며 여성의 지휘를 바라는 가정에서 자랐다. 에릭의 아버지는 젊은 나이에 다발성 경화증 진단을 받아서 에릭의 어머니와 누나에게 집중적인 보살핌을 받았다. 두 사람은 에릭과 그의 형이 아버지를 함께 보살펴야 한다고는 전혀 기대하지 않았다. 에릭과 나이마가 완벽하게 불완전한 한 쌍인 것도 당연했다.

나이마는 전 세대의 패턴을 반복하고 싶은 마음이 전혀 없었다. 하지만 정반대로 행동한다고 해서 문제가 해결되는 것은 아니었다. 가족 기능에 문제가 생기면 거꾸로 하려는 사람이 많다. 하지만 다른 색깔의 미성숙이라는 결과를 얻을 뿐이다. 부모와 거리가 먼 사람들은 자녀에게 지나칠 정도로 불안한 집중을 퍼붓는다. 독단적인 가정에서 자란 사람은 인생의 원칙을 정하는 데 문제를 겪을 수 있다. 혼란한 가정에서 자란 사람들은 가정을 엄격하게 지키려고 한다. 모두 자신을 정의하려는 시도가 아닌 전 세대에 대한 반응이다.

나이마는 동등한 동반자를 만나 책임도 반반씩 공평하게 나누는 결혼을 꿈꿨다. 하지만 이런 분담을 지나치게 강조하자 부모님의 느긋한 8대 2 분담보다 갈등이 더 많은 결혼 생활을 하고 있었다.

나이마는 하는 수 없다는 마음으로 50년 동안 에릭 대신 과잉기능하며 살고 싶지 않았다. 하지만 반대로 에릭에게 자신만큼 기능하라고 요구하는 방식도 분화는 아님을 잘 알았다. 그녀는 동등한 파트너 관계를 동일한 기능 수행으로 정의하는 실수를 저질렀다. 그럼 어떻게 해야 서로의 본모습을 허용하면서 동등한 결혼 생활을 누릴 수 있을까? 나이마는 에릭이 자기 쌍둥이나 충실한 비서가 아닌 한 개인으로 좀 더 책임감을 가질 때 부부의 삶이 어떻게 변할지 좀 더 현실적으로 바라봐야겠다고 생각했다. 한 발 물러서는 결정에는 대가가 따르겠지만 늘 남편의 일을 떠맡는 대가보다는 훨씬 참을 만했다.

과잉기능에서 한 발 물러날 때 드는 단기 비용

- 아이들이 이상한 점심 도시락을 들고 등교할 수 있다.
- 잔디가 한동안 보기 흉할 수 있다.
- 집 안에 '옷걸이 의자'가 생길 수 있다.
- 저녁 일과가 조금 달라졌다고 아들이 화낼 수 있다.

과잉기능에서 물러서지 않을 때 드는 장기 비용

- 남편이 하루를 계획하는 법을 절대 배우지 못한다.
- 늘 기진맥진하고 기력이 달린다.
- 계속해서 책임을 놓고 싸운다.
- 남편은 심통 부리는 아들을 영영 진정시키지 못한다.

장기 비용이 단기 비용을 훨씬 뛰어넘는 것을 알 수 있다. 하지만 이 지혜를 잘 알아도 여전히 실행하기 어려울 수 있다. 동료들이 당신보다 느릿느릿 회의를 진행하도록 놔두기는 어렵다. 당신은 요리하는 동시에 치우는 걸 좋아하는데 다른 사람이 주방을 어지르게 놔두기는 힘들다. 하지만 관계가 유연해지길 바란다면 때로 사람들이 조금 다르게, 효율은 떨어지더라도 좀 더 창의적으로 일하도록 허용해야 한다. 그래야 정신을 온전히 지킬 수 있다.

가족 관계는 이런 역설로 가득하다. 아이들에게는 규칙적인 일과가 있어야 하지만 부모 중 한 명은 모든 과정을 똑같이 실행하지 않을 때 더 좋을 수 있다. 화요일마다 쓰레기를 확실히 치우는 것도 좋지만 조금 쌓이더라도 불안을 다스릴 수 있으면 그것도 좋다. 파트너와 서로의 행동을 놓고 대화하는 기술도 필요하지만 선을 지키는 능력도 있어야 한다. 어떤 상황에서 어떻게 대응해야 하는지 누구도 알려줄 수 없다. 그래서 자기 분화는 5단계로 이루어지지 않는다. '자아가 없어서' 생기는 문제는 다른 사람의 편리한 조언이 아닌 '자아'에서 나와야 한다.

아마도 나이마는 좀 더 동등한 결혼 생활을 할 수 있을 것이다. 하지만 에릭의 50퍼센트가 자신의 50퍼센트와 같지는 않음을 받아들여야 할 것이다. 두 사람은 서로 약간 다른 방식으로 책임감을 높이는 법을 배울 수 있을 것이다.

파트너에 대한 과민 반응 낮추기

한 발 물러서지 않으면 사람들에게 놀랄 수 없다. 하지만 그들과 교감하지 않아도 놀랄 수 없다. 그리고 융합이 심하면 교감하기 어렵다. 사람들을 개선해야 하는 프로젝트 대하듯 하면 그들이 지루하고 성가시게 느껴진다. 관계를 시작할 때 우리는 자유롭게 자신을 드러내고 다른 사람도 그렇게 하도록 허용하곤 한다. 서로에게 진심으로 흥미를 느낄 에너지가 더 많다. 그러다 함께 있는 시간이 어느 정도 쌓이면 선이 불분명해진다. 상대에 대해 알아야 할 것이 남아 있지 않다고 짐작할 수 있다. 또한 상대의 스트레스 수준에 더 민감해져서 그들의 문제에 과민 반응할 수 있다.

이것이 더 많은 '친밀함'이 연인이나 친구 관계에 반드시 활력을 불어넣지는 않는 이유다. 사실, 너무 관심을 쏟으면 사이가 밋밋해질 수 있다. 만성 불안은 대화를 없애는 주요 원인이다. 상대에 대해 알아야 할 게 없다고 가정해도 호기심이 증발한다. 상대를 관계라는 혼합물의 절반이 아닌, 독립적인 개인으로 대할 때 그 사람이 더 흥미로워진다.

나이마는 분명 공감을 잘했다. 언론인이니 오죽할까? 사람들과 적극적으로 소통하며 흥미로운 점을 찾는 일이 그녀의 일이었다. 하지만 에릭이 지역 정치나 직장에서 받는 스트레스를 이야기하기

연합성	개별성
파트너가 특정 방식으로 양육하기를 요구한다.	부모로서 각자가 느끼는 어려움을 이야기한다.
두 사람 모두 흥미로워하는 주제만 이야기한다.	자신의 관심사를 이야기한다. 상대가 지루해하는지는 그다지 신경 쓰지 않는다.
파트너의 하루를 속속들이 알고 싶어 한다.	그날의 좋은 일과 나쁜 일을 나눌 자리를 만든다.
상대의 문제를 고칠 책임을 느낀다.	상대의 어려움에 귀 기울이지만 과잉기능하지 않는다.

시작하면 듣는 둥 마는 둥 좀비처럼 고개를 끄덕였다. 나이마가 싫어하는 기색을 감지한 에릭은 아내가 겪는 문제에 관심을 보이지 않았다. 나이마가 화풀이를 시작하면 즉시 자리를 피했다. 두 사람은 어쩌다 이 정도로 서로를 거부하게 됐을까?

나이마는 자신이 남편의 직장 스트레스에, 혹은 적어도 이 문제로 에릭이 느끼는 불안감에 지나치게 책임감을 느낀다는 걸 깨달았다. 그래서 잘 듣지 않으려고 한 것이다. 또 지역 정치에 대한 에릭의 의견을 듣는 것도 싫었다. 동의하지 않았기 때문이다. 나이마가 틀렸음을 증명하려고 열을 올리는 에릭을 보면 거부감이 들어서 완전히 마음을 닫았다. 이 문제를 해결할 제3의 방법이 있어야 했다. 에릭에게 두 손 들고 과잉기능하거나 포기하고 거리를 두는 방식을 벗어나 에릭과 소통해야 했다. 토론 배틀을 벌이지 않고도 에릭과 함께 앉아 이야기 나눌 기회를 찾아야 했다.

나이마는 기회를 엿봤다. 어느 날 시의회 문제로 분통을 터뜨리는 에릭의 어깨를 잡고 말했다. "한 가지 물어볼게. 당신이 시의원이라면 첫해에 뭘 이루고 싶어?" 에릭은 처음에 받은 충격(아내가 귀신에 들렸나?)이 가신 후 진정하고 생각하는 듯했다. 놀랍게도 나이마는 그의 대답이 흥미로웠다. 또 그 질문에 직접 답을 생각해 보는 것도 재미있었다. 밀어내고 잡아당기는 연합성의 틀 밖에서 움직일 때 어떤 기분일지를 두 사람 모두 맛볼 수 있었다. 그날 그들은 한 사람의 개인으로서 생각하고 공감했다.

내 과제는 바로 나

우리는 '한 발 물러나' 사람들에게 놀라고 '한 발 다가가서' 사람들과 통할 때 얻는 이익을 살펴봤다. 불안이 높을 때는 '한 발 빠져나와' 자신만의 목표를 좇는 것도 좋다. 관계는 우리가 관계 안에서 참 자아로 기능하고, 관계 밖에서도 참 자아로 설 수 있을 때 유익해진다. 특히 관계 밖에서는 목표와 관심사를 키우는 사람이 되기 위해 노력해야 한다.

분화의 사례

- 한 발 물러나 사람들이 책임감을 높이도록 한다.
- 한 발 다가가 사람들과 교감한다.
- 한 발 빠져나와 자신의 중요한 목표를 추구한다.

어떻게 보면 닭과 달걀 상황이라고도 할 수 있다. 관계 지향성을 줄이면 개별적인 목표를 성취하기가 더 쉬워질까? 그렇다. 개인의 목표를 이루기 위해 노력하면 관계 지향성이 줄어들까? 이것도 역시 그렇다. 프렌치 호른을 배우면 배우자가 당신 말을 더 귀 기울여 들어줄 거라는 뜻이 아니다. 다만 개인적인 관심사와 추구가 불안한 관계 체계에서는 부족할 수 있다는 뜻이다. 당신은 어릴 때 자신의 흥미를 좇는 부모를 두었나? 아니면 당신이나 다른 사람들에게 불안한 집중을 쏟는 부모를 두었나? 자기 관심을 추구하는 사람 곁에 있으면 강력한 힘을 얻을 수 있다.

어린아이 둘을 둔 엄마에게 취미는 헛된 몽상처럼 느껴졌다. 하지만 나이마는 집안 공기가 무거울 때 자아감을 키울 방법을 생각했고, 에릭의 습관을 분석하는 데 쓰던 에너지 일부를 자신에게 쓰기로 했다. 그녀는 동네 친구와 함께 수영을 시작했고 도서관에서 여는 수화 수업을 신청했다. 에릭이 친구와 여행 간다고 분노하지 않고 자신도 친구들과 떠나기로 했다. 에릭이 적극적으로 여행을 권해서 놀랐다. 에릭은 아이들을 혼자 돌보는 데 점점 자신감이 붙는 것 같았다.

나이마는 관계 안팎에서 자신에게 과제를 부여할 때, 에릭의 옷

한 발 물러나기 (과잉기능하지 않기)	한 발 다가가기 (소통하기)	한 발 빠져나오기 (개인으로 기능하기)
다른 사람들이 능력을 보일 기회 만들기	지루하거나 불안할 때도 소통하기	자신의 목표와 관심사 좇기
사람들이 자기 방식으로 책임지도록 허용하기	자기 생각을 나누고 상대의 생각을 들을 기회 만들기	다른 사람에게 나와 똑같은 목표와 흥미를 좇으라고 요구하지 않기
사람들이 스스로 기능할 때 불안감 다스리기	특정 방식으로 생각하라는 관계의 압력을 이기고 스스로 생각하기	다른 관계에서도 자신을 위해 노력하기

걸이 의자나 에릭이 아이들의 이를 닦아주는 시간 등에 신경이 덜 쓰이는 것을 알 수 있었다. 그녀는 다른 관계에서도 더 성숙해지려고 노력했다. 부모님, 아이들, 심지어 직장 동료들도 좀 더 개별성을 가지고 대할 때 결혼 생활도 좋아질 것이다.

에릭이 잔디를 깎았는지 궁금한가? 솔직히 나도 모른다. 나이마는 그 이야기를 다시 꺼내지 않았고 에릭의 기능에 전처럼 신경 쓰지 않는 것 같았다. 성장은 다른 사람들의 책임감을 높이는 문제가 아니다. 남들의 악행을 참고 견디는 문제도 아니다. 때로 사람들은 우리를 놀라게 할 것이고, 때로는 그렇지 않을 것이다. 하지만 우리가 그들을 온전한 개인으로 대할 때, 비로소 그들은 우리를 놀라게 할 가장 좋은 기회를 얻는다.

✳ 연습 1

다른 사람을 고치려 한 적이 있는가? 다른 사람의 행동을 교정하려고 한 적이 있는가? 육아법을 시도했는데도 아이가 여전히 한심해서 실망한 적은? 직장에서 험담하지 않기로 마음먹었는데, 여전히 소문이 끊이지 않은 적은? 파트너에게 좀 더 로맨틱해지라고 가르쳤는데 결과가 처참하기만 한 적은? 몇 가지 예를 적은 후, 그때 얼마나 초조하게 상대에게 신경을 곤두세웠는지 1부터 10까지 점수를 매겨보자. 이런 문제가 생길 때 남보다 나에게 집중한다면 무엇이 어떻게 달라질까?

✳ 연습 2

내 불안 언어는? 파트너가 어떤 방식으로 당신을 편안하게 해주기를 기대했나? 그리고 상대는 무엇을 기대했는가? (연인이나 배우자가 없다면 다른 관계에 이 질문을 대입해보자.) 당신은 어떻게 스스로 욕구를 채우고 스트레스를 풀고 싶은가? 사람들과도 그런 방식을 허용하는 관계를 맺으려면 어떻게 해야 할까?

✳ 연습 3

자아감을 키우려면? 자신의 목표에 집중할 때 관계도 좋아지는 경험을 해본 적이 있는가? 자아감을 키우고 관계를 통해 모든 욕구를 채우려는 부담을 내려놓는 사소한 방법에는 무엇이 있을까? 이번 주에 자신감과 능력을 키울 방법은 무엇일까? 올해는 어떤 방법으로 자신감을 키울까?

이 장에서 우리가 잊지 말아야 할 것들

☛ 우리는 종종 다른 사람의 행동을 바꾸려는 의도를 갖고 행동을 살짝 바꾼다. 이렇게 해서는 관계의 융합 수준이나 미성숙한 의존을 바꿀 수 없다.

☛ 자기 분화를 꾀하는 사람은 다른 사람의 미성숙함에 성숙하게 대처하는 법을 생각한다.

☛ 관계에서 욕구가 채워지기를 바라기보다 자신을 드러내는 방식을 통해 스스로 욕구를 채우는 데 집중해야 한다.

☛ 정서 체계에서 스트레스가 클수록 타인에게 무시당한다고 생각하고 짜증이 많아진다.

☛ 누군가가 지루하게 느껴진다면 그 사람을 한 개인으로 대하지 않는다는 신호일 수 있다. 상대를 자신의 확장판으로 대하면 상대의 문제에 지나치게 개입하거나 그 사람의 감정적 반응에 예민해질 수 있다.

☛ 분화는 '한 발 물러나' 사람들의 책임감을 높이고, '한 발 다가가' 소통하며, '한 발 빠져나와' 개별적인 목표를 추구하는 것이다.

☛ 관계 밖에서 자아감을 키우는 사람은 관계 내에서 더 유연하게 움직일 수 있다.

10

자신에 대한 책임감 높이기

"저는 오프라가 하라는 건 다 하는 편이에요."

—리즈 레몬Liz Lemon, 〈30록30 Rock〉

크리스티나는 누구보다 빨리 분위기를 파악할 수 있었다. 비서로 일하는 30대 여성인 그녀는 만만치 않은 상사인 린다의 문제를 해결하고 상사의 인간관계를 부드럽게 풀어주었다. 불만과 한탄을 털어놓고 싶은 사람들, 온갖 위기 상황이 달래기 명수인 그녀에게 모여들었다. 린다는 크리스티나를 중요한 이사회에 동석시켜 누가 자신을 노려보는지 몰래 적게 했다. 회의가 끝나면 두 사람은 밤늦게까지 머리를 맞대고 모두를 만족시킬 전략을 고민했다. 일 얘기를 하지 않을 때면 크리스티나는 몇 번이나 차단했던 전 남자 친구에게 연락하고 싶다며 린다에게 애정 문제를 털어놓곤 했다. 상사는 연애와 경력 문제에 대해 조언해주었고 크리스티나는 이를 받아적었다.

크리스티나는 발전을 위한 여정에 다른 사람들을 지나치게 끌어들이는 습관이 있었다. 도움을 줄 전문가와 구루, 친구들이 한 부대는 있었다. 영양사와 헬스 트레이너뿐 아니라 점성술사까지 따로 두고 친구들에게 영상 통화를 걸어 타로점을 봤다. 그녀의 무선 이어폰은 연애 상담과 재정 조언을 위한 팟캐스트로 항상 깜빡거렸다. 다른 사람들이 주는 답에는 진정 효과가 있어서 몇 시간 정도는 마음이 안정됐다. 하지만 이내 의구심이 다시 찾아왔다.

크리스티나는 자신의 인생이 아버지의 실수를 수정하는 여정이라고 생각했다. 그녀가 열두 살 때 어머니가 돌아가신 후 아버지는 절망에 빠져 회복하지 못했다. 맏이였던 그녀는 어린 동생들을 돌보고 아버지의 기분을 살피며 빈틈을 메워야 했다. 그에 대한 보상으로 아버지에게 무수히 많은 것을 바랐다. 하지만 아버지는 딸에게 스스로를 믿는 법을 가르쳐주지 않았다. 학습 장애 검사를 받아보게 하지도 않았다. 관계에서 경계를 정하는 법이나 몸에 좋은 선택을 내리는 법도 가르쳐주지 않았다. 자신을 포함한 모두에게 상담이 필요했지만 받지 않았다. 이제 크리스티나의 통장 잔고는 아버지의 과소 개입에 대한 대가를 치르고 있었다.

크리스티나는 지시를 수행하는 데는 뛰어났지만 갈 길을 스스로 정하는 데는 서툴렀다. 린다의 눈과 귀가 되는 일은 잘했지만 자기 문제는 주의 깊게 살피지 못했다. 값비싼 전문가들의 도움이 없으면 제대로 할 수 있는 게 없었다. 냉장고에 재료가 가득 있어도 배달 음식을 먹고, 새벽 2시까지 휴대전화를 들고 소셜 미디어에

몰두했다. 그러다 지루해지면 전 남자 친구 마이클에게 걸었던 차단을 풀고 문자를 보냈다. 그저 뭔가에 자극받고 싶어서 극적인 행동을 연출한 것이다. 다음 날이 되면 심리 상담을 잡고 더 나은 선택을 하겠다고 마음을 추슬렀다.

크리스티나는 조언해주려고 벼르는 전문가 군단이 아니라 좀 더 적은 인원과 함께 가볍게 날아오르고 싶었다. 자기 생각을 믿고 싶었다. 상사와 함께하는 이 기이한 공생 관계를 끝내고 아버지를 비난하는 단계를 넘어서야 했다. 하지만 지금까지 힘들게 쌓아온 상대적인 안정성을 포기해도 될까? 알 수 없었다.

분위기 파악이라는 인간의 초능력

인간의 두뇌는 많은 임무를 수행하도록 설계됐다. 하지만 가장 중요한 임무는 드라마를 파헤치는 능력이다. 우습게 들릴 수도 있지만 사실이다! 붉은털원숭이를 더 큰 집단에 데려다놓으면 전전두엽 피질이 커질 것이다.[1] 인간 역시 전전두엽 피질의 부피 차이를 보고 사회 집단의 크기를 예측할 수 있다.[2]

우리 종이 사회성이 떨어지는 네안데르탈인을 뛰어넘어 성공한 원인은 큰 집단을 이루기를 좋아한 덕분이다.[3] 우리는 많은 사람의 관계가 얽힌 이야기를 이해하도록 설계됐다. 다른 사람이 나를 어떻게 생각하는지 추측하는 데 능숙할뿐더러 사람들이 서로 어떤 관계인지, 서로 잘 맞을지까지 가늠할 줄 안다. 사람들이 영국 왕족의 시선을 일일이 분석하고 결혼식 하객의 자리를 정하는 데 몇 시간씩 머리를 짜내는 이유가 여기에 있다. 마리 고모가 왜 당신의 대학 기숙사 룸메이트의 여자 친구 속을 긁을지 당신은 딱 보면 알 것이다. '이행 추론transitive inference'이라고 하는 이런 능력은 오직 가장 영리한 사회적 동물에게만 있다.

너무 좋아해서 몇 번이나 반복해서 본 TV 프로그램을 생각해보자. 당신은 거기 나오는 관계를 놀라울 정도로 자세하게 하나하나 설명할 수 있을 것이다. 캐릭터들이 가상의 상황에서 서로 어떤 반응을 보일지도 예측할 수 있을 것이다. 이런 사회적 두뇌 덕에 열성 팬들은 좋아하는 스타의 모습이 놀라울 정도로 진실하게 담긴 팬픽션을 쓴다. 가상의 캐릭터도 이렇게 잘 아는데 동료나 가족 사이라면 어떻겠는가? 어떤 상황에서 긴장이 나타날지 추측하기는 어렵지 않다.

이행 추론이 제공하는 유익함

- 갈등 피하기
- 갈등 완화하기
- 빨리 화해하기
- 동맹 찾기
- 효율적인 리더 되기
- 사람들을 서로 이어주기

- 높은 사회적 지위를 차지하려고 경쟁하기

이런 장점이 있지만 다른 사람들의 관계를 생각하는 일은 많은 에너지를 잡아먹는다. 사람들 사이의 드라마에 신경 쓸수록 생산성은 떨어질 수 있다. 중매는 잘할지 몰라도 정작 자기 연애는 엉망이다. 가족들 사이에서 중재자 역할을 하는 사람이라면 자기 이야기는 하기 힘들 수 있다. 다른 사람에 대한 지식이 자기에 대한 지식으로 절로 번역되지는 않는다.

크리스티나의 상사, 린다는 비서가 재빠르게 다른 사람들의 의도와 반감을 읽어서 직장 내 대인관계에 숨은 지뢰의 위치를 파악하기를 바랐다. 크리스티나는 몇십 년 동안 아버지와 동생들 사이의 다툼을 해결해주며 살았기에 이런 일은 식은 죽 먹기였다. 친구들도 데이트 상대에게 알쏭달쏭한 문자를 받으면 그녀를 찾았다. 그런 능력자로 보이는 게 흐뭇하기도 하고 지치기도 했다. 그러거나 말거나 크리스티나의 이메일은 쌓여갔다. 그녀는 자기 연애에서는 적절한 선을 긋지 못했다. 가족들과는 십 대 시절로 퇴행하는 것 같았다.

나는 다른 사람들의 관계를 관찰하려는 경향을 없애기는 어렵다고 생각한다. 우리에게 너무 깊이 뿌리박혀 있기 때문이다. 하지만 다른 사람에게 향하는 에너지의 양은 조절할 수 있다. '어떻게' 정보를 얻고 그 정보로 무엇을 할지 정할 수 있다. 그리고 에너지의 방향을 자신에게 돌릴 수 있다.

다른 사람들의 관계를 너무 걱정하는 사람이라면 '나는 어떻게 데이터를 얻지?'라고 스스로 물어보면 좋다. 직감, 소문, 현안과 상관없는 제3자에게서 데이터를 얻는다면, 그건 가정이나 직장 내에 불안이 매우 높다는 신호일 수 있다. 그리고 스트레스가 높을수록, 자신의 책임과 타인의 책임 사이의 경계는 점점 흐릿해진다.

관찰할 수 있는 데이터

- 사람들이 이야기하는 대인관계 문제
- 사람들의 상호작용, 이메일의 내용
- 정서적 패턴(제3자에게 알리기, 거리 두기 등)
- 사람들과 직접 겪은 경험
- 집단이나 조직의 실제 역사
- 현재의 불안 수준

불안한 데이터

- 모든 사람의 생각/느낌 읽기
- 정보를 얻으려 소문 캐기
- 재미로 사람들의 관계 추측하기
- 제3자를 통해 정보 얻기
- 사람들이 자신에게 화낼 거라고 상상하기

불안한 데이터를 수집하는 크리스티나의 두뇌는 마치 절대 문닫지 않는 클럽 같았다. 동료, 친구, 가족의 상상 속 반응이 보안 요원도 거치지 않고 그녀의 머릿속으로 마구 비집고 들어왔다. 어쩌면 이제 보건 담당 부서에서 나서서 이 클럽의 문을 닫아야 할 때일 수 있었다.

다른 사람들에게 쏠리는 신경을 잠재우고 싶은 마음이 간절했던 크리스티나는 직장에서 몇 가지 행동을 바꿔봤다. 복도에서 사람을 만나면 부활절 달걀을 찾아다니듯 사람들 사이의 문제를 캐내려고 "어떻게 지냈어요?" 하고 묻던 습관을 중단했다. 대신 약속을 정하고 만나서 좋은 질문을 던졌다. 상대가 제3자의 감정을 이야기하는 삼각관계 상황이 발생하면 더 캐묻지 않았다. 그저 "이야기하고 싶으면 언제든 저에게 오라고 하세요"라고 말했다. 또 무엇이 자신의 권한이고 무엇이 인사과 문제 혹은 린다의 문제인지 명확하게 정하려고 노력했다. 다급한 마음으로 해결책을 제안하기보다는 "어떻게 하실 생각이세요?"라고 물어보기 시작했다. 크리스티나는 사람들이 처음에는 조금 놀라도 점점 자기 생각을 펼칠 수 있다는 걸 배워나갔다.

린다에게도 예전처럼 불안감이 가득한 보고를 하지 않았다. "이 사람들이 린다에게 화가 난 것 같아요"라고 말하기보다는 "이 사람들이 문제라고 생각하는 내용이에요"라고 말하기 시작했다. 사람들의 감정이 아니라 그들의 생각을 이야기하기 시작하니 직장의 긴장도가 놀라울 정도로 내려갔다. 크리스티나는 자신의 목표를 추구하는 데 쓸 에너지를 회복하기 시작했다.

성숙한 의존과 미성숙한 의존

자기 분화를 처음 배우는 사람들은 혼자 노력해야 한다고 자주 오해한다. 다른 사람에게 느끼는 애착을 모두 거둬 오직 목표나 원칙에 따라 움직여야 한다는 듯 여긴다. 하지만 분화는 '배트맨 되기'가 아니다. 배트맨의 가족이 어땠는지 다들 알지 않나? 분화는 관계에서 일어난다. 다른 사람들과 성숙한 인연을 발전시킬 때 자신의 성숙도도 올라간다. 아플 때 모든 도움을 거절하는 건 남에게 코를 풀어달라는 것만큼이나 미분화된 모습이다. 함께하는 프로젝트를 혼자 다 하는 건 성취욕 과잉인 팀원에게 일을 다 떠넘기는 것만큼 미분화된 행동이다.

미성숙은 체계가 어떻게 기능하는지에 따라 다른 색채를 띤다. 나의 미성숙은 크리스티나를 거울로 비춘 것과 비슷하다. 외동으로 자란 나는 프로젝트를 계획해 모든 일을 혼자 하기를 좋아한다. 다른 사람들의 창의적인 아이디어가 섞이면 속도가 느려질까 봐 허용하지 않는다. 얼핏 보기에는 의존적인 특성이 아닌 것 같지만 그렇지 않다. 내 기분과 기능은 정확히 나처럼 하거나 뒤로 물러나 내 쇼를 관람하는 사람들의 기능에 '의존한다'. 하라는 대로 해, 데니즈. 아니면 빠져! 그럼 다른 사람의 고유한 능력과 도움을 존중하며 성숙하게 의존하려면 어떻게 해야 할까? 해법에 대한 책임을 함께 나누는 방법은 무엇일까? 이건 나도 연구 중이라고만 해두자.

크리스티나의 문제는 정반대였다. 그녀는 언제나 다른 사람의 개입을 원했다. 그러다 보니 자기만의 생각을 충분히 키우지 못하거나 잡다한 생각 속에서 혼란에 빠졌다. 전 남자 친구 마이클에게도 둘 사이가 왜 틀어졌는지 몇 시간씩 물어보곤 했다. 회의가 끝나면 즉시 린다에게 "저 잘했어요?"라고 물었지만 정작 자기 자신에게는 묻지 않았다. 영양사나 트레이너와 만나서도 자기 생각을 덧붙이는 일은 없었다. 나와 상담할 때도 자신이 어떻게 해야 한다고 생각하는지 알려달라고 해서 때때로 힘들었다. 그리고 열혈 과잉기능자인 나 역시 답을 말해주고 싶었다.

미성숙한 의존의 양상

- 직접 할 수 있는 일을 무조건 다른 사람에게 부탁한다.
- 다른 사람의 일을 대신하며 과잉기능한다.
- 긴장이나 다툼을 피하려고 거리를 둔다.
- 자기 생각을 분명히 밝히지 않고 모든 사람의 의견을 묻는다.
- 모두에게 문제를 똑같이 생각하라고 한다.
- 목표를 향한 모든 사람의 노력을 일일이 통제하고 간섭한다.

성숙한 의존의 양상

- 같은 목표를 위해 함께 일한다.
- 다가가서 도전과 신념을 이야기한다.
- 사람들에게 진정으로 요구하는 것을 말한다.

- 자신만의 생각을 키우고 다른 사람도 그렇게 하도록 한다.
- 서로 다른 해결책을 생각해도 용인한다.
- 개인의 능력과 창의성을 존중한다.

크리스티나는 본인의 문제에 호기심을 느끼기 힘들었다. 다른 사람의 확신이 잘 익어서 수확을 기다리는데 왜 굳이 힘들게 생각하는가? 5장에서 만난 루이스처럼 크리스티나도 콘텐츠를 많이 소비했고 문제가 생기면 재빠르게 다른 사람들의 지혜를 인용했다. 전문가를 고용해 아첨하는 관계를 쌓고 유명 지식인들에게 일방적인 친밀감을 느끼는 등, 돈으로 기능을 끌어올렸다. 일시적이고 값비싼 해법이라는 점이 문제였다.

당신이 크리스티나처럼 몇 년 동안 자신의 생각을 남에게 아웃소싱하며 살았다면 이제 어떻게 하겠는가? 전문가를 끌어내고 혼자 알아서 하는 게 방법은 아니라고 생각한다. 전문가들의 지식은 분명 도움이 될 수 있다. 집단의 지혜도 소중하다. 그렇다면 전문가의 도움을 받으면서도 자아를 좀 더 키우려면 어떻게 해야 할까? 남의 자아를 빌려 오기보다 자신을 좀 더 명확하게 드러내는 성숙한 의존은 어떤 것일까?

전문가(혹은 전문가의 콘텐츠)의 도움을 받을 때 책임감을 높이는 방법 몇 가지를 소개한다.

이 표를 보면 '익명의 알코올 중독자들Alcoholics Anonymous'의 슬로건 "노력하면 달라집니다"가 생각난다. 많은 이들이 모임에서 전

책임감 있게 영양사의 도움 받기	책임감 있게 트레이너의 도움 받기	책임감 있게 자기계발 콘텐츠 소비하기	책임감 있게 심리 상담가의 도움 받기
상담할 때 신중한 질문 던지기	문제를 솔직하게 말하기	시간을 정해 듣고 배우기	다양한 문제를 이야기할 수 있도록 준비하고 만나기
유용한 정보를 찾아 이야기하고 구체적인 목표 정하기	격려의 말 없이 운동하기	콘텐츠를 감상한 후 요점 정리하기/비평하기	문제에 대처하는 자기만의 생각 정리하기
독립적으로 행동할 수 있는 기준 정하기	독립적으로 행동할 수 있는 기준 정하기	자유롭게(콘텐츠를 듣지 않고) 생각할 시간 내기	상담을 쉬고 싶을 때나 중단하고 싶을 때 솔직하게 말하기

문가와 함께하면 마법이 일어날 거라 기대하다가 실망한다. 상담가나 코치가 삶을 개선하는 방법을 열정적으로 알려준 후 기능이 개선된 경험이 있을 것이다. 하지만 장기적인 변화를 이끄는 데 필요한 두 가지 재료인 본질적인 동기와 호기심은 전문가의 자아를 빌려 온다고 해서 생겨나지 않는다. 상담을 미리 준비하고 발전에 대한 자신만의 정의를 세워두면 도움이 된다.

책임감 있게 상담가를 만나는 방법에는 여러 가지가 있다. 하나는 상담 전 잠시 시간을 내서 자신의 문제와 변화 과정을 스스로 적어보는 것이다. 최근에 무엇을 새로 알게 됐는가? 무엇을 전과 다르게 시도해봤는가? 효과가 어땠나? 해결책을 떠올리기보다는 해결책을 생각할 뇌를 예열하는 과정이다. 이렇게 하면 상담에 임하는 책임감이 높아져서 상담가나 다른 전문가의 과잉기능을 방지할 수 있다. 분명히 말하건대 도움을 주려는 전문가들은 대부분 과잉기능을 아주 당연하게 여긴다.

진정한 책임감을 기르려면 스스로 생각해야 한다. 그 생각은 도전받을 수 있고 시간이 지나며 달라지겠지만 그래도 스스로 생각해야 한다. 우리는 자신만의 언어를 사용하면서 이 생각에 목소리를 부여한다. 그리고 위대한 성숙을 향해 작고 비틀거리는 걸음을 내디디며 이 생각에 다리도 달아준다.

부모 탓 넘어서기

다른 사람의 미성숙함에 집착하면 책임감을 높이기가 아주 힘들어질 수 있다. 그리고 자신의 기능이 만족스럽지 못하면 키워준 사람을 비난하기 쉽다. 이들은 우리에게 책임감을(또는 무책임함을) 가르친 사람들이다. 그리고 우리 부모들은(혹은 조부모나 보호자 등은) 대부분 아주 요란하게 이 임무에 실패했다. 아마 돈을 다루는 법이나 소리 지르지 않고 반대 의견을 표현하는 법, 실패나 좌절을 다루는 법 등을 보여준 일이 없을 것이다. 나도 이십 대가 되기까지 샐러드를 한 입도 먹어보지 않은 사람이라 그 마음을 이해한다.

우리 뇌는 설득력 있는 서사를 창조해 세상과 주변 사람을 이해하도록 진화했다. 이 과정에서 부정적인 결과는 의도가 있는 것으로, 긍정적인 결과는 우연으로 해석하게 됐다.[4] 어릴 때 어머니가 금요일마다 공원에 데리고 갔다고 해보자. 그러다 그곳에서 가장 친한 친구를 사귀게 됐다. 이건 어머니의 노력 덕분이 아니라 우연히 일어난 일이라고 생각하기 쉽다. 하지만 어머니와 놀이터에 갔다가 정글짐에서 떨어져 팔이 부러졌다면 아마 어머니가 신경 쓰지 않아서 생긴 일이라고 여길 것이다. 부정적인 결과를 평가할 때는 감정을 처리하는 두뇌 부위(위기 상황에 대응하는 데 도움이 되는 편도체)가 더 활성화된다. 이런 자연스럽고 감정적인 편견 때문에 사람들의 행동을 생각할 때 객관성을 유지하기가 훨씬 어려워진다. 그래서 이들을 비난하기 쉽다.

비난은 정서 체계를 안정시키는 힘이다. 이 힘은 자신이 잘하려면 다른 사람이 더 잘해야 한다고 생각하는 미성숙한 의존성을 반영할 수 있다. 보웬은 이런 의존성을 '해소되지 않은 정서적 애착'이라고 했다. 어린 시절 형성되어 성인이 되어서도 이어지는 미성숙한 의존이라고 생각하면 된다. 그래서 언제나 남들의 위안을 받거나 늘 옆에서 지시하는 사람이 있어야 한다. 부모와 관계를 맺든 안 맺든 이 보이지 않는 의존은 여전히 존재하며 다른 모든 관계에도 영향을 준다.

자기 분화를 도모하고, 독립과 성숙한 의존이 모두 가능하도록 학습하면 이런 미성숙한 의존을 해소할 수 있다. 당신을 키운 사람이 여전히 살아 있고 당신의 삶에 존재한다면 그 관계 안에 비난을 넘어서는 노력을 실행할 가장 좋은 기회가 있다.

크리스티나는 아버지를 비난하며 현재의 삶에서 오는 불안을 잠재울 수 있었다. 그러나 비난은 성숙에 도움이 되지 않는다. 이렇게 극심한 비난 심리를 벗어나려면 어떻게 해야 할까? 일부는 용서에 대한 도덕적 혹은 영적인 믿음에 의존해 조금이라도 나아지려고 한다. 하지만 많은 사람이 용서라고 부르는 것은 관점의 변화라고도 할 수 있다. 한 개인의 인과적인 사고방식에서 벗어나 여러 세대에 걸친 가족 체계의 관점으로 시야를 넓힐 때 이런 변화가 일어날 수 있다. 그렇다. 가계도를 낱낱이 파헤치라는 말이다. 혹은 나이 든 가족 구성원을 인터뷰하거나 조직의 기록을 살펴봐도 좋다. 무엇이든 체계의 역사를 알 수 있으면 된다.

크리스티나의 친할아버지는 루마니아에서 이민 온 후 가구점으로 성공적인 가족 사업을 일구었다. 그녀의 아버지는 어릴 때부터 심하게 아파서 장남이면서도 사업을 물려받지 못했다. 가족들은 언제나 그를 부족한 사람으로 대했다. 언제든 가족이 돈을 줄 수 있으니 돈 다루는 법을 굳이 가르치려는 사람도 없었다. 그는 지시를 듣는 게 편했다. 그래서 장녀를 만나 결혼했고 부인은 죽을 때까지 남편의 틈을 메웠다. 자신의 미성숙한 의존에 짓눌린 크리스티나의 아버지는 자신과 자녀를 보호하지 못했다.

이제 크리스티나가 나설 차례였다. 그녀는 계속 정서 과정에 끌려가서 다른 사람을 지나치게 책임지고 자신은 책임지지 못하는 상태에 머물게 될까? 비난이라는 틀에서 벗어나지 못하게 될까? 아니면 더 이상 사람들의 기대에 맞추려 하지 않고 다른 리듬을 탈

수 있을까? 아버지를 비난하는 편리한 버튼을 두고 한 발 물러나 호기심을 유지하기가 쉽지는 않을 것이다.

비난에서 시선을 돌려 더 폭넓은 체계를 바라볼 때 사고방식이 어떻게 달라지는지 예를 살펴보자.

비난하기: 왜 우리 아빠는 책임감이 없지?
체계에 초점 맞추기: 우리 가족 중에 어떤 형제자매는 어떻게 좀 더 유능해졌을까? 가족들은 그 사람을 얼마나 책임감 있는 사람으로 대했지?

비난하기: 왜 엄마는 그렇게 지저분한 연애를 하는 거야?
체계에 초점 맞추기: 엄마는 연애로 자신의 미성숙함을 보완하려고 했나?

비난하기: 왜 할머니는 내가 필요할 때 도와주지 않았지?
체계에 초점 맞추기: 내가 어릴 때 우리 가족의 불안 수준은 어느 정도였지? 할머니가 내 요구를 몰라준 건 그 때문일까?

비난을 넘어서는 것은 사람들의 자율성과 책임을 부정하려는 시도가 아니다. 잘못된 일에 대해 사람들의 책임을 물어야 할 때도 있다. 하지만 책임 추궁은 자기표현이자 다른 사람의 잘못에 어떻게 대응할지 결정하는 것이다. 불안을 해소하려고 다른 사람에게

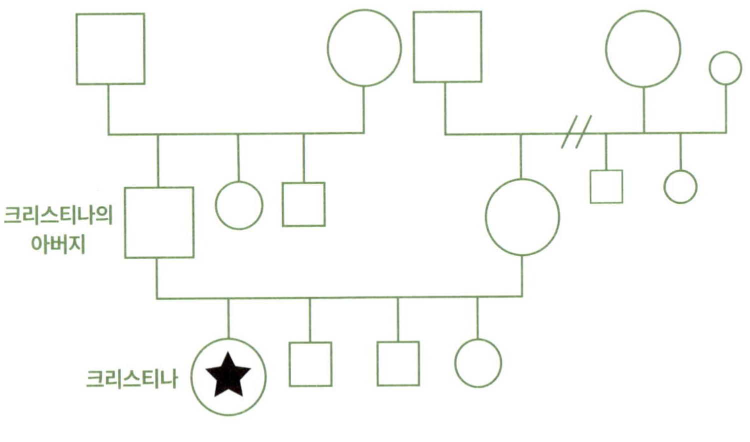

그림 8 **크리스티나의 가계도.** 한 사람에게 초점을 맞추지 않고, 가족에게 일어난 일을 사실적으로 바라보면 과거, 현재, 미래를 어떻게 다르게 이해할 수 있을까?

미성숙하게 집착하는 것이 아니다.

체계적 사고는 또한 세대 간의 상호 관계를 볼 수 있게 도와준다. 부모가 무능하다면 부모를 무능한 사람 취급한 사람들이 있었나? 자녀에게 중요한 자원을 제공하지 못하는 부모라면, 그 부모에게 올바른 길을 알려주는 사람이 있었을까? 세대를 거슬러 올라가다 보면 조부모뿐만 아니라 부모도 조금 더 너그럽게 생각하게 될 것이다. 전체 그림을 보기가 더 쉬워지기 때문이다. 현세대만 생각하면 불안한 비난이라는 결과가 나온다. 우리는 만성 불안의 영향으로 너무나 자주 큰 그림을 보지 못한다.

크리스티나는 가계도를 보며 가정에서 아버지의 역할이 무엇이었는지 생각했다. 그를 무능한 사람으로 취급하는 것이 어떻게 체계 안정에 도움이 되었을까? 아버지는 가족 투사 과정에서 자녀 집중의 악순환에 휘말린 것 아닐까? 크리스티나는 어머니가 돌아가신 후 맏이인 자신이 얼마나 취약한 위치에 놓였는지 알 수 있었다. 다른 사람들에게는 지나치게 유능하면서 자신에게는 그렇지 못한 사람이 된 것도 당연했다. 미래를 생각하니 다음 세대에게 얼마나 불안한 간섭을 해댈지 예측할 수 있었다. 그녀에게 아이가 있다면 그 아이는 절대 방치되지 않을 것이다. 오히려 지나친 관심을 받을 것이다. 끝없이 평가받고 문제가 생기면 즉시 정신과에 가야 할 것이다.

예측하는 능력이란 얼마나 유용한지! 앞날을 내다보면서 우리는 어떻게 대응할지 생각할 기회를 얻는다. 과거가 아니라 앞으로 다가올 수많은 평행 우주를 보게 된다. 타임머신을 타고 과거로 날아가 조상들에게 좀 더 현명한 선택을 내리지 왜 그랬냐고 소리 지를 이유가 갑자기 사라진다. 앞으로도 세상은 계속 불공평할까? 운동장은 늘 기울어져 있고 사람들은 정서적 미성숙 수준이 제각각인 부모 밑에서 태어나 길러질까? 물론이다. 하지만 우리는 이런 운명에 굴하지 않는다. 한 개인으로서 생각하고 행동할 수 있는 능력은 다른 길을 가라고 말한다.

보조 바퀴 떼어내기

보웬 이론은 책임감을 기르는 구체적인 기법을 제공하지 않는다. 보웬 자신이 그런 기법은 그저 관계 지향성의 또 다른 이름이며 다른 사람들을 바꾸려는 시도라고 생각했기 때문이다. 하지만 더 책임감 있는 자아를 기를 수 있는 '과정'은 설명한다. 보조 바퀴를 떼어내는 과정, 즉 거리 두기, 과잉/과소기능하기, 혹은 자녀에게 집중하기 등 안정감을 느끼기 위해 사용하는 패턴에서 벗어나는 과정이다.

책임감 있는 자아를 기르는 과정

- 가족 및 다른 중요한 사람들과 사람 대 사람 관계를 쌓는다.
- 관계 패턴에서 자신의 역할을 관찰하고 바꾼다.
- 자신의 반응성을 좀 더 책임감 있게 관리한다.
- 나만의 원칙과 신념을 발전시킨다.
- 관계에서 이러한 원칙과 신념에 따를 때 나타나는 스트레스를 감내한다.

보웬은 "관계에서 생겨난 것은 관계에서 고칠 수 있다"고 했다. 관계 체계에서 미성숙한 의존이 나타났다면 한 개인으로 기능하는 법을 배울 곳도 여기다. 보웬 이론에서는 상담실에서 일어나는 일을 그다지 강조하지 않는다. 분화는 상담가가 가르치는 기술이 아니다. 사람 대 사람 관계에서 우리가 발전시킨 좋은 생각을 고수하고 자신에게 진실해지는 법을 연습할 때 분화가 일어난다.

이 접근법이 '바른길'일까? 나는 '한 가지 바른길'이라고 하겠다. 인생에서 성장하는 길은 분명 하나가 아니다. 우리는 모두 보조 바퀴를 떼고 내면에서 안정감을 느끼는 법을 찾는다. 어떻게 억울한 과거에서 벗어날지, 어떻게 더 책임감 있는 사람이 될지, 다른 사람과 지나치게 얽힌 관계에서 어떻게 물러날지 스스로 정할 수 있다. 답은 답이 아니다. 좋은 질문에 호기심을 느끼는 능력이 답이다. 아이디어를 테스트하고 그 아이디어에서 어떤 유용한 결과가 나오는지 알 수 있게 오래 버티는 능력이 답이다. 어떻게 세상을 살아야 할지 나만의 믿음을 찾는 능력이 답이다.

크리스티나는 안정감을 주던 보조 바퀴에 대해 많은 생각을 했다. 전문가들에게서 가져온 믿음, 아버지에게 퍼붓던 비난, 동료들의 지나친 개입. 어떻게 해야 안정감을 찾아가는 자기 능력을 믿을 수 있을까?

우선 도움을 얻는 원칙을 세우기로 했다. 전문가와 약속을 잡을 때는 만나기 전에 무조건 자기 생각을 먼저 적어보기로 했다. 가끔은 전문가에게 보여줄 만한 좋은 통찰과 질문이 떠올랐다. 때로는 그 생각만으로도 충분해서 전문가의 승인이 필요 없기도 했다. 그러자, 전문가의 도움은 불안 조절보다는 성장에 더 초점이 맞춰졌다. 훨씬 비용 효과가 좋았다. 크리스티나는 자기 방식대로 흔들리며 문제를 헤쳐나갈 기회를 만들고 있었다. 때로 풀숲에 처박힐 게 분명했다. 하지만 보조 바퀴가 없으니 더 자유롭게 달릴 수 있었다.

린다와의 관계도 정리하기 시작했다. 밤늦게까지 사무실에 남거나 사생활에 대해 푸념을 늘어놓는 일을 줄였다. 처음에는 린다가 실망했으나 함께 있는 시간에 생산성이 더 높아졌다. 사무실에서도 자아를 키우니 집중력과 창의성이 좋아졌다. 남의 사생활에 빠져들 때도 물론 있었지만 제3자에게서 나오는 소문보다는 사람 대 사람 관계에 더 집중하려고 노력했다. 드라마는 늘 존재할 테지만 그녀는 점차 남의 관계보다 자기 일에 집중했다.

아버지를 대할 때도 비난과 반응성을 줄이기 시작했다. 전에는 아버지를 모든 문제의 원인으로 규정했지만 이제는 이 관계를 해법의 일부로 보았다. 아버지에게 자주 전화해서 자신이 겪는 어려움을 말하되 전만큼 분개하지 않았다. 자신이 어릴 때 '왜' 그랬냐는 질문("왜 이렇게 해주지 않았어요?")보다는 '누가', '무엇을', '어디서', '언제', '어떻게' 했는지 물어보며, 아버지가 어떤 어려움을 겪었고 어떻게 헤쳐왔는지 배웠다.

크리스티나는 아버지와 사람 대 사람 관계를 더 맺으면서 비난하기를 멈추도록 뇌를 유도했다. 아버지와 다르게 관계 맺을 수 있었고, 자신의 어려움도 더 희망적으로 생각할 수 있었다. 그녀의 미래는 점점 아버지를 향한 불안한 집중과 미성숙한 의존에서 풀려났다. 아버지와 좀 더 분리되는 동시에 더 가까운 사이가 될 수 있었다.

이런 생각을 모두 잊을 때도 있었다. 새로운 구루에 꽂히고 과거에 집착하고 새벽 2시에 전 남친에게 "뭐 해?"라는 문자를 보내기도 했다. 하지만 자책하지 않았다. 모든 순간이 책임감을 높일 기회라면 털고 일어나서 다시 시도하기가 조금 더 쉬워진다.

✳ 연습 1

미성숙한 의존과 성숙한 의존 구분하기. 집단에서 다른 사람에게 미성숙하게 의존한 경험을 생각해보자. 당신은 다른 사람의 일을 재빨리 떠맡는 편인가? 모든 사람의 의견을 묻는가? 가정, 직장 및 다른 집단에서 다른 사람을 존중하면서도 좀 더 자기 자신이 되어 행동할 수 있는 아이디어를 적어보자.

✳ 연습 2

비난 게임 중단하기. 자신이 지금 이 방식으로 살아가게 된 이유를 두고 비난했던 사람 세 명을 적어보자. 어떻게 하면 한 발 물러서서 전체적인 정서 체계를 생각할 수 있을까? 어떤 질문을 던지면 유용할까? 책임감 높은 성인이란 구체적으로 어떤 모습일지 몇 가지 아이디어를 적어보자.

✳ 연습 3

상담실에 책임감 있는 자아 데려가기. '전문가'와 만나는 중요한 일정이 곧 다가오는가? 의사나 상담가를 만날 수도 있고 학부모 상담이나 상사와 함께하는 업무 성과 회의가 있을 수도 있다. 어떻게 준비해야 가장 좋은 결과를 낼 수 있을까? 이들을 만나기 전 자신에게 물어보면 좋은 질문이 있을까? 아이디어를 적어보자.

이 장에서 우리가 잊지 말아야 할 것들

- ☛ 우리 뇌는 다른 사람들의 관계를 해석하도록 설계됐다. 이 기술을 이행 추론이라고 한다.

- ☛ 관계의 드라마를 생각하면 많은 에너지와 집중력이 사라져서 목표를 추구하기 어려워진다. 관계 문제를 생각할 때 관찰할 수 있는 데이터와 불안한 데이터를 구분하면 도움이 된다.

- ☛ 자기 분화는 미성숙하게 의존하지 않고 성숙하게 타인에게 의존하면서 더욱 책임감 있는 자아를 기르는 일이다.

- ☛ 불안한 마음으로 전문가들의 생각을 빌려 오기보다는 이들과의 작업에 자기 생각을 더할 수 있다.

- ☛ 비난은 해소되지 않은 정서적 애착, 또는 기분을 조절하고 기능하기 위한 미성숙한 의존의 신호일 수 있다.

- ☛ 체계에 초점을 맞추면 비난을 넘어 지난 세대에 더 호기심을 가질 수 있다. 미래를 예측하는 데도 도움이 된다.

- ☛ 보웬 이론에서는 자기 발전을 위한 기법을 제안하지 않는다. 하지만 자신에 대한 책임감을 높이는 과정은 제시한다.

11

더 강한 관계 구축하기

"오늘 0.5kg 더 쪘다. 하지만 이건 지식의 무게라고 생각한다."

—프랭키 버그스타인Frankie Bergstein, 〈그레이스 앤 프랭키Grace and Frankie〉

슈리야는 갈등을 싫어했다. 다른 사람의 기분을 상하게 하느니 차라리 태양을 향해 튀어 오르는 게 나았다. 반면에 같이 사는 친구들 네 명이 하루하루 벌이는 소동은 작은 마을 하나에 전력을 공급할 수 있을 정도로 강력했다. "누가 실수로 고양이를 풀어줬어." "내 수박 맛 탄산수가 없어졌네." "목에 칼이 들어와도 화장실 휴지 안 끼우지?" 대학 시절부터 친했지만 워싱턴 D.C.의 연립 주택에 이십 대 친구들이 모여 살려니 늘 시끄러웠다.

슈리야는 새 남자 친구 캠을 친구들에게 소개하기가 불안했다. 서로를 응원하지만 잔인한 분석으로 친구의 애정 생활을 박살 낼 수도 있는 친구들이었기 때문이다. 그래서 슈리야는 친구들의 성향과 피해야 할 주제를 알려주며 캠을 단단히 준비시켰다. 남자 친구가 친구들이 지키는 1단계 관문을 무사히 통과하면 가족이 지키는 2단계 통과를 위한 준비에 돌입할 참이었다.

슈리야는 남아시아 출신 가족의 둘째 딸이었다. 그녀의 부모는 젊을 때 미국으로 건너와 온갖 궂은일을 하며 딸들을 뒷바라지했다. 이런 헌신이 불안한 집중을 낳았다. 슈리야의 어머니는 늘 가족의 건강과 외모를 걱정했다. 슈리야에게도 좋은 음식을 먹고 직장에서 잘 갖춰 입으라고 잔소리했다. 아버지의 좌우명은 "어머니를 따르라"였고 그 이상은 말하는 법이 없었다.

어머니에게 심한 거부감을 느낀 슈리야는 언니를 삼각관계에 끌어들여 어머니에게 불만을 전달하도록 했다. 언니가 "슈리야 좀 그만 괴롭혀요"라고 한마디하면 어머니도 반격했다. 이제 슈리야는 아무에게나 "헤이, 맨!"이라고 인사하고 그래픽 티셔츠를 입는 남자 친구를 보고 어머니가 뭐라고 할지 두려웠다. 어쩌면 가만히 있다가 그냥 청첩장을 보내는 게 나을까?

관계 흩트리기

알다시피 인간은 집단을 좋아한다. 팀을 결성하든 회사에 위원회를 하나 더 만들든 몇몇이 모여 함께 움직이는 일은 자연스럽게 느껴진다. 사람 대 사람 관계를 맺기보다 이 편이 더 자연스럽기도 하다. 보웬은 자기 가족을 보며, 또 연구를 통해 사람들이 이른바

'무리clump'로 어울리는 경향이 있음을 관찰했다.

자신의 관계를 살펴보면 무리 짓기가 보일 것이다. 늘 같이 모이지만 절대 따로는 만나지 않는 친구들이 있을 수 있다. 늘 파트너와 함께 만나는 '커플 친구'도 있을 것이다. 때로는 오직 가족 단톡방에서만 형제들과 대화를 나누기도 한다. 아니면 정보를 직접 전달해야 할 사람에게 말하기가 두려워서 그냥 '전체 회신'을 눌러버릴 수도 있다(그러지 말자!).

무리 짓기는 관계에서 정서적 거리를 유지하는 한 가지 방법이다. 그 덕에 우리는 사회적 완충 장치를 두르고 집단 안에서 소통할 수 있다. 사회적 완충이란 친숙한 개체나 집단의 존재가 스트레스를 완화시키는 현상을 말한다. 붉은털원숭이 새끼는 새로운 상황에서 엄마나 대리모가 곁에 있을 때 겁을 덜 낸다.[1] 소는 서로의 머리를 핥아주며 심박수를 낮춰준다.[2] 인간은 실제 인간관계를 회피하는 효과적인 방식으로 단체 문자를 이용한다(머리를 핥는 것보다 더 깔끔하기도 하고).

무리 짓기의 혜택

- 불안감이 줄어든다.
- 어색한 침묵이 생기지 않는다.
- 집단에서 포근함을 느낀다.
- 많은 사람에게 빠르게 정보를 전달한다.

무리 짓기의 대가

- 가까운 관계가 줄어든다.
- 불안을 다스리는 연습을 하기 어렵다.
- 피상적인 대화가 늘어난다.
- 삼각관계에 더 의존한다.

집단을 배제하라는 뜻이 아니다. 그룹 활동은 전반적인 삶의 질을 높이는 쉽고 훌륭한 방식이다. 아예 지금 당장 한 그룹에 가입하고 돌아오는 것도 좋겠다. 중요한 것은 이런 집단 '안에서' 사람 대 사람 관계를 쌓는 능력이다. 시간과 관심을 기울이지 않으면, 불안한 시기에 우리의 관계는 더 무리 짓기에 더 치우친다.

무리 짓기의 신호

- 단톡방에서만 사람들과 소통한다.
- 이메일 서명에 늘 가족 전체 이름을 넣는다.
- 두 사람 사이가 틀어지면 집단 전체가 와해된다.
- 부모나 형제자매와 시간을 보낼 때는 늘 배우자나 아이들을 데리고 가야 한다.
- 친구들은 전원이 다 참석할 때만 모인다.
- 늘 양쪽 부모와 함께 통화한다.
- 단체 회의에서만 동료들과 소통한다.
- 배우자를 통해서만 친척들과 소통한다.

- 소셜 미디어에서만 근황을 전한다.
- 반드시 가족 전체가 상담에 참여해야 한다(잘되길!).
- 부모는 언제나 자녀를 향해 '공동 전선'을 펼쳐야 한다.

어떻게 집단에서 무리 짓기를 벗어날 수 있을까? 6장에서 살펴본 사람 대 사람 관계 쌓기부터 시작하자. 사람들의 목록을 작성하고 그중 가장 탄탄한 관계부터 가장 약한 관계까지 순위를 매겨라. 이들과 정서적 접점을 늘릴 기회를 찾아보자. 가장 약한 관계부터 시작하기가 무섭다면 중간에 있는 사람을 골라라.

내향적인 사람이라면 잠시 귀 기울여보라. 당신도 죽을 것 같은 어색함 없이 사람들과 의도적으로 소통할 수 있다. "네가 X를 어떻게 생각하는지 들어본 적이 없네" 또는 "너에 대해 아는 게 별로 없는 것 같아" 같은 말로 쉽게 대화를 시작할 수 있다. 대부분 기회가 생기면 자기 이야기를 하는 것을 좋아한다. 이런 대화는 꼭 카페나 휴게 공간에 앉아 얼굴을 보며 하지 않아도 된다. 옆자리에 앉거나 걸어가면서, 또는 차에서 하는 대화가 가장 효과적일 때도 많다.

사람 대 사람 관계를 쌓을 때 생기는 변화

1. 성숙해진다.
2. 집단이 더 유연해지고 적응력이 높아진다.
3. 다른 사람의 관계에 관심을 두지 않는다.

슈리야도 무리 짓기 문제가 있었다. 어머니와 소통할 때는 언니에게 의존했다. 어머니가 있을 때만 아버지와 대화했다. 생활 환경 또한 여자들로만 이루어진 거대한 무리였다. 남자 친구도 무리의 일원으로 생각해서 꼭 자기처럼 친구나 가족을 대해야 한다고 생각했다. 캠이 자신은 하지 못한 방식으로 이들과 친해질 수 있다는 생각은 해보지 않았다.

슈리야는 사람 대 사람 관계에 시간을 투자할 필요가 있다고 생각했다. 언니 없이 부모님 양쪽과 시간을 보낼 필요가 있었다. 같이 사는 친구들과도 개인적으로 친밀감을 쌓되, 그들 사이의 관계 갈등까지 자신이 책임져야 한다는 부담에서는 벗어날 필요가 있었다. 또한 남자 친구가 자신의 소중한 사람들과 자유롭게 친해지도록 두는 법도 배워야 했다.

관계를 한층 더 살아 있게 만들기

우리의 관계는 대부분 거짓 연결 상태에 갇혀 있다. 다른 사람의 기분을 맞추면서 거스르지 않고 즐겁게 해주는 데만 신경 쓰면 그 사람에게서 생기가 빠져나간다. 사흘 된 다이어트 콜라 같은 사람에게 우리는 '지루하다', '공감이 안 된다' 같은 딱지를 붙인다. 하지만 진짜 문제는 우리가 그들과 관계 맺는 '방식'일 수 있다.

관계가 밋밋해지는 이유

- 무리에 있을 때만 소통한다.
- 남 얘기를 너무 많이 한다.
- 타인을 비난하거나 비판한다.
- 피상적인 주제에만 의존한다.
- 자녀 이야기만 한다.
- 밈만 보낸다.
- 속으로는 그렇게 생각하지 않지만 동의한다.
- 마음을 열려면 술이나 약물이 있어야 한다.
- 다른 사람이 하라는 것만 한다.

물론 이해한다. 나도 밈을 좋아한다. 가벼운 잡담도 중요하다. 이런 행동은 집단의 결속력을 높이고 사람들을 편안하게 해주는 데 필수적인 '사회적 털 고르기'라고 할 수 있다. 친구의 머리카락을 고르거나 엉덩이를 킁킁거려 건강을 확인하는 대신 "잘 지냈어?" 하고 물을 수 있어서 다행이라고 생각한다. 하지만 대화가 잡담을 넘어서지 못할 때 그 관계는 무엇을 잃게 될까?

더 깊은 대화의 바다로 뛰어드는 일은 대단한 선물이 되기도 하지만 특정한 공포를 부르기도 한다. 그러니 교회에서 나오는 사람을 붙잡고 "진짜 예수님이 '죽은 자 가운데서 살아나셨다'고 생각하세요? 정말 터무니없네요!"라고 말하는 건 좋은 생각이 아니다. 아이가 하교하기를 기다리는 학부모에게 다가가 "좋은 교육이란 뭘

까요?"라고 묻는 것도 좀 그렇다. 하지만 아무리 상황이 그래도 이런 주제가 논의되는 일이 극히 적다는 건 조금 놀랍지 않나?

자신의 인생을 돌아보며 잡담을 넘어서야 할 때가 언제인지 생각해 보라. 소중한 관계에 생기, 깊이, 자아를 더하려면 어떻게 해야 할까?

관계를 풍성하게 만드는 방법

- 사람 대 사람으로 직접 소통하기
- 상대가 세상을 어떻게 바라보는지 이해하려고 노력하기
- 내가 세상을 어떻게 경험했는지 표현하기
- 자신의 신념, 목표, 관심사에 대해 이야기하기
- 타인의 신념, 목표, 관심사에 대해 알아가기
- 자신이 겪고 있는 어려움을 솔직히 이야기하기
- 상대가 자신의 어려움을 어떻게 생각하고 있는지 이해하기

형식적인 질문과 대답을 하지 않는 것도 좋다. 몇 가지 예를 들어 보자.

사람들이 의아하게 볼까? 그게 바로 핵심이다. 때로는 관계에 충격이 필요하다. 이런 질문에 답하려면 잠시 생각할 시간이 필요할 수도 있다. 하지만 워싱턴 D.C.의 사교 모임에서 내가 "무슨 일을 하세요?" 대신 "어떤 것에 특별히 흥미가 있으세요?"라고 물었을 때 얼마나 많은 연방 공무원들이 안도의 한숨을 쉬었는지 모른다. 갑자기 관계를 맺는 새로운 방식이 열렸기 때문이다.

늘 이런 말을 한다면	이렇게 말해보기
별일 없어?	요즘 관심 있는 게 뭐야?
잘 지내?	요즘 어떤 생각을 많이 해?
나는 잘 지내.	내가 요즘 꽂힌 게 뭔지 이야기해줄게.
스트레스 쌓이는 한 주였어.	이런 문제를 생각 중이야.
한번 보자.	만나서 X 이야기 좀 듣게 시간 잡아보자.

슈리야는 자신이 맺는 사람 대 사람 관계의 질을 생각했다. 캠과의 관계는 새로웠기 때문에 생기가 가득했다. 현재 일어나는 일이나 미래에 대한 희망을 이야기할 때 그가 무슨 말을 할지 절대 예측할 수 없었다. 하지만 다른 관계는 밍밍하기만 했다. 대학에 다닐 때는 친구들과 열띤 토론을 벌이기도 했는데 일을 시작한 이후로는 상사에 대한 푸념과 TV 프로그램 얘기에만 머물렀다. 슈리야는 이제 친구들이 서로에게 호기심이 별로 없음을 깨달았다.

또 가족과는 어떤가. 어머니랑 이야기하면 늘 싸우게 됐다. 아버지와는 벽과 대화하는 것 같았다. 언니와 삼각관계를 만들어 어머니와 일대일 연락을 피하려고 했다. 이제 조금 용기를 낼 때가 온 것 같았다.

수영 교실

유아 수영 교실에 가본 적이 있나? 아기들 한 무리가 물에서 버둥거리고 캑캑거리는 모습에는 혼란스러운 아름다움이 있다. 우리 인생처럼 울음과 하이파이브가 가득하다. 많은 부모가 옆에서 숨을 참고 지켜본다. 모두 각자의 불안을 스스로 해결해야 한다. 그러지 않으면 효과가 없다. 아이가 울 때마다 부모가 달려온다면 아이들은 물을 정복할 기회를 절대 얻지 못한다.

관계를 개선하려면 책임감 있게 불안을 다스려야 한다. 가는 길에 젖을 때도 있고 어색한 정지와 출발의 순간도 많을 것이다. 또한 다른 사람들도 스스로 길을 가도록 해야 한다. 우리가 그 길을 대신 갈 수는 없다.

슈리야와 남자 친구 역시 정확히 이런 상황이었다. 캠이 용감하게 물에 뛰어들어 슈리야의 친구와 가족 사이에서 관계와 기대의 헤엄을 치려는데 그녀는 과잉보호하는 부모처럼 굴려고 했다. 보수적인 부모님 앞에서 피해야 할 주제를 알려주고 친구들이 뭘 좋아하는지 귀띔했다. 친구들이 과거 남자 친구에게 어떻게 했는지 알려주며 경고했다. 이런 조언은 얼마 동안은 평화를 유지하는 데 도움이 되었겠지만 결국 캠을 방해했다. 이들과 사람 대 사람으로 관계를 쌓는 일은 캠의 책임이었다. 그는 성인이었고 이 일은 슈리야가 아니라 캠 자신의 책임이어야 한다.

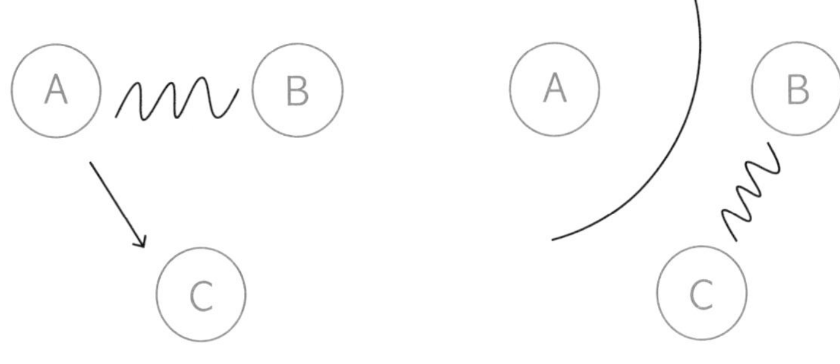

그림 9 **삼각관계를 이용해 사람 대 사람 관계 피하기**(왼쪽에서 오른쪽). 슈리야(A)는 엄마와 갈등을 겪으면 언니(C)를 끌어들였다. 언니는 엄마에게 잔소리했고 그럼 슈리야는 관계 밖에서 마음이 편해졌다. 슈리야가 불안을 다스리기 위한 삼각관계 없이 사람들과 관계를 맺기 시작하면 어떻게 될까?

슈리야는 불안한 개입을 사과했다. 그리고 긴장된 소개 자리를 만드는 대신, 캠이 관심 있을 때에 함께 다니기 시작했다. 그녀는 현장에 나간 생물학자처럼(혹은 수영 교실에서 지켜보는 부모처럼) 친구들과 캠이 어울리는 모습을 숨죽이고 지켜봤다. 당연히 다들 성인답게 예의를 갖췄다. 스페인 해변에서 보트를 공격하는 범고래 이야기가 공통의 관심사로 떠올랐고 새벽 2시에 주문할 수 있는 가장 맛있는 피자집이 어디인지를 두고 토론이 오갔다.

드디어 부모님을 만나러 가는 길, 슈리야는 캠에게 어떻게 하라고 지시하지 않았다. 대신 "물어볼 거 있어?"라고 물었다. 캠은 특정한 문화 규범이 있는지 물었고 그런 규범을 존중하는 법도 알고 싶다고 했다. 슈리야가 캠에게 더 많은 자유와 유연성을 줄수록 캠은 더 편안해졌고 함께하는 자리에 대한 불안감도 줄어들었다. 캠은 둘 다 제임스웹 우주망원경을 좋아한다는 점에서 슈리야의 아버지와 통했고 슈리야의 어머니가 매일 하는 운동에 진지한 호기심을 보였다. 슈리야가 지시한 대로 하지 않고도 두 사람을 존중할 수 있었다. 그녀의 부모님은 그래서 더 캠이 마음에 들었을 것이다.

뇌에 새로 길 내기

인간은 놀랍도록 적응력이 뛰어나다. 긴 유아기와 어린 시절은 우리의 뇌를 상당히 가소성 있게 만든다. 하지만 우리는 자신에 대해 자주 정반대로 믿는다. 대부분 지능은 운동으로 키우는 근육과 달리 고정되어 있다는 메시지를 어릴 때부터 듣는다. "어떤 사람은 똑똑하고 어떤 사람은 아니다"라는 말은 자기실현적 예언이 된다.

관계 문제에서도 뇌는 스스로 재구성할 준비가 되어 있고 실제로 그렇게 할 수 있다. 친구 사귀는 법을 배우고 부모가 되고 드디어 엄마에게 지방흡입 수술 쿠폰을 그만 보내라고 말할 때 뇌의 신경가소성에 어떤 힘이 있는지 관찰할 수 있다. 하지만 변하기 위해서는 관계의 성공과 실패를 모두 끌어안아야 한다. 또다시 과잉기능하게 되고 모두를 행복하게 하려고 할 때 이를 기회로 삼아 새로 배워야 한다. 결국 우리는 실수를 통해 나아갈 방향을 세심하게 조절한다. 이는 순진한 낙관주의가 아니다. 수백만 년 동안 일어난 진화의 원리를 주의 깊게 바라보는 일이다.

새로운 것을 배울 때 신경 세포를 연결하는 시냅스는 강해지거나 약해진다. 가족에서 관계 패턴으로 강화된 시냅스 연결을 생각해보라. 슈리야는 어머니가 아버지를 위해 과잉기능하는 것을 수없이 봤다. 자신이 엄마와 겪는 갈등에 언니를 끌어들인 일도 셀 수 없다. 뇌에 새 길을 내려면 자아를 키우는 연습을 많이 해야 할 것이다. 캠과 친구들이 저녁 한번 먹었다고 "됐어, 문제없네"라고 말할 수는 없다. 엄마에게 한 번 다가갔다고 언니를 삼각관계로 끌고 오는 일이 사라질 것이라고 보장할 수 없다. 분화는 계속 노력해야 한다.

하지만 한 걸음 물러나 캠이 룸메이트들과 편하게 어울리는 걸 볼 때마다 남자 친구에 대해 부정적이던 뇌가 조금씩 수그러들었다. 언니에게 엄마와 속상했던 일이 아닌 자기 인생을 이야기할 때마다 삼각관계에서 조금씩 빠져나왔다. 관계에서 생기가 서서히 드러나기 시작했다. 슈리야의 뇌도, 관계 체계 자체도 함께 배우고 변화할 것이다.

감정적 용기가 필요할 때

슈리야는 남자 친구와 친구들 사이의 관계에 속도를 높이며 뇌에 새로 낸 길을 다졌다. 하지만 그 길의 끝에 부모님이라는 최종 보스가 기다린다는 생각이 내내 떠나지 않았다. 그녀는 부모님과 더 잘 지내고 싶었다. 하지만 융합이 심하고 부모님이 화를 낼지도 모른다는 생각에 민감하다 보니 방법이 보이지 않았다. 아버지와 대화를 시도할 때마다 눈앞이 하얘졌다. 늘 슈리야의 삶에 개입하는 어머니에게는 도저히 호기심을 가질 수 없을 것 같았다. 어머니가 과잉기능하려고 할 때마다 슈리야는 항복하거나 너무 강압적이라고 반항하곤 했다. 많은 말이 오갔지만 소통은 없었다.

불안을 빠르게 없애는 뻔한 방식을 넘어 부모와 소통하려면 대단한 감정적 용기가 필요했다. 감정적 용기란 생각을 행동으로 옮기는 데 따르는 괴로움을 견디겠다는 의지를 말한다.

감정적 용기의 여러 모습

- 도망치고 싶은 대화에서 도망가지 않는다.
- 경계를 설정해야 할 때는 대화를 중단한다.
- 상대방의 생각을 알기 위한 질문을 던진다.
- 개입하고 싶을 때 심호흡한다.
- 다른 사람이 과잉기능하려고 할 때 경계를 설정한다.
- 가르치거나 괴롭히지 않고 생각을 전달한다.

이 예를 한 번의 대화에 모두 적용하려면 접시 여섯 개를 한 번에 돌리는 것처럼 어려울 것이다. 그래서 슈리야는 부모님 한 명과 한 번씩 기회를 만들어 상황을 바꿔보기로 했다. 부모님과의 관계에서 한 걸음씩 자기 분화를 향해 천천히 걸어가기로 했다. 우선 어머니와 점심을 같이 먹는 것으로 시작했다. 슈리야가 감자튀김을 주문하자 어머니는 식사에 채소가 부족하다고 꾸짖었다. 슈리야는 깊이 숨을 들이마신 후 말했다. "엄마, 지금은 내 식습관에 대해 토론하고 싶지 않아요. 조언이 필요하면 얘기할게요. 지금은 내가 어떻게 지내는지 이야기하고 싶어요." 어머니는 얼굴을 찡그렸지만 아무 말 하지 않고 그대로 받아들였다.

성공에 고무된 슈리야는 아버지에게는 다른 전략을 썼다. 친한 친구에게 소식을 전하는 척 이메일을 쓴 것이다. 캠과 만나게 되어 얼마나 기쁜지 이야기하고 일에서는 어떤 목표가 있는지 썼다. 또 생각을 바꾸게 해준 뉴스 기사들에 대한 자기 반응도 적었다. 그 이메일을 보내지는 않고(그건 너무 무서웠다!) 프린트했다. 그리고 일주일에 한 번 아버지에게 전화할 때 앞에 펼쳐두고 아버지가 어떻게 지내냐고 물어보면 곧바로 대답을 늘어놓았다. 친구와 어떻게 사람 대 사람 관계를 맺는지 생각하면서 아버지를 단순히 부모님 중 조용한 한쪽이 아닌 한 사람으로 대하기 시작했다.

그러면서 어떤 일이 일어났을까? 슈리야는 부모님의 불안을 해소하는 것이 자기 일이 아님을 뇌에 새겼다. 또 자신이 이 관계에서 용기를 낼 수 있다는 것을 스스로에게 보여줬다. 슈리야의 부모는 딸이 더 이상 이전처럼 움직이지 않는다는 것을, 그리고 이전의 방식으로 돌아갈 생각도 없다는 것을 알게 되었다.

그럼 슈리야의 어머니는 이제 딸의 선택에 개입하지 않을까? 컵케이크를 봐도 미간에 주름이 잡히지 않을까? 아버지 역시 딸의 수다에 침묵으로 답하는 일이 없어질까? 전혀 아니다. 분화에서 중요한 사람은 다른 사람이 아닌 자기 자신이다.

일부 운 좋은 사람들은 슈리야처럼 분화를 위한 노력을 (두 손 들어 환영하지는 않더라도) 참아주는 가족을 두었다. 하지만 어떤 가족은 반응성이 너무 높아 연락을 끊겠다고 위협한다. 이런 사람들과는 연락 방식을 바꾸거나 관계 속에서 더 명확한 경계를 설정해야 할 수도 있다. 하지만 자기 분화를 위해 노력하면 자신과 관계가 모두 성공할 기회를 얻는다. 대관람차에서 뛰어내리면 사랑하는 사람들과 새로운 모험을 떠날 가능성이 생긴다.

슈리야는 사람들에게 놀랄 마음의 여유가 생겼다. 남자 친구가 그녀의 친구 및 가족과 얼마나 잘 지내는지 보며 놀랐고 부모님에 대해 아직도 새로 알아갈 것이 있다는 사실에 놀랐다. 무엇보다도 자기 자신에게 놀랐다. 슈리야는 참고 있다가 갑자기 폭발하지 않고 진실한 사람이 되는 법, 관계의 가능성에 설레는 사람이 되는 법을 배우고 있었다.

✳ 연습 1

무리 버리기. 당신의 인생에 엉킨 관계를 풀어내야 하는 무리가 있는가? 흔들어야 하는 무리가 있는가? 남 얘기만 하는 직장 동료들? 둘만 만나는 일은 절대 없는 친구 모임? 단체 문자로만 소식을 전하는 가족? 이런 무리에서 한두 명을 따로 만날 계획을 세워라. 이런 사람 대 사람 관계를 강화할 시간을 내려면 어떻게 해야 할까?

✳ 연습 2

무지개 맛 즐기기. 생기가 부족한 관계가 있는가? 누군가를 재미없는 사람, 매력 없는 사람으로 치부한 적이 있는가? 평소에는 하지 않는 질문을 던지고 불안한 편집을 거치지 않은 자기 이야기를 전해서 이 관계에 짜릿함을 더할 방법을 생각해보자. 친한 친구랑 어울린다고 생각하면서 자신을 있는 그대로 드러내보는 건 어떨까?

✳ 연습 3

뇌에 새로운 기술 가르치기. 당신이 맺는 관계는 뇌에 어떤 길을 냈는가? 모두를 편안하게 하려고 하는가? 긴장되면 말이 많아지는가? 만나자는 말을 들으면 숨어버리는가? 이제 뇌에 새로운 가르침을 줄 때다. 사람들과 관계 맺는 방법은 한 가지가 아니라는 사실을 배우도록 말이다. 성인이 된 지금, 여전히 배울 수 있는 관계의 교훈에는 무엇이 있을까?

이 장에서 우리가 잊지 말아야 할 것들

☛ 사람들은 사람 대 사람 관계를 맺기보다 무리를 지어 어울릴 때가 많다.

☛ 사회적 완충은 친숙한 개체나 집단이 함께 있을 때 스트레스가 완화되는 현상을 말한다.

☛ 무리를 지으면 불안과 어색함을 줄일 수 있다. 하지만 소중한 사람과 사람 대 사람 관계를 발전시키는 데 방해가 되기도 한다.

☛ 무리를 풀어내면 더 성숙해지고 집단에 유연함을 불어넣을 수 있다.

☛ 우리가 맺는 많은 관계가 밍밍한 거짓 연결 상태에 빠져 있다. 관계에 생기와 깊이를 더하려면 형식적인 대답을 부르는 기초적인 잡담에서 벗어나 다른 질문을 던져라.

☛ 가족 내 정서 과정이 뇌에 특정 경로를 강화한다. 관계에서 더 많은 정서적 용기를 낼 때 뇌에 새 경로를 깔 수 있다.

☛ 감정적 용기란 최선의 생각을 행동으로 옮길 때 생기는 괴로움을 견디려는 의지이다.

12

자신을 평가하는 법 배우기

"뭐가 필요한지 물어보긴 하겠지만 나 하나로 이미 충분하죠."

—에이바 콜먼, 〈애봇 초등학교Abbott Elementary〉

레이철은 사람들이 어떻게 지내냐고 물을 때마다 뭐라고 답해야 할지 몰랐다. 소셜 미디어에 비친 그녀는 사랑하는 아이 두 명이 있고 행복하면서도 다소 어수선한 장로교 목사였다. 남편에게 물어보면 그녀가 스스로에게 너무 가혹하다고 말할 것이다. 여섯 살 난 딸은 "엄마는 엉덩이에 불이 난 사람처럼 뛰어다녀요"라고 할 것이다. 세 살배기 아들은 시끄러운 트럭 소리를 흉내 낼 것이다.

둘째가 태어난 이후 레이철은 생존 모드에 돌입한 것 같았다. 다들 둘째는 훨씬 쉬울 거라고 했다. 갈팡질팡하지 않을 거고 육아법을 일일이 따지지 않아도 될 거라고 했다. 하지만 전혀 그렇지 않았다. 그녀는 직장에 도착하면 인스타그램에 빠져들었다. 점심시간에도 사무실에 숨어 축 처진 샐러드를 씹으며 끝없이 스크롤을 내렸다. 딱히 뭘 찾는지는 알 수 없었지만 알고리즘은 그녀가 가만히 무엇을 연구했는지 기록했다.

레이철은 사실 모르몬교 '맘플루언서'에 빠져 있었다. 이들은 자녀를 홈스쿨링으로 키우면서도 가스레인지 뒷벽의 타일을 새로 까는 활력 넘치는 개척자 여인들이었다. 레이철은 이들이 건강한 간식을 직접 만들어 커다란 유리병에 채우는 걸 구경했다. 이 여자들은 드라이브스루 매장에 햄버거를 사러 갈 때도 메이크업이 완벽했다. 스물일곱 명이나 되는 아이들이 '예수님을 주제로 한 작품'을 만드는 걸 도우면서도 윤기 나는 트레이닝복에는 페인트 한 방울 묻지 않았다. 레이철은 이런 삶을 '원하지' 않았다. 하지만 자동차 뒷좌석에 도리토스 몇 봉지를 던져주거나 피곤한 하루를 보낸 후 아이들에게 만화를 틀어줄 때면 죄책감이 들었다. 그리고 솔직히 말해서 주방 타일을 새로 깔고 싶지 않은 사람이 어딨나?

레이철은 처음으로 자신이 재능 있는 목사인지 의구심이 들었다. 게다가 자신에 대한 평가가 뚝 떨어진 것도 영향을 미쳤다. 어떤 신도들은 새 방문객을 맞을 때 더 웃으라고 했다. 저녁에 자리를 지키지 않는다고 불만인 사람들도 있었다. 한 노신사는 매주 그녀의 설교를 비평하는 이메일을 보내겠다고 했다. 레이철은 그 즉시 예수님처럼 탁자를 뒤엎지 않은 자신을 칭찬했다.

어떤 비판은 뻔한 여성 혐오에서 나왔지만 일부는 뇌리를 파고들었다. 신학대학을 갓 졸업한 스물다섯 살의 교육 담당 목사, 마이클이 교회에 새로 부임한 것도 불리하게 작용했다. 마이클은 일흔다섯 살 먹은 행정 직원 바버라에게 복사기를 너무 많이 쓴다고 끌려 나온 일이 아직 없어서인지 늘 당당했다. 어떤 백인 예수 그림이 로비에 걸려야 하는지 싸울 때 판단해달라고 불려가는 일도 없었다(다 안 돼요!). 마이클은 사랑받았고 에너지가 넘쳤고 무엇보다 아이가 한 명도 없었다. 레이철의 뇌는 마이클을 인재로 보지 않고 비상 신호로 봤다. '위험! 위험!'

레이철은 실제로 어떻게 지내고 있었을까? 그녀는 불안을 해소하려고 남편에게 자신이 좋은 엄마이고 좋은 목사인지 말해달라고 했다. "이제 그만 물어봐." 어느 날 밤 남편이 잠자리에 들기 전 이렇게 말했다. "아무래도 당신이 놀라운 사람이라는 내 말에 설득력이 없나 봐." 레이철은 이 대응에 화가 났지만 마음속으로는 남편 말이 옳다는 걸 알았다. 자신을 평가하는 다른 방법을 찾아야 했다.

성장을 위한 질문

사람은 자신을 평가하는 데 신기할 정도로 재주가 없다. 서양 문화에서는 자기 능력을 지나치게 낙관적으로 평가할 때가 많다.[1] 회사원은 대부분 자기가 상위 5퍼센트 안에 드는 성과를 낸다고 생각할 것이다. 피임에 대해 잘 안다고 생각하는 십 대들이 더 임신을 많이 한다. 운전에 능숙하다고 생각하는 노인들이 사고를 더 잘 낸다. 우리 능력은 주변에서 훨씬 더 잘 파악한다.

아이러니하게도, 우리는 능력에 대해서는 낙관적이지만 동시에 심한 자기비판에 빠져들기도 한다. 100년 전에는 주변 사람들과 비교하면 그만이었다. 이제는 소셜 미디어 덕에 세상 구석구석에 사는 성공한 사람, 미인, '최적의 삶'을 사는 사람을 본다. 특히 십대 소녀들 사이에서 불안과 우울증 비율이 계속 늘어나는 것도 놀랍지 않다.

아이들에게 자신의 성장을 스스로 평가하라고 가르치거나 독려하는 학교는 거의 없다. 그런데도 우리는 성인들이 고용인, 파트너, 부모로서 자신을 신중하게 평가할 수 있기를 기대한다. 내가 내담자들에게 자신을 평가해보라고 하면 대부분 이분법적인 언어를 사용한다. 자기 행동에 좋거나 나쁘다, 건강하거나 건강하지 않다, 기능적이거나 역기능적이다, 생산적이거나 게으르다, 같은 딱지를 붙이려고 한다. 하지만 '건강하다', '생산적이다', '성공했다' 같은 단어의 문화적 정의가 거의 달성 불가능에 가깝다면 사람들은 좌절감을 느낄 수밖에 없을 것이다.

우리가 자기 평가에 서툰 이유는 어쩌면 애초에 잘못된 질문을 던져서일 수도 있다. 비교를 부르는 질문은 자연스레 관계 지향성을 띤다. 이런 질문에는 '해야 한다', '반드시', '충분히' 같은 말이 들어간다. 그렇게 회피, 수용, 심지어 행동화까지도 일으킨다. 이런 질문은 내가 말하는 '성장을 위한 질문'이 아니다. 성장에 좋은 질문은 호기심, 유연성, 창의성을 일으킨다. 불안하게 빌려 온 타인의 가치나 기준을 넘어선다. 이런 질문을 시작할 수 있도록 이 책 끝에

불안한 질문	성장을 위한 질문
나는 충분히 잘하고 있나?	어떻게 책임질 것인가?
망치면 어쩌지?	스트레스가 심하면 나는 어떻게 반응하지?
나는 다른 사람들만큼 잘하고 있나?	나는 언제 성장했나?
어떻게 해야 주목을 받을까?	나에게 중요한 것은 무엇인가?
사람들을 화나게 하면 어쩌지?	나는 어떤 도전을 마주하고 있나?
이걸 하기엔 너무 늦었을까?	어떻게 해야 성숙하게 어려움에 대응할 수 있나?

'성장을 위한 질문'을 잔뜩 실어뒀다. 그러나 자기만의 질문도 만들어볼 것을 권한다.

일부는 이런 불안한 질문을 부정적인 사고 패턴으로 본다. 그럴 수도 있다. 하지만 이는 사회적 화합을 강조해 연합성을 키우려는 집단의 압력을 보여주는 질문이기도 하다. 앞에서 우리가 높은 지위에 있는 집단 구성원을 흉내 내도록 진화한 데는 그럴 만한 이유가 있다는 것을 살펴봤다. 케이디 헤론이 군복 바지를 입고 플립플롭을 신으면 나도 따라 군복 바지와 플립플롭을 산다(케이디 헤론은 (영화 〈퀸카로 살아남는 법〉의 주인공이다-옮긴이). 웃기면서 조금 슬프기는 하지만 놀라울 정도로 유용한 적응력이기도 하다. 스트레스가 쌓일 때 우리는 말썽을 일으키지 않고 그럭저럭 지나가기 위해 사람들을 따라 한다. 이런 행동을 하는 자신을 탓할 수도 있지만 숨을 깊이 들이쉬고 성장에 도움이 되는 질문을 해볼 수도 있다.

레이철은 자신을 평가할 때 던지던 질문을 생각해봤다. '나는 아이 두 명이 있는 다른 여자들만큼 잘하고 있나? 집을 어떻게 꾸며야 할까? 교회 신도들이 행복해 보이나? 마이클만큼 재미있게 설교했나?' 모두 다급함이 느껴지는 질문이다. 너무 다급해서 친구, 신도, 아니면 (불길한 음악이 깔리고) 인터넷에서 답을 빌려 와야 한다.

'충분한가'는 이제 충분하다

'충분한가'는 우리 사회를 병들게 하는 단어다. 나는 충분히 열심히 일하는가? 나는 충분히 좋은 친구인가? 나는 충분히 오래 살 정도로 충분히 내 몸을 돌보는가? 나는 딸로서, 공동체의 일원으로서, 세계 시민으로서 충분히 도움이 되는가? 그딴 걸 대체 누가 알까?

세상에서 어떤 사람으로 살아갈지 논리적이고 현실적으로 정하지 않는다면 '충분히'라는 단어는 계속해서 생각을 침범할 것이다. 그리고 계속해서 다음을 기준으로 자기를 평가할 것이다.

- 내 느낌

- 다른 사람들의 반응
- 다른 사람들의 가치

늘 바뀌는 변수 아닌가! 자신이 나쁜 배우자라는 느낌이 들면 그런 사람이라고 결론을 내린다. 회계부의 밥이 내게 승진 자격이 없다고 생각한다면 그 말이 틀림없다. 이웃집 마당이 깔끔하면 당장 전지가위를 챙겨야 한다.

우리는 감정이 계속 변한다는 것을 머리로는 알고 있다. 사회는 이런 감정 변화가 정상이라고 말한다. 가면 증후군은 누구에게나 있다! 죄책감 없는 엄마는 없다! 그러니 애태우지 말자! 하지만 불안감 때문에 이런 감정을 무시하면 그 감정이 우리의 기능과 관계에 어떤 영향을 주는지는 보지 못한다. 육아, 외모, 직업적 성공에 있어서 '부족하다'고 느끼는 부모를 두면 영향을 받기 쉽다. 불안감은 전염성이 강하다.

죄책감을 느낀다고 죄책감을 느끼고, 불안하다고 불안해하라고 이런 말을 하는 것이 아니다. 단지 인간다운 모습에 불안한 반응을 보이면 실제 단점보다 더 큰 문제가 생길 수 있다는 뜻이다. 예를 들어 부하 직원을 충분히 지원하지 못한다고 늘 걱정하는 상사와 일하겠는가, 아니면 때로는 자신이 부족해도 괜찮다고 여기는 상사와 일하겠는가? 가끔은 연락에 답하는 걸 잊어버리는 친구가 좋은가, '좋은 친구'가 되겠다고 집착하는 친구가 좋은가? 흥미로운 질문 아닌가?

충분하지 않다는 느낌이 들면 우리는 종종 뻔하고 똑같은 패턴으로 불안을 해소한다. 얼어붙거나, 전혀 바뀌지 못하거나, 문제에 엄청난 에너지를 쏟다가 금세 탈진하거나, 그냥 다른 사람이 하라는 대로 한다. 이런 반응에는 자아가 거의 없거나 전혀 없다.

상황: 운동할 시간이 별로 없다.
반응: 피트니스 인플루언서 같은 몸을 가꿀 수 없으므로 그냥 포기한다.

상황: 상사가 나에게 실망한 것 같다.
반응: 동료들이 상사를 만족시키기 위해 하는 행동을 모두 따라 한다.

상황: 아이들 교육에 충분히 투자하지 않는 것 같다.
반응: 감당하기 어려울 정도로 비싼 수학과 과학 캠프에 아이들을 보낸다.

이런 반응은 어른의 해결책이 아니다. 소화기를 움켜쥐고 의심을 향해 뿌리는 것과 비슷하다. 불은 꺼질지 모르지만 또 다른 혼란이 일어날 것이다. 자신의 원칙과 신념을 반영해 해결책을 찾는 과정은 훨씬 속도가 더디다. 동료들과 다른 선택을 내릴 때, 상사의 마음에 쏙 들지 않는 선택을 내릴 때는 불편함을 참아야 한다.

레이철은 자신이 충분하지 않다고 느낀 순간들을 생각했다. 그녀는 유모차로 개똥을 밟거나 소셜 미디어에 너무 시간을 낭비한 날이면 밤늦게 자신이 부족하다는 생각을 많이 했다. 밤에는 나약해져서 인생의 중요한 결정을 다른 사람의 영향을 받아 급하게 내리곤 했다. 어쩌면 밤 10시에 객관적이고 논리 정연한 인생관을 소환하는 것도 이상했다. 그래서 아예 저녁 7시 이후에는 어떤 평가도 내리지 않기로 했다. 밤에는 아마존에서 육아 책을 사거나 소셜 미디어를 보며 스크롤을 내리거나 남편에게 울분을 토하지 않고 느긋하고 고요하게 시간을 보내기로 했다. 책을 읽고 기도하거나 스칸디나비아 형사가 끔찍한 살인 사건을 해결하는 드라마를 보기도 했다.

이런 게 자신의 문제에 책임지기 시작할 때 나타나는 변화다. 문화가 제안하는 빠른 해결책과 산만한 도피를 향해 "고맙지만 사양할게요"라고 말하는 모습이다. 불안을 좀 더 책임감 있게 해소하면 자신을 명확하고 친절하게 평가할 기회가 온다.

슈퍼마켓 싹쓸이

90년대 케이블 TV를 보며 자란 나는 〈슈퍼마켓 스위프Supermarket Sweep〉라는 게임쇼를 많이 봤다. 마지막 도전에 나선 참가자들은 쇼핑 카트를 끌고 방송에서 준비한 식료품점을 돌아다니며 가장 비용이 많이 나오도록 카트에 물건을 쌓았다. 거대한 칠면조와 스테이크와 기저귀가 진열대 위를 날아다니고 방청객은 함성을 질렀다.

나는 현대인의 생활에 대한 비유 가운데 이보다 나은 것을 보지 못했다. 자기가 누구인지 확신하지 못할수록 우리는 더 빠르게 세상의 가치를 카트에 쓸어 담는다. 삶은 어느새 지위, 부, 혹은 '올바른' 믿음을 되도록 빠르게 쌓아야 하는 것이 되었고, 걸음을 멈춰 상품 정보가 적힌 라벨을 바라보는 사람은 거의 없다. 인스타그램의 '좋아요'? 그럼요. 요즘 인기 있는 육아법? 주세요. 비현실적인 몸매와 생산성 표준? 여기 넣으세요.

이것이 바로 거짓 자아가 판치는 모습이다. 자신만의 기준과 믿음이 없을 때 우리는 가장 편리한 것들을 집어 든다. 남과 비교하는 방식. 알고리즘에서 더 순위가 높은 것. 많은 사람을 행복하게 하는 것. 이런 믿음은 대부분 절대 이룰 수 없다. 그런데도 우리는 새벽 5시에 일어나라는 자기계발 구루의 말을 믿는다. 그러면서 자신에게 말한다. "나는 오늘 생산성 기계가 될 거야. 피로, 산만함, 폭식에서 멀어질 거야!" 열여섯 시간 후 당신은 침대에 누워 위키피디아로 TV 시리즈 〈스몰빌Smallville〉 출연 배우를 찾아보면서 체더치즈 한 덩어리를 다 먹어치운다.

우리 자신에게 적용하는 편리한 기준은 대체로 유연성이 매우 떨어진다. 이런 기준은 엄격하고 상상력이 부족하고 솔직히 말해서 우습다. 그리고 무엇보다 친절하지 않다.

편리하지만 엄격한 기준

- 모두가 내 소셜 미디어 게시물을 좋아했나?
- 사람들이 내 농담에 웃었나? 내가 이야기할 때 열정적으로 고개를 끄덕였나?
- 나는 성공했다고 느끼는가?
- 우리 집이 아무도 안 사는 것처럼 깨끗한가?
- 내 아이는 절대 소리를 지르거나 심통을 부리지 않는가?
- 나는 가공식품을 전혀 먹지 않는가?
- 나는 스물다섯 살 청년의 에너지를 가지고 있나?
- 나는 방금 헤어와 메이크업을 마친 여배우처럼 보이나?

친절하고 유연한 기준

- 한심한 행동을 하지 않고 잘 참았나?
- 오늘 신선한 공기를 마셨나?
- 사람들에게 집중하고 경청했나?
- 불안을 해소하려고 노력했나?
- 오늘 마음껏 기뻐한 일이 있었나?
- 좋은 생각을 할 여유를 가졌나?
- 할 수 있는 것과 할 수 없는 것을 솔직하게 구분했나?
- 책임감 있는 사람이 되기 위해 얼마나 노력했나?

첫 번째 목록에 있는 질문은 절대 하루 이틀 이상의 안정감을 주지 못한다. 반면에 성숙함, 친절함, 호기심은 즉각적인 결과를 보여주지는 못해도 성장을 위한 탄탄한 바탕이 된다. 문화는 그렇게 이야기하지 않을지 몰라도 우리는 절대 게임쇼의 속도로 살 수 없다. 집단을 따르도록 태어난 종에게 집단의 사고방식을 벗어나는 것은 무서울 수 있다. 하지만 이는 극복할 수 있는 종류의 불안이다. 이 불안이 오히려 우리에게 많은 것을 가르쳐준다.

레이철은 자신의 평가 기준이 불가능하고 재미도 없으며 우습다는 것을 알고 있었다. 집이 인스타그램 기준에 맞지 않는다는 이유로 이제 친구들을 초대하지 않았다. 깨달음을 얻은 몬테소리 교사처럼 아이들을 대하려고 하면 점점 좌절감만 들어 결국 아이패드를 쥐여 줬다. 예배 시간에 마이클의 말투를 따라 했더니 말도 안 되고 혼란스러운 설교가 되고 말았다. 그녀의 인생은 타인의 가치와 노력을 긁어모은 콜라주였다. 낯설어 보이는 게 당연했다.

비교의 편리함

비교는 편리한 잣대다. 큰 노력 없이도 일시적으로 기분과 기능을 빠르게 끌어올린다. 사회적 상향 비교는 더 많은 것을 성취하도록 우리를 자극하고, 사회적 하향 비교는 자신을 더 긍정적으로 생각하는 데 도움이 된다. 이런 효과가 없었다면 이 세상에 엄마의 죄책감, 사이버 폭력, 연예인 숭배가 그토록 팽배하지는 않았을 것이다.

우리는 불안할수록 더 손쉽게 다른 사람을 척도로 삼는다.

편리한 비교 기준

- 형제자매는 얼마나 잘 지내고 있지?
- 동료가 얼마나 좋은 평가를 받지?
- 다른 모든 사람의 소셜 미디어 피드
- 고등학교 동창들이 얼마나 잘 살지?
- 다른 사람들은 모두 뭘 입고 먹고 사지?
- 다른 사람들은 모두 얼마나 바쁘지?

이런 기준은 빠르고 편리하다. 하지만 그다지 영양가도 없고 성장에 도움이 되지도 않는다. 그저 계속 배고프게 할 뿐이다. 이런 기준을 따르다 보면 자신의 가치에 어긋나는 목표를 향해 계속 달리게 되고 믿지도 않는 생각에 동의하게 된다.

비교하지 않는 법을 다른 사람에게 가르칠 수 있는지 잘 모르겠다. 진화는 그럴 만한 이유가 있어 이 버튼을 심었다. 나는 비교를 일종의 '엔진 경고등'으로 생각하려고 한다. 이 경고등은 그 사람의 원칙과 신념에 결함이 있다고 신호를 보낼 수 있다. 더 탄탄한 자기 평가 체계가 필요하다고 알려줄 수 있다. 우리는 모두 인생의 어떤 영역에서는 다른 영역에서보다 덜 비교한다. 나이 들수록 외모를 의식하지 않을 수도 있고 술을 마시지 않겠다는 결심이 확고해질 수도 있다. 아마도 그 영역에서 참 자아를 더 쌓았고 무엇을 믿고 어떤 노력을 해야 할지 충분히 생각했기 때문일 것이다.

좋은 질문을 던지면 거짓 자아에서 참 자아로 가는 데 도움이 된다. 불안한 비교에서 벗어나 원칙이 이끄는 대로 살 수 있다.

거짓 자아: 이미 결혼한 친구가 몇 명이지?

참 자아: 나는 어떤 데이트와 연애를 하고자 하나?

거짓 자아: 상사가 다른 사람들만큼 나를 높이 평가하나?

참 자아: 나는 일을 잘하고 있나? 어떤 것에 집중해야 할까?

거짓 자아: 내 아이는 다른 아이들이 하는 모든 것을 할 수 있나?

참 자아: 삶의 도전을 헤쳐나가는 아이와 어떻게 소통해야 할까?

거짓 자아: 세상 사람들이 모두 이번 주에 바다에 놀러 갔네, 나만 빼고.

참 자아: 의미 있고 즐거운 하루를 보내려면?

레이철은 자신이 어떻게 비교를 통해 기분과 기능을 끌어올렸는지 돌아봤다.

그녀는 종종 육아에서 이룬 승리를 다른 사람의 실패와 비교했다. 밤에 남편과 데이트할 때면 각자가 관찰한 다른 부모의 정신 나간 짓들을 서로에게 들려줬다. 그렇게 서로를 치켜세워도 다음 날이 되면 슬며시 의구심이 들었다. 인정하기 싫었지만 레이철은 동료 성직자들이 고생할 때 기분이 좋았다. 마이클이 실수로 일을 망치자 즉시 자신감이 올라가고 미래가 더 낙관적으로 보였다. 다른 사람들이 승승장구할 때 본인만 형편없이 느껴지는 것도 싫었지만 다른 사람의 실패에 의존해 기능하는 것도 좋지 않았다. 타인을 향한 공감이나 즐거움을 키워주지 않는 이 끔찍한 롤러코스터에서 내리고 싶었다.

인간이기 위한 허락?

사람들이 자신의 불완전함을 이야기하면 너무 좋지 않나? 작가들이 '나도 매일 쓰지는 않는다'고 말하면 내 몸은 저절로 이완된다. 유명 연예인이 자기도 버거킹을 좋아한다고 하면 "스타! 그들도 우리랑 똑같다!"며 환호하는 기사가 나온다. 팬데믹 기간에 생산성이 떨어진다는 사람들의 말을 들으면 꼭 따뜻하고 포근한 담요를 덮고 뒹구는 것 같았다. 우리는 사람들이…… 사람이라는 사실을 상기할 때 더 잘 잔다.

사람들에게 자신을 너무 혹사하지 말라고 말하는 것은 수십억 달러까지는 아니더라도 수백만 달러 가치의 산업이 됐다. 반反허슬 문화hustle culture(목표를 향해 무한한 열정을 가지고 매진하라고 권하는 문화-옮긴이)는 게으름 부리는 사람에게 부끄러운 줄 알라고 말하는 구루들과 일종의 공생 관계를 이루며 점점 인기를 높여가고 있다. 우리는 새벽 5시에 일어나라고 말하는 책을 사고 새벽 5시에 일어나라고 하는 사람들을 비판하는 팟캐스트를 듣는다. 둘 다 매우 만족스럽다. 변화에 대해 생각하면 도파민이 분비되고, 그 조언을 해준 바로 그 사람들보다 우월하다고 느끼는 데서 또 도파민이 분비되기 때문이다.

어쩌면 그저 자신을 너무 혹사하는 게 문제가 아닐 수도 있다. 다른 사람이 이 말을 해줘야 한다는 점이 문제일 수도 있다. 문화를 받아들이고 또 거부하는 것은 모두 관계 지향성의 특성이자 불안한 반응일 수 있다. 불안이 높아지면 외부에서 자아를 빌려 와야 할 필요성도 커진다. 멀리 볼 것도 없이 자기계발 산업만 봐도 알 수 있다. 물론 이런 메시지가 필요한 곳도 있다. 하지만 사람들 역시 자기 마음을 알 수 있다. 전문가나 해시태그의 허락이 없어도 사실을 바라보고 앞으로 나갈 최선의 방식을 결정할 수 있다. 다른 사람이 나와 똑같은 결정을 했는지 보지 않아도 된다.

자기 평가는 근육과 같다. 연습하면 강해지고 연습하지 않으면 약해진다. 그리고 자기 평가를 자유롭게 내리는 사람은 자기표현으로 이동한다. 다시 말해 이들은 자기 자신이 되어도 좋다는 허가를 스스로 내릴 수 있다. 그리고 다른 사람도 그렇게 하도록 쉽게 허용한다. '자기'가 많이 들어간 결정을 내릴수록 다른 사람들이 다른 선택을 해도 불편함을 덜 느낄 것이다. 사람들이 넷째를 낳고, 호주로 이민 가고, 새벽 5시에 일어나고, 서핑을 전문적으로 배우더라도 '나도 저렇게 해야 하나?'라고 스스로 묻지 않아도 된다. 집단과 분리되어 더 자유롭게 나만의 결정을 내릴 수 있다. 아름다운 목주름이 있는 친구가 될 수도 있고 자녀에게 스마트폰을 사 주지 않는 부모, BTS의 안무에 빠삭한 할아버지가 될 수도 있다.

참 자아의 모습

- 차이를 편안하게 여긴다.
- 믿음에 따라 행동한다.
- 다른 사람이 따라오지 않아도 된다.
- 다른 사람을 따라가지 않아도 된다.
- 다른 사람의 반응에 크게 영향받지 않는다.
- 그 순간의 감정에 크게 영향받지 않는다.

레이철은 자신의 행동에 대해 허락을 구하는 모든 방식을 알아차리기 시작했다. 그녀는 구글에서 '영상을 조금 보는 건 아이에게 해롭지 않다'는 내용을 검색했다. 여성 성직자의 회고록을 샅샅이 읽었다. 신체 긍정에 대한 팟캐스트를 들었다. 적은 수입으로 매우 행복하게 사는 주변 사람들을 연구했다. 모두 아무 문제 없는 행동이다. 하지만 이런 결정에 자기 생각은 거의 없었다. 레이철의 방대한 데이터는 모두 다른 사람의 의견과 경험이다. 어떻게 해야 그녀의 생각이 더 많은 역할을 할 수 있을까?

레이철은 불안이 그녀의 결정에 어떤 영향을 주었는지 생각하면서 성장에 대해 다르게 생각하기 시작했다. 목표는 단순한 행동 변화가 아니었다. '어떻게' 결정을 내리는지 점검해야 했다. 다시 말해 좋은 엄마가 되기 위해서 가장 좋은 육아서를 살 필요는 없었다. 매주 몇 분 정도 육아에 대해 따로 생각할 시간을 내야 했다. 거실을 정리하기 위해 완벽한 소파를 사지 않아도 됐다. 집을 즐기는 법을 자신에게 물어야 했다. 평가 과정을 생각하자 창의성과 호기심이 들어갈 자리가 생겼다. 어쩌면 뛰어난 부모가 되는 법은 한 가지가 아니었다. 친구들을 맞이하는 공간을 만들고 신도들에게 좋은 성직자가 되는 것 역시 마찬가지였다.

이런 지혜는 설교처럼 길지 않아도 괜찮았다. 레이철은 좋은 생각은 포스트잇 한 장에 딱 들어간다는 걸 깨달았다. 결국 '속도를 늦추고 집중해라'라는 원칙이 20페이지 분량의 양육 선언문보다 도움이 됐다. 자세한 해석학적 비평보다 '좋은 질문을 했는지' 생각할 때 설교를 더 잘 평가할 수 있었다.

다른 사람의 자아를 빌려 오고 싶은 마음은 여전했다. 아이들 문제라면 자신의 원칙보다 맘플루언서의 콘텐츠를 받아들이는 게 훨씬 쉬울 것 같았다. 어수선한 삶을 다른 사람에게 그대로 보이느니 모두 주워 재빨리 옷장에 구겨 넣는 게 훨씬 쉬울 터였다. 마이클이 흔들리면 자신감이 올라갈 수도 있을 거다. 하지만 다른 사람에게 신경 끄고 자신의 소명에 따라 살 수도 있다. 교회에 마이클 같은 목사가 한 명 더 필요한 건 아니었으니 말이다. 아이들 역시 색깔 맞춰 옷을 골라주고 방향제를 직접 만드는 완벽한 엄마가 필요하지 않았다. 오히려 어른이 되는 느리고 꾸준한 노력을 지켜볼 수 있는 엄마, 지저분한 집과 실패와 후퇴도 감당할 수 있는 삶의 일부임을 보여주는 엄마가 필요했다.

레이철은 서서히 자기 생각을 개발하고 믿는 법을 배웠다. 동료를 경쟁자가 아니라 축복으로 볼 수 있게 됐고 점심을 먹을 때는 휴대전화를 내려놓고 세상의 모든 엄마를 위한 짧은 기도를 올렸다. 심지어 반지르르한 트레이닝복을 입은 엄마들을 위해서도 기도했다. 밤에 몸을 돌려 "나 잘하고 있지? 응?"이라고 남편에게 묻고 싶을 때도 남편이 자게 내버려뒀다. 이제는 자신을 믿었다.

✳ 연습 1

불타는 링의 대안 마련하기. 당신은 언제 성공의 사회적 정의에 집착하는가? 피곤하고 불안한 엉덩이를 들이밀어 기어코 통과하고 싶은 링이 있는가? 아이들의 모든 순간을 교육으로 이끌기? 좋아하는 추리 소설 대신 밀도 있는 러시아 문학 작품 읽기? 말도 안 되는 체중 감량으로 스스로를 몰아붙이기? 혹은 한순간도 즐길 수 없는 어떤 것 배우기? 좀 더 친절한 기준이 있을까? 하루를 잘 보내는 유연하고 현실적인 방법은 무엇일까?

✳ 연습 2

빠른 비교 점검하기. 어떻게 빠른 비교를 통해 괴로움을 해소했는지 생각해보자. 직장에서 사람들의 옷을 확인하나? 다른 사람들의 실패에 대해 떠드는가? 누군가의 성공은 자신이 '게으르다'는 증거인가? 건강, 육아, 직업, 관계, 취미 등 한 가지 주제를 골라 자신만의 지혜를 정리해보자. 사람들의 생각이나 문화와 다른 의견이 조금이라도 있는가?

✳ 연습 3

내가 주는 허가서. 다른 사람의 불완전함이나 위로를 근거로 '나도 인간이니까 괜찮아'라고 허용하는가? 다른 사람 없이 스스로 허용할 수는 없을까? 무엇이든 되어도 좋다는 나만의 허가서를 만들어서 인쇄하자. 불완전한 사람, 아직 성장 중인 존재, 그저 인간, 신의 아이 등 자신이 누구인지 기억하는 데 필요한 어떤 단어라도 좋다.

이 장에서 우리가 잊지 말아야 할 것들

☛ 인간은 자신을 제대로 평가하지 못한다. 능력을 과대평가하거나 자책에 빠지기 쉽다.

☛ 불안하고 관계 지향적인 질문은 우리가 한 개인으로 성장하는 데 도움이 되지 않는다. 성장을 위한 질문을 던지면 목적의식이 강해지고 자신에게 진실해지며, 자신에 대한 책임감을 높이는 데 도움이 되는 생각을 할 수 있다.

☛ '충분히' 잘하고 있는지 걱정하다 보면 현재의 감정에 따라 자신을 평가하게 된다. 이는 성숙에 도움이 되지 않는 불안한 고치기로 이어질 수도 있다.

☛ 확신이 부족할수록 성공의 문화적 정의를 그냥 빌려 오기 쉽다. 이런 정의는 친절하지도 우리의 생각을 반영하지도 않는 엄격한 잣대일 때가 많다.

☛ 우리는 비교를 통해 의욕을 높이고 불안을 해소한다. 자신만의 인생 원칙을 만들면 비교하지 않고도 자신을 평가할 수 있다.

☛ 결정의 내용이 아니라 결정 과정에 집중하면 유용하다. 자기 자신이 되어도 좋다는 허락을 구하기보다 어떤 사람이 되고 싶은지 스스로 정의할 시간을 내라.

13

입장을 밝힐 용기 내기

"내가 절대 못 참는 더러운 속임수가 바로 정직이에요."

—에이미 브룩하이머, 〈부통령이 필요해Veep〉

도나는 자녀들을 사랑했다. 하지만 빈 둥지가 된 것도 좋았다. 아이들이 어릴 때 지독한 이혼을 무사히 치렀고 아이들을 세상에 잘 내보낸 게 무엇보다 자랑스러웠다. 이제 세계를 여행하고 신비로운 남자들을 만나며, 다른 사람의 빨래를 하는 일은 절대 없는 미래를 꿈꿨다. 대단한 착각이었다.

마지막 자녀가 독립한 지 3년 만에 도나는 자신을 포함한 모두를 충격에 빠트리며 여자와 결혼했다. 제인은 도나의 시끄럽고 활기 넘치는 자아를 자연스럽게 보완해주는 조용하고 독립적이며 완벽한 사람이었다. 하지만 단 한 가지 문제가 있었다. 서른 살 된 딸, 애니라는 하숙생을 데리고 온 것이다.

애니가 직장을 잃고 '잠시만' 들어와서 살아도 되냐고 했을 때

도나는 몇 달이면 될 줄 알았다. 하지만 애니는 1년이 지나도 나갈 생각을 안 했다. 직장을 구하지도 않았고 방에 틀어박혀 지내다가 가끔 나와서 냉장고를 뒤지거나 긴 목욕을 하거나 후기 자본주의의 병폐에 대해 연설을 펼쳤다. "돈은 나한테 아무 의미도 없어요." 애니는 도나의 맥주를 마시면서 이렇게 말하곤 했다.

제인도 '애니 문제'를 모른 척하지는 않았다. 하지만 제인은 딸과 늘 아슬아슬한 관계였다. 규칙을 몇 개라도 강요하면 또 다른 엄마, 즉 전 부인에게로 도망갈까 봐 두려워했다. 그러니 평화를 지키는 가장 좋은 전략은 여느 때처럼 정서적으로 거리를 두고 문제가 없는 척하는 것이었다.

가끔 애니는 동굴에서 나와 저녁을 같이 먹었는데, 그러면 곧 정치 얘기로 침을 튀겼다. 최근 꽂힌 주제는 주택가에 자전거 도로를 놓으려는 시 계획에 반기를 든 이웃들이다. 이들은 새빨간 글씨로 "우리는 주차할 곳이 필요하다!"라고 쓴 팻말을 마당 여기저기에 꽂고 도나에게도 동참하라고 채근했다. 도나는 자전거가 없었다. 하지만 한두 블록 멀리 주차해야 한다고 피가 거꾸로 솟지도 않았다. 집안 문제가 더 골치 아팠으니까.

어느 날 오후 집에 돌아온 도나는 판지에 쓴 팻말이 화단에 꽂힌 걸 발견했다. 처음에는 이웃이 마음대로 들어온 줄 알았는데 자세히 보니 "님비 파시스트는 가라!"라고 손으로 쓴 글씨가 보였다.

도나는 화가 치솟아 흙 묻은 판지를 뽑았다. 이제 정치라면 지긋지긋했고 애니도 꼴 보기 싫었다. 누군가는 집을 나가야 했다. 그리고 그 사람은 자신이 아니었다.

무책임한 과잉 개입

그야말로 마당 팻말 세상이다(미국은 마당에 정치 및 사회 문제에 대한 의견을 밝히는 팻말을 많이 세운다-옮긴이). 세상은 우리에게 입장을 정하라고 끝없이 요구한다. 소셜 미디어 알고리즘과 분노에 기반한 언론 덕에 우리는 과거 어느 때보다 일상의 공포를 가까이 접하고 있다. 침묵은 상황을 인정하는 위험한 선택처럼 느껴진다. 하지만 비극이 일어날 때마다, 학교 총기 사고나 자연재해가 발생할 때마다 반응을 보이는 건 너무 감당하기 힘들다. 이 거대한 불안의 시기에 사람들이 지치고 좌절하는 건 너무도 당연하다.

세상의 거대한 문제 앞에서 나는 언제나 가족에게 돌아간다. 가족은 사회의 축소판이고 사회적 불안은 가족의 불안과 비슷하게 다뤄진다. 가족 체계를 살펴보면 속도를 늦춰 생각할 수 있고 공동체가 더 큰 스트레스에 대응하는 방식에 놀라지 않을 수 있다.

스트레스가 심할 때 가족이 보이는 양상

- 유연성이 줄어든다.
- 거리를 두고 문제를 이야기하지 않으려고 한다.
- 어떤 사람은 다른 사람에게 지나친 책임감을 느낀다.

- 어떤 사람은 과소기능하기 시작한다.
- 쉽게 희생시킬 사람을 찾는다.
- 일시적인 해결책과 증상 완화에 집중한다.
- 원칙에 기반한 해결책을 찾아 실행하는 데 어려움을 겪는다.
- 사려 깊은 해법보다는 감정에 치우친 해결책에 집중한다.

미국 정치나 당신의 직장 또는 가족을 묘사한 것 같다고? 아니면 모두 다? 조직, 이웃, 국가의 정치를 살펴보면 비슷비슷하게 스트레스를 해소하려고 하는 양상을 볼 수 있을 것이다. 가장 좋은 방법을 찾기보다는 그 순간의 불안을 해소하는 데 더 집중한다.

보웬 이론이 모든 문제의 답이 된다고 생각하지는 않는다. 하지만 인간의 행동을 생각하는 이론의 유용성은 아무리 과장해도 지나치지 않다. 그런 행동을 변명하기 위해서가 아니라 어떤 패턴이 작동하는지 보기 위해서다. 내가 최근에 관찰한 사회적 패턴은 타인의 위기 대응에 지나치게 개입하는 과잉기능 경향이다. 우리는 더 편하다는 이유로 타인에게 자아를 건네주려고 한다. 소셜 미디어나 식사 자리에서 사람들을 가르치기는 어렵지 않다. 책임감 있는 자아로 문제에 맞서기가 훨씬 더 어렵다.

보웬은 이렇게 적었다. "자신에 대한 책임감을 높이고자 하는 사람은 다른 사람에 대한 책임감도 늘 의식한다. 자신에게 주요한 에너지를 쏟는 사람은 자연스럽게 다른 사람을 향한 책임감도 높아져서 무책임하게 과잉 개입하는 일이 적다."[1]

우리는 종종 타인에 대한 책임과 '무책임한 과잉 개입'을 혼동한다. 기후 변화에 대한 부모님의 의견에 분노하는 것이 책임감이 아닌 것처럼, 기도하는 사람을 비웃는 것은 총기 규제에 대한 입장이 아니다. 보웬 이론에서 보면 이런 행동은 반응이지 입장이 아니며, 다른 사람을 공격해서 자신의 반응성을 다스리려는 시도일 뿐이다. 입장은 도전에 더 책임감 있게 개입하기 위한 단계다.

애니는 도나의 백일초 화단에 팻말을 꽂으면서 아마도 입장을 밝힌다고 생각했을 것이다. 그 말도 맞을 수 있다. 하지만 도나는 애니가 정치적 결과를 얻고자 했다기보다는 이웃을 열받게 하고 싶었던 거라는 의심이 들었다. 도나 역시 똑같이 미성숙하게 대응하고 싶다는 게 문제였다. 그녀는 어느새 저녁 식탁에서 애니와 신랄한 토론을 벌였고(제인은 조용히 앉아 있기만 했다) 매일 저녁 의붓딸에게 던질 폭탄을 만들기 위해 진보적 자본주의에 관한 기사를 읽었다. 결과가 어땠을지는 불 보듯 뻔하다.

문제가 해결될 기미가 보이지 않자 도나는 감정의 촉수를 제인에게 돌려서 좀 더 단호하게 딸을 대하라고 코치했다. 애니에게 집세를 내고 식기세척기에 그릇을 넣으라고 어떻게 말할지 알려줬다. 제인은 용기를 내서 애니에게 말을 전해보기도 했으나 애니가 약속을 어기자 즉시 포기했다. 도나가 제인에게 무책임하게 개입하면서 결혼 생활에 긴장이 높아졌다. 이혼 이야기까지 나오진 않았지만 도나가 애니와 제인의 관계에 집중하면서 부부 사이의 사람 대 사람 관계가 약해진 것은 사실이다.

이대로 계속 놔둘 수는 없었다. 애니와 저녁마다 다툰다고 나아지는 것도 없었다. 제인에게 부모 노릇 제대로 하라고 가르쳐도 소용없었다. 하지만 둘 다 이 상태로 지내기는 싫었다. 도나는 이 난관 앞에서 어떻게 자신에 대한 책임감을 높일 수 있을까?

자아가 빠진 미봉책

불안이 심해지면 우리는 관계에서 오는 압박을 나침반 삼아 방향을 잡는다. 규범에서 벗어나는 대응은 용인되지 않으리라는 것을 알기 때문이다. 어떤 사람들은 지적받는 것이 두려워 주변 사람들의 행위, 감정, 다급함을 받아들이며 수용한다. 천성이 고분고분하지 않은 사람들은 순전히 갈등을 일으키기 위해 반발하는 행동화를 보여주기도 한다. 문제를 아예 회피하며 누구도 알아채지 못하기만을 바라는 사람들도 있다. 이 세 부류는 가정에서와 마찬가지로 사회적 관계 패턴에서도 그대로 나타난다. 수용, 행동화, 회피는 모두 '자아가 없는' 입장을 포장만 달리한 것이다.

지난 몇 년 동안 가족, 공동체, 심지어 국가적 위기와 도전에 당신이 어떻게 반응했는지 생각해보자. 아마도 다음과 같이 행동했을 것이다.

- 문제가 너무 복잡한 것 같아서 거리를 뒀을 것이다.

- 불안감이 너무 높아서 거리를 뒀을 것이다.
- 다른 사람들에게 지나치게 개입해 대응 방법을 말해줬을 것이다.
- 자연스럽게 다른 사람들의 신념과 행동을 따라 했을 것이다.
- 다른 사람을 비난하는 데 상당한 에너지를 쏟았을 것이다.
- 기분 전환을 위해 되는 대로 빠르게 행동했을 것이다.
- 지칠 때까지 문제를 파헤쳤을 것이다.

다른 사람은 어떤지 몰라도 나는 일곱 개에 다 해당한다.

이런 행동 중 일부는 위기 상황에서 상당한 효과를 낼 수 있다. 연합성을 향하는 경향은 계획을 빠르고 효율적으로 실행하는 데 도움이 된다. 하지만 돌발적이고 임시 방편적인 반응만 되풀이하면 어떻게 될까? 일단 위기 상황을 만든 근본 원인을 해결하지 못할 위험에 빠진다. 또 신중한 대응보다는 즉각적으로 불안을 해소하는 반응에 더 초점을 맞추게 된다.

집단이 빠른 반응을 보이면 사람들은 겁을 먹고 행동을 개선할 수 있다. 연합성이라는 힘에 설득당해 반사회적이고 이기적인 욕망에 굴하지 않을 수 있다. 이런 관계의 압력이 없다면 사회는 기능할 수 없을 것이다. 하지만 내가 아는 한 그 누구도 압박, 끌어당기기, 괴롭히기를 통해 성장하지 않는다.

자신을 성숙하게 할 사람은 오직 자기 자신뿐이다. 여기에는 시간, 에너지 그리고 적잖은 불편함이 따른다. 긴장감이 높은 순간에는 연합성이라는 힘이 우리를 모두가 하는 대로, 또 해야 하는 대로 따르도록 강요한다. 그럴수록 공동체나 세상의 문제를 자기만의 방식으로 해결하려는 사람에 대한 관용이 줄어든다. 도전 과제에 호기심을 갖고 탐구하기는 더욱 어려워진다.

도나의 집에서는 누구의 반응에도 자아가 거의 혹은 전혀 없었다. 도나는 1년 내내 불안한 마음으로 제인이 딸을 대하는 방식을 수용했다. 제인은 딸에게 맞서기를 피했고 애니는 십 대 시절의 자아로 퇴행하는 행동화를 보였다. 애니가 셋 중에서 가장 미성숙한 사람처럼 보이겠지만 누구도 자신의 책임을 돌아보지 않았다. 누구도 자아를 대동하지 않았다. 모두 자동적이고 감정적인 반응에서 빠져나오지 못했다.

도나는 자신 역시 자전거 도로 논쟁에 그다지 성숙한 모습을 보이지 못했다는 사실을 깨달았다. 입장을 정하기 싫어서 이웃을 피했고 이제는 단지 애니를 열받게 하고 싶은 마음에 자전거 도로를 반대한다고 행동화하고 싶었다. 그녀는 딜레마에 대응하고 애니와 겪는 문제도 해결하는 더 좋은 방법이 있다는 걸 알았다. 하지만 시간과 노력이 많이 필요할 터였다.

믿음을 위해 앉기

서양 문화에서는 신념을 위해 일어서서 맞서는 걸 좋아한다. 신념이 시험대에 오르면 올바른 일을 할 것인가? 잘못된 일을 보면 목소리를 높일 것인가? 하지만 소셜 미디어 알고리즘이 가장 크고 분노한 목소리를 증폭시킬 때 우리는 결국 이 이상을 훨씬 좁혀 실현한다. 일어서서 맞서기는 결국 단순한 맞대응으로 끝난다.

때로 우리는 앉는 과정, 즉 한 사람의 자아를 정의하는 중요한 부분을 간과한다. 신념을 위해 맞서려면 일단 신념이 있어야 한다. 먼저 앉지 않으면 일어서서 맞서기 어렵다. 자신이 어떤 생각을 하는지 파악하는 신중한 작업을 먼저 해야 한다.

신념을 위해 앉는다는 것의 의미

- 배우기
- 관련 지식/경험이 있는 사람과 관계 맺기
- 논리, 증거, 가치에 기반한 자신만의 믿음 정의하기
- 새로운 믿음/경험에 따라 기꺼이 변하기
- 이런 생각을 실행에 옮길 기회를 신중하게 생각하기

앉으라고 했다고 해서 계속 그렇게 있으라는 건 아니다. 입장을 정하지 않으려고 '배움'에 파묻혀선 안 된다. 그건 성숙을 가장한 거리 두기일 뿐이다.

인생의 중요한 무대를 위해 얼마나 골똘히 앉아 있었는가? 부모나 파트너, 아니 지구상의 한 사람으로 살아가는 데 필요한 믿음을 얼마 동안 고심했는가? 때로는 가만히 앉아 자신만의 생각을 몇 문단 적어보는 게 자기중심적이거나 극도로 지루하게 느껴질 수도

있다. 하지만 그보다 가벼운 문제에 쏟는 시간을 생각하면 좀 이상하지 않은가? 어쩌면 당신은 늦은 밤 세 시간 동안 해리 스타일스Harry Styles의 '침 뱉기 게이트(팝스타이자 배우인 해리 스타일스가 베니스 영화제에서 동료 배우 크리스 파인Chris Pine에게 침을 뱉는 듯한 장면이 포착돼 소셜 미디어에 퍼졌지만 부인하는 사건이 있었다-옮긴이)'는 찾아보면서(내가 그랬다!) 친구에게 시장 선거에서 누굴 뽑을지는 묻지 않을 수도 있다. 열 시간이나 걸려 십 대 자녀에게 테일러 스위프트Taylor Swift 공연 표를 사 주지만 정작 이 자녀를 어떻게 키워야 할지 생각하는 시간은 전혀 없는 부모도 있을 것이다. 나도 인터넷의 바다에 빠져 헤매는 걸 좋아하는 만큼 당신 기분을 나쁘게 하려는 게 아니다. 그저, 의외로 우리에게 생각할 시간이 더 있어야 한다는 말이다.

하지만 어떤 사람에게는 믿음을 발전시킬 시간조차 사치다. 세상의 많은 사람이 혼란스러운 긴박감 속에 살아간다. 이들의 생존은 얼마나 빠르게 반응하는가에 달려 있다. 하지만 복잡한 문제를 생각할 시간과 능력이 있다면 그 특권을 어떻게 책임감 있게 사용할 수 있을까? 세상에는 뉴스가 돌아가는 속도보다 느리게 훨씬 오랫동안 문제를 생각할 사람이 있어야 한다. 반응하는 사람만이 아니라 대응하는 사람들이 있어야 한다.

도나는 바쁜 사람이었다. 3주 정도 동굴에서 도시 개발과 애니의 상황을 완전히 이해하고 나올 수가 없었다. 그래도 혼자서 생각할 시간이 필요했다. 또한 다른 사람들에게 다가갈 시간도 필요했다. 그녀는 가장 큰 목소리를 내는 사람이 아니라 오랫동안 지역 문제를 고민한 사람들을 찾기로 했다. 지역 위원에게 이메일로 생각을 들려달라고 했다. 지역에서 자전거를 타고 다니는 친구에게 자동차 운전자들과 어떤 경험을 했는지 들었다. 쿠키를 들고 이동에 어려움을 겪는 이웃을 찾아가 자전거 도로에 대해 어떤 우려가 있는지 들었다. 또 자신은 어떤 도시에 살고 싶은지 생각했다.

도나는 애니와 만나는 시간도 늘리기로 했다. 만나서 경제 정책을 토론하기 위해서가 아니라 애니가 어떤 일에 흥미와 어려움을 느끼는지 구체적으로 알아가기 위해서였다. 그 결정에 영향을 받는 사람을 제대로 알지도 못하면서 가족 문제에 어떻게 대응할 수 있겠는가? 도나는 어느 날 밤 애니의 방문을 두드리며 차 열쇠를 흔들었다. "내 맥주를 마실 거면 맥주 사 오는 건 도와줄 수 있지?" 이렇게 도나와 의붓딸이 서로를 알아가는 슈퍼마켓 밤 나들이가 시작됐다.

작은 걸음, 작은 입장

이 장의 제목을 읽고 어떤 이미지가 떠올랐나? 넬슨 만델라Nelson Mandela나 말랄라 유사프자이Malala Yousafzai(2015년 최연소로 노벨상을 받은 파키스탄의 여성 교육 운동가-옮긴이)를 생각했나? 〈노마 레이Norma Rae〉(평범한 싱글맘이 공장에서 노조를 만드는 과정을 다룬 1979년 영화-옮긴이)에서 탁자 위에 선 샐리 필드Sally Field를 떠올렸나? 용기라고 하면 우리는 종종 영화에서처럼 모든 사람의 시선이 주인공에게 쏠리는 순간을 떠올린다. 일상에서 생각을 실천할 수 있는 사소한 기회, 관계의 압력을 벗어나 남들에게 자신을 정의하는 순간은 간과하기 쉽다. 이런 용기란 피하고 싶은 사람에게 다가가는 것일 수 있다. 저녁 식탁에서 상처가 되는 말을 그냥 지나치지 않는 것, 만날 시간이 다 돼서 약속을 취소하지 않는 것일 수도 있다.

보웬은 분화란 자기 생각에 따른 일련의 작은 걸음, 일련의 사소한 입장이라고 했다. 한 말은 꼭 지키겠다는 원칙을 세웠다고 하자. 그렇다면 무슨 일이든 '좋다'고 답하기 전에 두 번 생각해야 할 것이다. '알겠다'는 대답 하나하나가 작지만 중요한 입장이기 때문이다.

사소한 입장 표현의 예

- 중요한 관계에서 선을 정하고 지키기
- 타인에 대한 존중과 사랑을 정의하고 그에 따라 살기
- 피하던 사람에게 다가가기
- 많은 사람이 동의하지 않을 때 의견 밝히기
- 개인적인 목표를 위한 시간 따로 빼두기

감정적 용기란 괴로움이나 두려움의 부재가 아니며 사람들을 열받게 만들려는 욕망도 아니다. 우리가 용감하다고 말하는 사람

중 일부는 사실 다른 사람의 긍정적이거나 부정적인 반응에 심하게 영향을 받는 사람들일 수 있다. 어떤 사람들은 불쾌감을 주는 데서 쾌감을 느끼고 어떤 사람들은 분위기를 장악해야 직성이 풀린다. 분화와 마찬가지로 감정적 용기도 다른 사람들의 반응과는 아무 관계가 없다.

도나는 지금까지 작지만 중요한 견해가 아니라 굵직한 입장에만 집중했다는 것을 깨달았다. '애니를 계속 살게 해야 할까? 자전거 도로를 지지해야 할까?'만 끊임없이 생각했다. 하지만 이제 한 번에 한 걸음씩 옮기며 제대로 된 길에 들어섰다는 확신이 들었다. 이웃과 대화를 나눌 때마다, 애니와 식료품점에 갈 때마다 조금씩 답을 찾아가고 있었다. 늘 '최선'을 선택하는지는 확실치 않지만 적어도 늘 '신중한' 선택을 하려고 노력했다.

어느 날 도나는 그다지 작지 않은 걸음을 옮겼다. 제인에게 자기 생각을 전한 것이다. "사랑해. 그리고 당신이 딸을 대하는 방식에 개입하지 않을 거야. 하지만 여기는 내 집이기도 하니까 애니가 여기 살 거라면 내가 기대하는 바를 말할 거야. 애니가 그 기대에 부응하지 못한다면 이제 그런 기대가 없었던 척하지 않을 거야. 다음 단계를 생각할 거야."

도나는 말한 대로 애니에게 식구로서 맡아야 하는 책임을 이야기했다. 그동안 사이를 돈독히 하려고 노력한 덕에 애니 역시 이런 요구를 크게 불안해하지 않으며 받아들이는 것을 알 수 있었다. 나는 애니 또한 도나의 자아가 자란 것을 감지했다고 확신한다. 이제 아무리 정치 강의를 늘어놓아도 도나의 화를 돋우거나 입을 다물게 할 수 없다는 것도 눈치챘을 것이다. 이제 애니는 관계 개선을 원하지만 지저분한 주방이나 밀린 집세를 참지 않는 더 신중한 새엄마를 마주했다.

애니가 하룻밤 만에 책임감 있는 성인으로 바뀌지는 않았다. 하지만 예상보다는 훨씬 좋아졌다. 도나는 좀 더 책임감 있게 불안을 다스리게 되면서 체계의 긴장을 어느 정도 없앨 수 있었다. 그러자 다들 더 명확하게 생각할 수 있었다. 관계에서 오는 부담의 영향도 줄어들었다. 애니는 결국 지역의 비영리 재단에 취직했고 집안일도 도왔다. 게다가 집세도 내기 시작했다. 애니가 공산주의자 남자친구의 집으로 들어간 날은 모두에게 기쁨의 날이었다. 도나와 제인이 온전히 집을 차지했기 때문만이 아니라 그동안의 작은 걸음이 모여 특별한 변화가 생겼기 때문이다. 도나는 앞으로도 의붓딸과 맥주를 마시면서 대화를 나눌 날이 많을 것이고 그러면서도 서로를 그대로 인정할 수 있을 거라고 확신했다.

그러면 분노하던 이웃들은 어떻게 됐을까? 도나의 목표는 자전거 도로를 지지하도록 사람들을 설득하는 게 아니었다. 그저 정서적 용기를 내는 것이었다. 그래서 이렇게 말하기 시작했다. "네, 저는 동네에 자전거 도로가 더 생기면 좋을 것 같아요. 문제가 없진 않겠지만 결국 선이 악을 이기잖아요. 어떻게 생각하세요?"

분화를 위해 노력한다고 세상의 불의에 화를 내지 말아야 하는 것은 아니다. 열정적으로 변화를 꾀하거나 잘못을 바로잡고 좋은 일을 해선 안 된다는 의미도 아니다. 다만, 큰일이 생겼을 때 더 신중하게 자신을 다스려야 한다는 뜻이다. 당신은 불안을 표출하고 다른 사람의 책임에 무책임하게 개입할 수 있다. 미성숙한 반응으로 다른 사람들을 괴롭히고 세상의 문제를 피해 숨을 수도 있다. 하지만 다른 사람과 더 큰 세상을 향해 어떤 책임을 질지 직접 정할 수도 있다. 이런 변화는 오직 한 번에 하나씩, 작지만 용감한 입장을 밝힐 때 일어난다.

✳ 연습 1

대응하는 사람 찾기. 가족, 직장, 또는 더 큰 공동체를 살펴보라. 반응하는 사람은 누구이고 대응하는 사람은 누구인가? 누구나 반응과 대응을 다 한다. 하지만 어떤 사람들은 더 많이 대응한다. 대응하는 사람과 더 관계를 돈독히 하면 어떤 도움이 될지 생각해보라.

✳ 연습 2

앉아 있는 시간 확보하기. 명확하게 생각하고 싶은 삶의 한 영역을 골라보자. 신체 건강일 수도 있고 정치나 신앙 문제, 또는 연애, 일, 돈에 관한 원칙일 수도 있다. 자신의 믿음에 관한 글을 한두 쪽 정도 쓸 수 있는가? 어떤 건 확실히는 믿을 수 없다고 솔직하게 말할 수 있나? 그렇다면 어떤 추가 정보, 경험, 대화가 있으면 믿음을 키울 수 있을지 생각해보자.

✳ 연습 3

작은 걸음 내딛기. 용기를 내려면 깊이 생각해야 하지만 행동도 필요하다. 다른 사람들에게 자신을 보여줄 기회를 세심하게 찾아보자. 탁자 위에 올라서거나 가까운 핵폐기물 처리장에 가서 사슬로 몸을 묶을 필요는 없다. 최선의 생각에 따라 결정을 내려야 하는 작지만 중요한 순간을 생각해보자. 날 선 대화가 오간 후 단둘이 대화를 나누거나 원치 않는 약속을 거절할 때일 수도 있다. 앞으로 몇 주 동안 용기를 낼 기회가 있는지 찾아서 몇 가지 적어보자.

이 장에서 우리가 잊지 말아야 할 것들

- 가정의 정서 과정은 사회적 규모에서도 작동한다. 예상할 수 있는 패턴에 따라 스트레스에 반응하는 사람과 집단을 볼 수 있을 것이다.

- 다른 사람에게 무책임할 정도로 지나치게 개입하는 경향도 그런 패턴 중 하나다. 보웬은 자신에 대한 책임감을 높이고자 하는 사람은 다른 사람을 위해 과잉기능하지 않으면서도 그들을 향한 책임감을 높일 수 있다고 생각했다.

- 입장이란 어떤 문제에 더 책임감 있게 참여하기 위해 내딛는 한 걸음이다.

- 크고 작은 위기가 닥쳤을 때 우리는 종종 문제에 적극적으로 참여하기보다는 불안을 해소하는 반응을 선택한다.

- 신념을 위해 맞서기 위해서는 앉아서 신념을 정의하는 작업을 해야 한다. 신념을 흔드는 새로운 정보와 경험의 도전을 받아들여야 한다.

- 보웬은 자기 분화를 자기 생각에 기반한 일련의 작은 걸음이나 입장이라고 묘사했다.

결론

우리가 마주하는 도전

"끝나는 건 단 한 번이야.
그 전에 일어나는 일은 모두 발전이지."

— 제이콥, 〈로스트Lost〉

그 어느 때보다 어른이 필요한 세상이다. 내가 다른 사람보다 성숙하다고는 생각하지 않는다. 하지만 자기 분화를 배울수록 미성숙함이 일상에서 어떤 역할을 하는지가 보인다. 옳은 일을 하기보다 평온함을 유지하기 위해 행동할 때가 얼마나 많은지 깨닫는다. 가정에서도 그렇고 더 넓은 세상에서도 마찬가지다. 우리는 할머니를 만나기 꺼리는 것처럼 세계의 위기도 회피하려고 한다. 이사회실에서 분노를 참지 못하듯 저녁 식탁에서도 폭발한다. 떼쓰는 아이 달래듯 불의나 권력 남용을 수용한다. 자동적인 습관에 길들어 비싼 대가를 치르고 안정을 산다.

우리가 마주하는 더 큰 도전과 최선의 생각을 요구하는 문제를 간략하게 논의하며 이 책을 마치고자 한다. 나는 보웬의 이론이 이런 문제를 들여다보는 데 유용한 렌즈를 제공한다고 믿는다. 우리는 공황에 빠진 파충류의 뇌 영역을 벗어나 행동하는 능력을 활용할 때 비로소 인간이 된다. 우리 모두 진정한 참 자아를 찾아 원칙에 따라 사는 사람이 되는 법을 찾을 수 있다. 최선의 생각에 진실해지면 다른 사람과 세상에 더 큰 책임감을 가질 수 있다.

단절되고 외로운 우리

현재 우리 관계는 그다지 단단하지 않다. 미국인 4분의 1이 가족과 단절되어 살아간다. 약 2,500만 명이 부모나 자녀와 소원해진 경험이 있다.[1] 신체적 폭력 때문이든 다른 형태의 학대 때문이든 정당하게 관계를 단절해야 하는 경우는 분명히 있다. 하지만 많은 사람에게 단절은 그저 가족 체계가 세대에 걸친 스트레스를 해소하는 방식일 뿐이다. 이 틈을 메우고 싶어도 방법을 모르는 사람들이 있다.

나는 심리 상담 업계가 증상 완화에 치우쳐 체계적 사고의 유용성을 무시하는 것이 걱정스럽다. 가족을 대할 때 스스로를 책임지는 것보다는 불안에서 벗어나는 것이 목표가 되면 사람 대 사람 관계를 맺지 못하고 표류하기 쉽다. 가족과 연결되어 있으면서 동시에 자신이 되는 일은 우리에게 여전히 중요한 교훈을 줄 수 있을 것이다. 이런 노력에 보험 적용이 되면 얼마나 좋을까!

또한 가족 안팎에서 다세대 관계가 더 단절되고 있다. 특히 밀레니얼 세대는 세대 간 친밀도가 훨씬 떨어진다. 우리는 다양한 세대를 만날 수 있는 이웃, 종교 공동체, 혹은 여러 시민 단체 사람들과 점점 단절되고 있다.[2] 만일 내가 마법 지팡이를 휘둘러 내 의뢰인들이 무엇이든 하게 할 수 있다면 밖으로 나가서 훨씬 나이가 많거나 훨씬 어린 사람들을 사귀게 할 것이다. 또래 집단에 갇혀 이렇게 고립되는 것은 매우 현대적인 현상이며 나는 이 현상으로 삶이 더 피폐해질 것이 우려된다.

알다시피 고립에 따른 건강상의 위험은 하루에 담배를 열다섯 개비 피우는 것과 비슷할 정도다.[3] 최근 미국 설문조사에서 성인 3분의 1 이상이 오랜 시간 외로움을 느꼈다고 보고했다.[4] 어린 자녀를 키우는 여성과 청년 가운데 절반이 외롭다고 답했다. 인구의 절반 역시 친구들과 더 의미 있는 관계를 맺고 싶어 한다. 의미 있는 연결에 대한 갈망에서 나타나는 질병이 얼마나 될까? 모든 것을 개별화하고 치료하려는 노력 속에서 우리는 인간이 얼마나 사회적인 종인지 망각하고 있다.

나는 독자가 이 책을 읽고 사람 대 사람 관계를 맺는 일에 흥미를 느끼기를 희망한다. 우리는 혼자 살 때가 아니라 타인과 관계를 맺을 때 자기 자신이 된다. 우리의 가족과 이웃 그리고 이 세상은 당신이 더 진실한 관계를 맺기 위해 노력할 때 더 좋아진다. 우리에게는 더 큰 자아로 타인과 소통하고 타인의 경험과 믿음에 호기심을 보이는 사람들이 필요하다.

불안한 사회, 아이에게 집중하는 사회

우리는 아이들을 너무도 걱정한다. 걱정할 이유야 무척 많다. 지난 10년 동안 십 대 청소년의 불안, 우울, 자해 비율이 급격히 높아졌다. 총기 사고, 소셜 미디어, 팬데믹 시기의 학습 격차가 어린 세대에게 어떤 영향을 줄지 걱정스럽다. 기후 변화가 불안하고 어떤 세상을 아이들에게 물려주게 될지 알 수 없다. 하지만 다음 세대에게 집중한다고 사회적 불안이 해소될까? 내기를 걸어도 좋다. 우리가 필사적으로 아이들을 '고치려고' 하는 요즘처럼 자녀 집중의 악순환이 명백한 때는 없었다.

최근 스탠퍼드대학교 연구에서 연구자들은 부모의 과도한 개입이 어린 자녀의 자기 조절력 발달을 저해한다는 것을 보여주었다.[5] 과제를 수행하는 아이는 부모가 더 많이 지시하고 질문하고 고쳐줄수록 자기 관리에 어려움을 겪었다. 요즘 부모의 헬리콥터 육아를 비난하기보다 잠시 멈춰서 이 패턴의 상호성을 살펴보자. 아이가 힘들어할수록 보호자가 더 많이 개입할까? 아마도 그럴 것이다. 성인이 언제나 끼어들어 지시할 때 아이는 더 어려움을 겪을까? 당연히 그렇다.

그러나 이 대관람차에서 뛰어내릴 능력은 오직 성인에게만 있다. 우리는 아이가 불안한 개입에 끝없이 시달리지 않고 움직이게 할 기회를 찾을 수 있다. 그럴 때 아이들은 자신 있게 친구를 사귀고 과제를 마치고 감정을 조절하는 고유의 능력을 키울 수 있다. 자녀가 있든 없든 우리는 모두 아이들의 회복탄력성을 키우는 세상을 만들 수 있다. 아이들을 위해 스스로 책임감을 높이도록 노력해야 한다. 나는 지난 몇 년 동안 스물다섯, 서른 살 된 자녀를 상담실에 보내고 싶다는 부모들의 이메일을 많이 받았다. 그럼 나는 늘 자녀와의 관계를 힘들어하는 '그들과' 기꺼이 함께하겠다고 답한다.

물론 아이들은 지원이 필요하다. 전문가들과 프로그램에서 필요한 도움을 받아야 한다. 하지만 그와 동시에 우리에게는 아이들이 어려움과 마주할 때, 스스로를 돌아보고 성장할 수 있도록 돕는 어른 대상의 제도와 프로그램 역시 더 많이 필요하다. 다음 세대에게 불안을 전달하지 않는 어른이 필요하다.

보여주고 소비한다

우리는 하루 2,600번 넘게 휴대전화를 터치한다.[6] 아주 빠르게, 휴대전화는 불안을 관리하는 편리한 방법이 되었다. 우리가 끊임없이 작업 사이를 오가며 전환할 때, 우리의 뇌와 인간관계는 잠재력을 발휘할 기회를 점점 잃는다.

온라인 중심의 인생을 살수록 더 성과를 중시하게 된다. 소셜 미디어는 모든 사람을 브랜드화한다. 조심하지 않으면 가장 인정받는 이미지를 가꾸는 데 집중하느라 자율성과 독창성을 잃을 수 있다. 전 세계를 상대로 경쟁하면 부족하다고 느낄 수밖에 없다. 인스타그램 이용이 부정적인 신체 이미지를 키우는 결과와 관련 있다는 것을 우리는 잘 알고 있다.[7] 여자 청소년 대부분이 거의 언제나 슬픔과 좌절감을 느낀다고 털어놓고 30퍼센트는 자살을 심각하게 생각해봤다고 이야기한다.[8] 단순히 소셜 미디어 때문은 아니겠지만 그 영향은 누구도 부정할 수 없다.

나는 끝없는 콘텐츠 소비가 정신에 어떤 영향을 주는지도 궁금하다. 침묵은 뇌에 좋고 자유로운 생각은 창의력을 높이는 데 필수적이다. 계속해서 스크롤을 내리거나 콘텐츠를 듣기만 하면 정보를 흡수할 시간을 낼 수 없다. 우리가 무엇을 믿는지 생각할 시간도 내지 못한다. 언제나 〈슈퍼마켓 스위프〉 게임에 빠져 최근에 등장한 해결책이나 인기 있는 신념을 잡아채기 바쁠 것이다.

자기 마음을 알 시간을 매일 일정 시간 낸다면 어떨까? 스크롤을 내리며 재빠르게 비교하기보다 좀 더 친절하게 자신을 평가한다면? 자기를 브랜드화하기 위해서가 아니라 나만의 열정이나 확신을 위해 무언가를 한다면? 우리는 소비와 보여주기는 줄이고 사색과 소통을 늘려야 한다. 최고의 생각을 개발해 소중한 관계 속에서 그것을 시험해봐야 한다.

우리가 마주한 복잡한 문제

세계가 속도를 올리고 있다고 느꼈다면 틀리지 않았다. 매해 뉴스 주기가 빨라지고 새 토픽은 우리가 미처 알아보기도 전에 착륙했다가 이륙해버린다. 눈 한번 깜빡이면 자연재해, 대형 총격 사고, 정치계의 추문, 인공지능 업계의 재빠른 변화를 놓친다. 한편 인터넷에서는 분노하는 목소리가 점점 커지고 있어 협력을 통한 문제 해결이 점점 어려워진다.

혼란스러운 수다가 넘쳐나지만 느리고 꾸준하게 노력하는 사람들은 계속 존재한다. 오랜 시간 복잡한 문제를 붙잡고 있는 사람들, 빠른 해결책을 찾거나 게시글로 분노를 터뜨리지 못하는 불편함을 참는 사람들이 있다. 이 사람들을 주목하라. 흥미를 끄는 복잡한 문제를 심사숙고하고 거기에 당신의 에너지를 쓰고 싶은지 검토하라.

어디서 시작해야 할지 모르겠다면 두 가지를 제안하고 싶다. 우선 자연을 계속 배워라. 코끼리, 균류, 프레리들쥐에 관한 글만큼 평온함을 주는 것도 없다. 이런 글을 읽으면 자신에게 너그러워지고 판단하고 싶은 유혹에서 벗어나 인간 행동에 경탄하게 된다. 자연계와의 연결, 모든 생명과의 유대를 부정할 때 우리는 진화의 힘에서 단절된다. 그리고 인간의 이야기는 이제 막 시작되었을 뿐이다. 배우고 보고 서로 가르치는 독특한 능력은 인간의 가장 강력한 힘이다. 만약 인간의 진화가 이런 혼란스러운 결과를 가져왔다면, 진화를 통해 이 문제를 해결할 수도 있을 것이다. 이 말은 믿음을 지닌 한 사람으로서 하는 말이다. 하지만 머레이 보웬처럼 '실험쥐는 거짓말을 하지 않는다'고 생각하는 사람으로서 하는 말이기도 하다. 우리는 과학자의 호기심과 기쁨으로 일상의 도전을 마주해야 한다.

관계도 이런 도전에 해당한다. 여기서 내 두 번째 제안이 나온다. 한 가지 과제를 해결하기 위해 노력하는 집단에 참여해라. 우리는 혼자 문제를 해결하도록 태어나지 않았다. 집단의 힘을 부정한다면 인간이 인간임을 부정하는 것과 마찬가지다. 그러니 한 가지 문제에 나와 똑같은 호기심을 가진 사람들과 관계를 맺는 것을 고려해보라. 좋은 학교 짓기, 평등한 세상 만들기, 또는 그저 아름다움을 창조하는 것 등 무엇이든 좋다.

당신에게 그리고 나 자신에게 바라는 것은, 우리가 물려받은 인간다움이라는 유산, 즉 다른 사람과 교감하고 자신의 신념에 따라 삶을 이끌어가고자 하는 욕구를 따르자는 것이다. 지금이야말로 최고의 생각과 협력하는 능력을 키우기에 가장 좋은 때다. 우리는 이 둘을 다 할 수 있게 태어났으며 이것이 세상을 살아가는 즐거운 역설이다.

성장을 위한 질문

여기에는 이 책에 소개한 아이디어를 신중하게 실천하는 데 도움이 되는 질문을 실었다. 일부는 당신에게 적용될 수도 있고 일부는 그렇지 않을 수도 있다. 하지만 관계와 어려움 속에서 자아를 키우는 법을 숙고하면서 자신만의 질문을 만들어보길 권한다. 좋은 질문은 어떤 불안한 해결책보다 더 많은 일을 할 수 있다!

관계/결혼

- 나는 파트너를 내 입맛대로 바꾸기 위해 어느 정도로 에너지를 쏟는가? 나를 파트너가 원하는 대로 바꾸는 데는?
- 파트너가 힘들어할 때 내 불안을 더 잘 다루려면 어떻게 해야 할까?
- 파트너가 해줄 걸 알아서 과소기능할 때가 있나?

- 나는 파트너가 어려움을 토로할 때 과잉기능하지 않고 잘 들을 수 있나?
- 성숙한 관계를 유지하기 위한 내 원칙은 무엇인가?

가족 관계

- 우리 가족은 어떻게 거리 두기나 단절을 통해 긴장을 해소하는가?
- 가족 구성원들이 자신에 대한 책임감을 높일 기회를 어디에서 찾을 수 있을까? 가족 안에서 나에 대한 책임감을 높일 기회는?
- 나는 가족과 사람 대 사람 관계를 어떻게 강화하고 싶은가?
- 어떤 정보를 찾으면 가족의 역사를 좀 더 객관적으로 살펴보며 관계 패턴을 찾는 데 도움이 될까?
- 가족을 방문할 때 꼭 갖추고 싶은 지혜가 있다면?

우정

- 내 친구들의 무리 짓기는 어느 정도인가? 더 굳건하게 사람 대 사람 관계를 쌓을 기회를 어디에서 찾을 수 있을까?
- 친구들과 대화할 때 피상적인 주제나 험담에 얼마나 의존하는가?
- 친구들을 위해 과잉기능해서 안정을 느끼고 통제권을 쥐려고 할 때가 있는가?
- 친구들의 개별성을 존중하지 못한 때가 있었나?
- 불안을 해소하기 위해 친구들의 자아(조언, 확신 등)를 빌려 올 때가 있나?

육아

- 언제 자녀를 향한 불안한 집중에 사로잡히나?
- 직접 생각하지 않고 다른 사람의 육아 전략을 빌려 올 때가 있나?
- 부모로서 어떻게 기능할지에 대한 명확한 원칙이 있나?
- 아이가 힘들어할 때 내 반응성을 어떻게 조절하고 싶은가?
- 아이의 다른 쪽 부모(또는 보호자)와 문제를 논의하면서도 그들이 자신의 생각을 발전시킬 수 있는 여유를 줄 수 있는가?

데이트

- 나는 데이트할 때 개인적으로 어떤 믿음과 원칙을 가지고 있나(성숙한 데이트, 안전한 데이트 등)?
- 다른 사람이 나를 좋아해주기를 바라기보다 내 모습을 지키는 데 집중할 수 있나?
- 데이트 앱 사용과 사용 횟수를 신중하게 관리할 수 있나?
- 친구에게 조언을 구하기 전에 어떻게 내 생각을 점검하고 정리할 수 있을까?
- 상대에게서 문자 메시지나 전화가 없을 때 어떻게 불안을 관리하고 싶은가?

일

- 직장에서 늘 다른 사람들의 피드백이나 칭찬에 의존하지 않고 나를 평가하는 능력을 강화하려면?
- 직장에서 어떤 관계 패턴을 관찰했는가(삼각관계 등)? 여기서 내 역할은 무엇이었을까?

- 직장에서 사람 대 사람 관계를 강화해야 하는 사람은 누구일까?
- 나는 직장에서 괴로울 때 과잉기능하나? 아니면 과소기능하나?
- 나는 일을 잘하고 생산적인 하루를 보내는 것이 어떤 것인지 현실적으로 생각하나?

신념과 원칙

- 인생의 어느 영역에서 더 거짓 자아로 움직이면서, 관계의 압력에 따라 믿음을 받아들이거나 버리나?
- 내가 참 자아로 행동할 수 있는 영역은 어디일까?
- 어떤 영역에서 믿음을 더 발전시키고 싶은가?
- 믿음에 어긋나는 정보를 접할 때 나는 어떻게 대응하는가?
- 다른 사람을 설득하거나 통제하려는 생각 없이 내 생각을 설명하려면 어떻게 해야 할까?

콘텐츠 소비

- 나는 언제 불안감을 잠재우거나 기분을 끌어올리려고 콘텐츠를 소비하는가?
- 생각을 발전시키고 마음을 자유롭게 풀어줄 시간을 내려면 어떻게 해야 할까?
- 나는 언제 내 생각 없이 전문가의 조언을 빌려 왔는가?
- 인터넷, 휴대전화 등을 좀 더 신중하게 사용하려면 어떻게 해야 할까?
- 나는 소셜 미디어 이용에 대한 원칙이 있나?

목표를 위해 노력하기

- 일상생활에서 자신에 대한 책임감을 늘릴 방법은 무엇인가?
- 나는 건강, 아름다움, 성공에 대한 비현실적이거나 쓸모없는 정의를 문화에서 어떻게 빌려 오는가?
- 목표를 향한 한 가지 접근 방식이 맞지 않을 때 나를 유연하고 창의적이고 친절하게 대하려면 어떻게 해야 할까?
- 다른 사람의 칭찬이나 격려에 지나치게 의존할 때 어떻게 나만의 생각을 키울 수 있을까?
- 다른 사람에게 내 목표를 받아들이거나 나처럼 기능하라고 요구하지 않고 어떻게 나에게 집중할 수 있을까?

정신적·신체적·정서적 건강

- 몸과 마음을 돌보는 명확한 신념과 원칙이 있나?
- 불안을 무책임하게 해소하려고 할 때 나는 어떤 모습인가? 책임감이 높을 때는?
- 의사나 심리 상담가 등을 만날 때 어떻게 책임감을 높이고 싶은가?
- 듣는 사람의 불안한 반응을 책임지려고 하지 않으면서 나의 어려움을 이야기할 수 있나?
- 어떻게 하면 나를 부끄러워하거나 자책하지 않으면서 내 문제에 호기심을 유지할 수 있을까?

지역 및 세계의 도전 과제

- 이웃, 종교 집단, 봉사 단체 등의 공동체에 책임감 있게 참여하려면 어떻게 해야 할까?
- 국가나 세계의 도전 과제에 책임감 있게 참여하려면 어떻게 해야 할까?
- 내가 속한 공동체에서 복잡한 문제에 신중하게 접근하는 사람은 누구인가?
- 최선의 생각으로 힘든 문제에 대응하기보다 편안해지는 데 급급해서 반응했던 때는 언제인가?
- 다른 사람을 통제하려 하지 않으면서 복잡한 문제에 대한 내 생각을 밝히려면 어떻게 해야 할까?

보웬 이론 자료

보웬 이론에 대한 나의 글을 더 읽고 싶다면 무료 뉴스레터를 구독하기를 추천한다(theanxiousoverachiever.substack.com). 웹사이트(thebowencenter.org)를 방문하면 머레이 보웬이 설립하여 훈련 프로그램을 제공하는 비영리 재단, 보웬 가족 연구 센터(Bowen Center for the Study of the Family)에 대해 알 수 있다. 보웬 이론을 활용한 훈련 프로그램이나 상담을 제공하는 센터가 미국 및 전 세계에 많이 있다. 또한 보웬 이론을 더 공부하고 싶다면 다음과 같은 책을 추천한다.

Brown, Jenny, *Growing Yourself Up: How to Bring Your Best to All of Life's Relationships*, Wollombi, New South Wales, Australia: Exisle, 2012.

Harrison, Victoria, *The Family Diagram & Family Research: An Illustrated Guide to Tools for Working on Differentiation of Self in One's Family*, Center for the Study of Natural Systems and the Family, 2018.

Kerr, Michael E., *Bowen Theory's Secrets: Revealing the Hidden Life of Families*, New York: Norton, 2019.

Kerr, Michael E., *One Family's Story: A Primer on Bowen Theory*, Georgetown Family Center, 2017.

주

머리말

1 Bowen, M., & Butler, J. (2015), *The Origins of Family Psychotherapy: The NIMH Family Study Project*, Lanham, MD: Rowman & Littlefield Publishers.

2 Bowen, M. (1978), *Family Therapy in Clinical Practice*, New York: Aronson.

2장

1 Striano, T., & Rochat, P. (1999), "Developmental Link Between Dyadic and Triadic Social Competence in Infancy", *British Journal of Developmental Psychology*, 17(4), pp. 551~562.

3장

1 Ward, A. (2022), *The Social Lives of Animals,* New York: Basic Books.

2 Hopper, L. M., Schapiro, S. J., Lambeth, S. P., & Brosnan, S. F. (2011), "Chimpanzees' Socially Maintained Food Preferences Indicate Both Conservatism and Conformity", *Animal Behaviour*, 81(6), pp. 1195~1202.

3 Sapolsky, R. M. (2017), *Behave: The Biology of Humans at Our Best and Worst*, New York: Penguin Books. (《행동-인간의 최선의 행동과 최악의 행동에 관한 모든 것》, 김명남 옮김, 문학동네, 2023)

4 Spreng, R. N., & Andrews-Hanna, J. R. (2015), "The Default Network and Social Cognition," Elsevier eBooks, pp. 165~169.

5 Wilson, D. S. (2020), *This View of Life: Completing the Darwinian Revolution,* New York: Vintage Books.

4장

1 Yong, M. H., & Ruffman, T. (2014), "Emotional Contagion: Dogs and Humans

Show a Similar Physiological Response to Human Infant Crying", *Behavioural Processes*, 108, pp. 155-165.

5장

1 Carr, P. B., & Walton, G. M. (2014), "Cues of Working Together Fuel Intrinsic Motivation", *Journal of Experimental Social Psychology*, 53, pp. 169-184.

2 Rice, M. E. (2019), "Closing in on What Motivates Motivation", *Nature*, 570 (7759), pp. 40-42.

3 Gilbert, R. M. (2017), *Extraordinary Relationships: A New Way of Thinking About Human Interactions*, Leading Systems Press.

6장

1 Bowen, M. (1978), *Family Therapy in Clinical Practice*, New York: Aronson.

2 Papero, D. (2018), "Developing a Systems Model for Family Assessment", *Family Systems: A Journal of Natural Systems Thinking in Psychiatry and the Sciences*, 13(2).

7장

1 De Waal, F. (2007), *Chimpanzee Politics: Power and Sex Among Apes*, Baltimore, MD: Johns Hopkins University Press.

2 Brown, J. (2023), "Making Sense of the Parenting 'Soft/Hard Split'", *Australian and New Zealand Journal of Family Therapy*, 44, pp. 225-236.

8장

1 Gregory, S. W., & Webster, S. (1996), "A Nonverbal Signal in Voices of Interview Partners Effectively Predicts Communication Accommodation and Social Status Perceptions", *Journal of Personality and Social Psychology*, 70(6), pp. 1231-1240.

2 Chudek, M., Heller, S., Birch, S., & Henrich, J. (2012), "Prestige-Biased Cultural Learning: Bystanders' Differential Attention to Potential Models Influences Children's Learning", *Evolution and Human Behavior*, 33(1), pp. 46-56.

3 Sapolsky, R. M. (2017), *Behave: The Biology of Humans at Our Best and Worst*,

New York: Penguin Books.

4 Beaman, A. L., Klentz, B., Diener, E., & Svanum, S. (1979), "Self-Awareness and Transgression in Children: Two Field Studies", *Journal of Personality and Social Psychology*, 37(10), pp. 1835-1846.

5 Ernest-Jones, M., Nettle, D., & Bateson, M. (2011), "Effects of Eye Images on Everyday Cooperative Behavior: A Field Experiment", *Evolution and Human Behavior*, 32(3), pp. 172-178.

6 Kerr, M. E. (2019), *Bowen Theory's Secrets: Revealing the Hidden Life of Families*, New York: Norton.

10장

1 Sapolsky, R. M. (2017), *Behave: The Biology of Humans at Our Best and Worst*, New York: Penguin Books.

2 Powell, J., Lewis, P. A., Roberts, N., García-Fiñana, M., & Dunbar, R. I. M. (2012), "Orbital Prefrontal Cortex Volume Predicts Social Network Size: An Imaging Study of Individual Differences in Humans", *Proceedings of the Royal Society B: Biological Sciences*, 279(1736), pp. 2157-2162.

3 Pearce, E., Stringer, C., & Dunbar, R. I. M. (2013), "New Insights into Differences in Brain Organization Between Neanderthals and Anatomically Modern Humans", *Proceedings of the Royal Society B: Biological Sciences*, 280(1758), pp. 2130-2140.

4 Ngo, L., Kelly, M., Coutlee, C. G., Carter, R. M., Sinnott-Armstrong, W., & Huettel, S. A. (2015), "Two Distinct Moral Mechanisms for Ascribing and Denying Intentionality", *Scientific Reports*, 5(1).

11장

1 Harlow, H. F., Dodsworth, R. O., & Harlow, M. K. (1965), "Total Social Isolation in Monkeys", *Proceedings of the National Academy of Sciences*, 54(1), pp. 90-97.

2 Laister, S., Stockinger, B., Regner, A.-M., Zenger, K., Knierim, U., & Winckler, C. (2011), "Social Licking in Dairy Cattle—Effects on Heart Rate in Performers and Receivers", *Applied Animal Behaviour Science*, 130(3–4), pp. 81-90.

12장

1 Spiegel, A. (October 6, 2007), "Americans Flunk Self-Assessment", *All Things Considered, NPR.*, Radio broadcast transcript, https://www.npr.org/templates/story/story.php?storyId=15073430.

13장

1 Bowen, M. (1978), *Family Therapy in Clinical Practice.* New York: Aronson.

결론

1 Pillemer, K. (2022), *Fault Lines,* New York: Penguin.

2 Levy, V., & Thayer, C. (2020), "The Positive Impact of Intergenerational Friendships", AARP. https://www.aarp.org/research/topics/life/info-2019/friendship-across-the-ages.html.

3 Holt-Lunstad, J., Smith, T. B., Baker, M., Harris, T., & Stephenson, D. (2015), "Loneliness and Social Isolation as Risk Factors for Mortality", *Perspectives on Psychological Science*, 10(2), pp. 227-237. https://doi.org/10.1177/1745691614568352.

4 Weissbourd, R., Batanova, M., Lovison, V., & Torres, E. (February 2021), "Loneliness in America: How the Pandemic Has Deepened an Epidemic of Loneliness and What We Can Do About It", Making Caring Common Project, https://mcc.gse.harvard.edu/reports/loneliness-in-america.

5 Obradović, J., Sulik, M. J., & Shaffer, A. (2021), "Learning to Let Go: Parental OverEngagement Predicts Poorer Self-Regulation in Kindergartners", *Journal of Family Psychology*, 35(8), https://doi.org/10.1037/fam0000838.

6 Winnick, M., & Zolna R. (2016), "Putting a Finger on Our Phone Obsession".

7 Alfonso-Fuertes, I., Alvarez-Mon, M. A., Sanchez Del Hoyo, R., Ortega, M. A., Alvarez-Mon, M., & Molina-Ruiz, R. M. (2023), "Time Spent on Instagram and Body Image, Self-esteem, and Physical Comparison Among Young Adults in Spain: Observational Study", *JMIR formative research*, 7, e42207.

8 CDC. (February 13, 2023), "U.S. Teen Girls Experiencing Increased Sadness and Violence", Centers for Disease Control and Prevention, https://www.cdc.gov/media/releases/2023/p0213-yrbs.html.

타인의 불안에 휘둘리지 않는
현명한 태도에 대하여

나를 잃지 않는 관계의 기술

1판 1쇄 인쇄 2026년 2월 4일
1판 1쇄 발행 2026년 2월 11일

지은이 캐슬린 스미스
옮긴이 이초희
펴낸이 고병욱

기획편집1실장 윤현주 **기획편집** 신민희
마케팅 안선욱 황혜리 황예린 권묘정 이보슬 **디자인** 공희 백은주
제작 김기창 **관리** 주동은 **경영지원** 노재경 송민진

펴낸곳 청림출판(주)
등록 제2023-000081호

본사 04799 서울시 성동구 아차산로17길 49 1010호 청림출판(주)
제2사옥 10881 경기도 파주시 회동길 173 청림아트스페이스
전화 02-546-4341 **팩스** 02-546-8053

홈페이지 www.chungrim.com **이메일** cr1@chungrim.com
인스타그램 @chungrimbooks **블로그** blog.naver.com/chungrimpub
페이스북 www.facebook.com/chungrimpub

ISBN 978-89-352-1502-7 03190

※ 청림출판(주)의 경제경영 분야 브랜드입니다.